Standards and Application Technology of Car Carriers

车辆运输车标准与应用技术

交通运输部公路科学研究院
中国物流与采购联合会汽车物流分会

人民交通出版社股份有限公司
China Communications Press Co.,Ltd.

内 容 提 要

本书依托《车辆运输车通用技术条件》(GB/T 26774—2016)国家标准的制定和全国车辆运输车治理工作方案的落实进行编写,共分六章。第一章简介我国汽车工业及车辆运输的发展历程,并分析我国车辆运输车存在问题、危害及主要原因;第二章解析标准条款的内涵、制定依据和应用要求;第三章比较分析车辆运输车产品结构特点,重点介绍部分企业车辆运输车产品研发技术和生产制造经验;第四章提出车辆运输车匹配试验设计方案、技术验证方法;第五章提出运输企业车辆运输车选型的影响因素和建议,以及车辆运输车的使用指南;第六章介绍车辆运输车专项治理工作要求与实施进展,提出相关工作建议。

本书可供相关生产、运输、科研、管理及教学培训人员学习参考。

图书在版编目(CIP)数据

车辆运输车标准与应用技术 / 交通运输部公路科学研究院,中国物流与采购联合会汽车物流分会编著. —北京 : 人民交通出版社股份有限公司, 2017.8

ISBN 978-7-114-14005-1

Ⅰ. ①车… Ⅱ. ①交… ②中… Ⅲ. ①载重汽车—技术标准—中国 Ⅳ. ①U469.2-65

中国版本图书馆 CIP 数据核字(2017)第 166178 号

书　　名: 车辆运输车标准与应用技术
著 作 者: 交通运输部公路科学研究院　中国物流与采购联合会汽车物流分会
责任编辑: 张　鑫　周　凯
出版发行: 人民交通出版社股份有限公司
地　　址: (100011)北京市朝阳区安定门外外馆斜街 3 号
网　　址: http://www.ccpress.com.cn
销售电话: (010)59757973
总 经 销: 人民交通出版社股份有限公司发行部
经　　销: 各地新华书店
印　　刷: 北京鑫正大印刷有限公司
开　　本: 720×960　1/16
印　　张: 16.25
字　　数: 235 千
版　　次: 2017 年 8 月　第 1 版
印　　次: 2017 年 8 月　第 1 次印刷
书　　号: ISBN 978-7-114-14005-1
定　　价: 60.00 元

《车辆运输车标准与应用技术》
编　写　组

主　编： 张红卫

副主编： 马增荣

成　员： 张学礼　张　浩　董金松　区传金

左新宇　宗成强　宋夏虹　张晋姝

冯　拓　周　刚　王　萌

前言

Foreword

改革开放以来，我国国民经济快速健康发展，人民生活水平日益提高。随着人们生活品质的提升，越来越多的乘用车走进普通家庭，乘用车产销量快速增长。汽车整车物流业随着乘用车产业的发展而逐渐壮大，车辆运输车保有量逐年增长，为支撑我国汽车制造业的迅猛发展作出了巨大贡献。但与此同时，汽车整车物流业普遍存在的车辆运输车非法改装、超限运输现象屡禁不止、愈演愈烈，相关法律法规和技术标准要求无法得以贯彻落实，其权威性、严肃性被随意践踏。这不仅严重扰乱了汽车整车物流业的市场秩序、影响了道路交通安全与通行效率、破坏了稳定和谐的道路运输发展环境，也与政府积极推动的国际化发展战略以及综合交通、智慧交通、绿色交通、平安交通的发展方向和要求极不相称。

为进一步提高我国车辆运输车的整体设计、制造水平，统一规范产品的生产与使用管理，促进并科学指导车辆运输车生产制造与汽车物流行业健康发展，确保产品符合国家相关法规标准要求，由交通运输部公路科学研究院联合国内主要车辆运输车制造企业和汽车整车物流企业组成的工作组，开展了《车辆运输车通用技术条件》(GB/T 26774—2011)标准的修订工作，修订后的新标准——《车辆运输车通用技术条件》(GB/T 26774—2016)已于2016年7月发布实施。

为规范车辆运输车的生产、使用和管理，维护市场经济秩序，减少道路交通安全事故，保护人民群众生命财产安全，促进汽车制造业和汽车整车物流业健康发展，国家相关部门先后发布了《关于进一步做好货车非法改装和超限超载治理工作的意见》(交公路发〔2016〕124号)、《关于印发〈车辆运输车治理工作方案〉的通知》(交办运〔2016〕107号)、《关于印发整治公路货车违法超限超载行为专项行动方案的通知》(交办公路〔2016〕109号)、《关于进一步做好车辆运输车治理工作的通知》(交办运函〔2016〕1304号)、《关于规范治理超限超载专项行动有关执法工作的通知》(交办公路〔2016〕130号)等文件，并于2016年9月21日正式开展全国车辆运输车治理专项行动。《车辆运输车通用技术条件》(GB/T 26774—2016)作为《车辆运输车治理工作方案》的主要技术依据之一，将在标准车型的设计生产、选购使用和车辆技术管理与执法检查等环节发挥重要作用。

为配合车辆运输车治理专项行动的顺利开展，交通运输部公路科学研究院联合中国物流与采购联合会汽车物流分会，结合目前治理专项工作的进展和发现的问题，本着宣传先进技术、标准与政策要求，推动相关产品技术进步与管理升级，促进治超目标早日实现的目的，在前期相关技术研究和行业服务工作基础上，邀请上汽依维柯红岩商用车有限公司、吉林市长久专用车有限公司、集瑞联合重工有限公司、扬州中集通华专用车有限公司、法国劳尔工业集团、北京长久物流股份有限公司、东风车城物流股份有限公司等单位提供相关素材，编著《车辆运输车标准与应用技术》一书。本书在大量市场调研、理论研究、技术开发、试验验证、实际操作的实践基础上，对我国车辆运输车的发展历程、标准要求、产品研发、测试评价、产品应用、专项治理政策文件及工作建议等方面进行了全面论述，可为各级交通安全与道路运输管理部门、车辆生产管理部门、车辆运输车制造企业、汽车整车物流企业、乘用车生产企业以及社会各界人士，全面系统了解我国车辆运输车现状、正确理解车辆运输车相关标准的技术要求、参考借鉴车辆运输车产品开发流程、熟悉掌握车辆运输车选型和装卸要点、学习贯彻车辆运输车治理要求提供帮助。

本书分为六章，由张红卫与马增荣分别担任主编、副主编，实施图书策划、技术指导、编写统稿。第一章介绍了我国汽车、轿车/乘用车、车辆运输车行业发展历程，分析了我国车辆运输车存在的问题、危害及主要原因，概述了《车辆运输车通用技术条件》标准研究的主要过程，主要由区传金、张晋姝、冯拓参与编写；第二章为《车辆运输车通用技术条件》(GB/T 26774—2016)标准释义，对标准条款的内涵、制定依据和应用要求等进行了详细说明，主要由张学礼参与编写；第三章比较分析了车辆运输车产品结构特点，分别介绍了上汽依维柯红岩商用车有限公司、吉林市长久专用车有限公司、集瑞联合重工有限公司、扬州中集通华专用车有限公司、法国劳尔公司针对我国新标准要求定制开发产品的技术设计和生产制造经验，主要由各企业提供相关技术资料后，由区传金参与编写；第四章是在相关研究基础上提出车辆运输车匹配试验设计方案，并结合某车型开发试验进行了车辆运输车匹配试验条件及实施过程的技术验证，主要由张浩参与编写；第五章根据整车物流企业生产实际，研究提出了运输企业车辆运输车选型的影响因素和选型建议，以及乘用车装车、卸车、栓固和途中检查方法等使用经验，主要由宗成强、张晋姝、冯拓参与编写；第六章介绍了车辆运输车专项治理工作要求与实施进展情况，结合《车辆运输车治理工作方案》的有效落实提出了相关工作建议，主要由董金松、区传金、张晋姝参与编写。

交通运输部公路科学研究院、中国重型汽车集团有限公司、安吉汽车物流有限公司、安徽江淮汽车股份有限公司等单位的有关同志参加了《车辆运输车通用技术条件》(GB/T 26774—2016)标准的研究修订工作，交通运输部运输服务司组织交通运输部公路科学研究院、中国物流与采购联合会等单位相关人员进行了《车辆运输车治理工作方案》的研究制定和实施跟踪等活动，交通运输部科技司、运输服务司，以及全国汽车标准化技术委员会、全国道路运输标准化技术委员会相关秘书处人员对相关标准的制定和修订工作提供了全方位的技术指导和服务，在此对所有参与相关技术研究，为本书编写提供支持、指导和帮助的领导、专家、工作人员一并表示衷心感谢！

由于作者水平有限，书中难免有疏漏与不足之处，敬请读者批评指正。

编写组

2017 年 8 月

目 录

Contents

第一章　我国汽车行业及车辆运输车的发展历程

第一节　我国汽车行业发展历程

新中国成立以来，我国汽车工业经历了从无到有、从小到大，进而铸就了年产量世界第一的辉煌。我国于1956年制造出第一台解放牌载货汽车，1978年，汽车年产量不到15万辆，其中，轿车不到3000辆[1]，该时期我国汽车工业处于艰苦创业阶段。改革开放后，以轿车产品技术引进为代表的汽车工业快速发展，1992年汽车年产量106.2万辆，其中轿车16.3万辆，我国汽车工业历时36年达到了年产量100万辆的产销水平。2000年汽车年产量206.8万辆，其中乘用车❶60.7万辆，我国汽车工业历时8年实现了年产量增加100万辆。2002年我国汽车年产量325.4万辆，其中乘用车109.3万辆，仅用两年时间就实现了年产量再增加100万辆。此后，我国汽车工业进入发展快车道，每年产量增加超过100万辆，2009年汽车年产量更是跨越了千万辆大关，达到了1373.7万辆，其中乘用车1035.0万辆，我国成为世界第一汽车生产大国，历时7年汽车年产量增加1000万辆。此后，我国汽车工业更是高速发展，2014年我国汽车年产量达2372.5万辆，其中乘用车1992.6万辆；2016年汽车年产量2800.8万辆，其中乘用车产量2431.5万辆，历时7年年产量增加近1500万辆。2000年后，我国的乘用车产销量突破100万辆，且每年以新增百万辆以上的速度持续高速增长，我国真正进入了汽车社会，汽车为人民生活水平的提高与社会和谐发展创造了条

❶ 乘用车是指在其设计和技术特征上主要用于载运乘客及其随身行李和/或临时物品的汽车，包括驾驶员座位在内最多不超过9个座位。

件❶。我国汽车工业主要历史阶段汽车产量和乘用车产量，见图 1-1。

我国汽车工业的发展从 1953 年开始，发展到目前年产量超过 2800 万辆的规模，总体上经历了 3 个阶段。

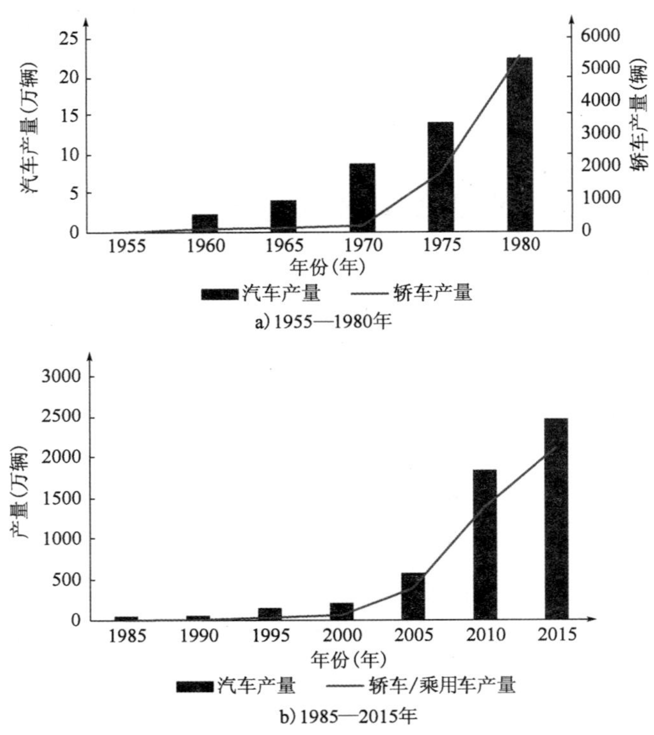

图 1-1　我国汽车工业主要历史阶段汽车产量和轿车/乘用车产量

一、艰苦创业阶段

从 1953 年到 1978 年是我国汽车工业艰苦创业阶段。1953 年 7 月 15 日，长春市郊孟家屯的第一汽车制造厂奠基，这也是我国汽车工业史的开端。1956 年

❶ 2000 年前的统计中，货车产量包括货车、货车非完整车辆、半挂牵引车，客车产量包括客车、客车非完整车辆、交叉型乘用车、SUV、MPV，轿车产量仅指基本型乘用车；2000 年及以后的统计中，货车产量包括货车、货车非完整车辆、半挂牵引车，交叉型乘用车、SUV、MPV 均计入乘用车统计中，数据源自历年《中国汽车工业年鉴》。

7月13日,首批12辆解放牌CA10载货汽车正式下线,标志着第一汽车制造厂三年建厂目标如期达到,结束了我国不能批量制造汽车的历史。1958年5月,第一辆东风牌轿车诞生,结束了我国不能制造轿车的历史。1966年4月,第一汽车制造厂首批20辆红旗三排座高级轿车送往北京[2],标志着我国轿车量产化的开始。

这一时期,我国汽车工业在高度集中的计划经济体制下运行。由于汽车工业基础薄弱,配套条件缺乏,根据当时经济建设与国防建设的需要采取了集中力量重点建设的方式,先后建成了长春的第一汽车制造厂、十堰的第二汽车厂(现为东风汽车公司)等整车企业以及一批零部件厂,为我国汽车工业的发展奠定了基础[3]。一直到1978年,由于资金短缺、技术落后、产品换型慢、制造能力弱、载货汽车缺重少轻(缺重型车、少轻型车)、轿车近乎空白、零部件基础薄弱以及生产布局不合理等因素严重制约着我国汽车工业前进的脚步[2]。该时期汽车一直被作为生产资料来管理,商用车居于绝对主体地位。当时,我国汽车年产量不到15万辆,其中,轿车不到3000辆,绝大部分的轿车是公务用车,私人轿车所占比例极低,全国民用汽车拥有总量不足136万辆,仅占世界汽车总量的0.35%,不到美国的1%。当时,国内主要汽车品牌有解放、红旗、跃进、上海等[1]。

二、寻求突破阶段

1978年到20世纪90年代末,这一时期是我国汽车工业寻求突破阶段。1978年12月,十一届三中全会召开,全党、全国的工作重点开始转移到社会主义现代化建设上来,我国汽车工业也在改革开放的春天里打开了大门。这一时期,单一的计划经济模式逐渐被打破,市场配置资源的作用逐渐明显。

20世纪80年代以来,我国经济迅速发展,人均国民收入和消费水平不断提高,轿车需求量猛增。但是轿车产量在汽车工业中的比重微乎其微,产品结构的重要缺陷导致了尖锐的供需矛盾[3]。20世纪80年代初,我国汽车产业寻求与世界跨国汽车公司进行技术合作、合资经营,1983年北京吉普率先拉开我国汽车产业的合资序幕。1984年1月15日,由北京汽车制造厂与美国汽车公司合资经营的北京吉普汽车有限公司举行开业仪式，自此开启了我国汽车工业在发展过程中的合资之路。1987 年，我国政府决定加快发展轿车工业，上海轿车工业的大规模建设，开始了我国轿车工业现代化的历程，先后在全国形成“三大三小两微”八个轿车生产点[3]。在这一阶段，通过技术引进、消化吸收和建设改造，我国整个汽车工业有了明显进步，逐步形成了以轿车为主体的中国汽车工业发展格局。汽车产品结构由单一的中吨位载货车变为以中型货车为主，重、中、轻、微型等多品种货车、专用车，客车同时发展的新局面。轿车比例迅速上升，产品水平有了很大提高[3]。轿车生产量从 1991 年的 8.1 万辆发展到 2000 年的 60.7 万辆，十年间，增长了 549%，图 1-2 为 1991—2000 年我国轿车产量。

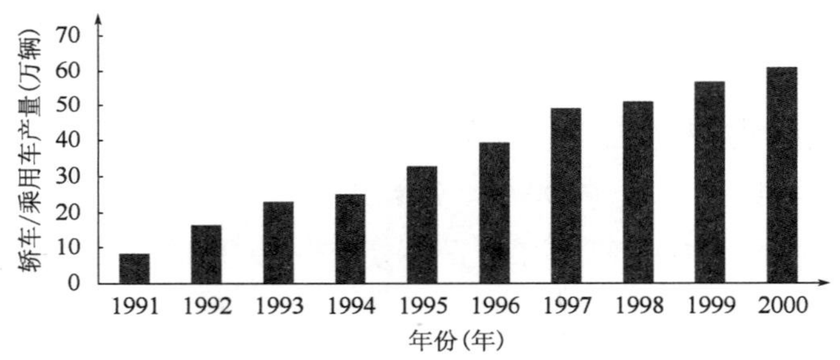

图 1-2　1991—2000 年我国轿车/乘用车产量

这一阶段，公务用车已经逐步完善，而市场严重紧缺的是私人用车，我国汽车市场逐步从单一的公费购车转向多元化结构，私人购车上升趋势明显。市场典型轿车的特点是外形厚重结实、性能经久耐用、车内空间紧凑。“捷达、桑塔纳和富康”被称为国产轿车的“老三样”，是那个时代的代表车型。此外，典型的轿车产品还有一汽大众的奥迪 100、高尔夫，以及北京吉普的切诺基、广州标致的标致 505、天津汽车工业公司的夏利、中国兵器工业总公司的奥拓、贵州航空工业总公司的云雀等。

三、迅速壮大阶段

20 世纪 90 年代末至今，是我国汽车工业的迅速壮大阶段。我国抓住加入世界贸易组织的契机，加快国际合作步伐，汽车工业生产规模迅速扩大，面临更广泛的国际合作与竞争，汽车行业正进行产品结构和产业组织结构的调整，我国汽车行业已成为世界汽车行业的重要组成部分。

这一时期，“合资合作”步伐继续加快，产品引进、技术引进成效显著。与此同时，我国汽车产业在规模不断扩大的进程中开始探索自主品牌的出路，除一汽、上汽、东风、长安、北汽等在自主创新方面加强投入外，还涌现出吉利、奇瑞、力帆、长城、比亚迪等自主品牌车企。我国汽车行业开始形成国有、外资、民营三大资本主体并存的多元资本结构，初步形成了比较完善的制造体系和产业集群[4]。

随着经济的快速发展和人民生活水平的不断提高，越来越多的乘用车走进普通家庭。根据中国汽车工业协会统计，我国乘用车产量从2001年的70.4万辆增加至2016年的2431.5万辆，十年间增长了32.6倍，目前我国乘用车产量稳居全球第一。图1-3为2001—2016年我国乘用车产量情况。

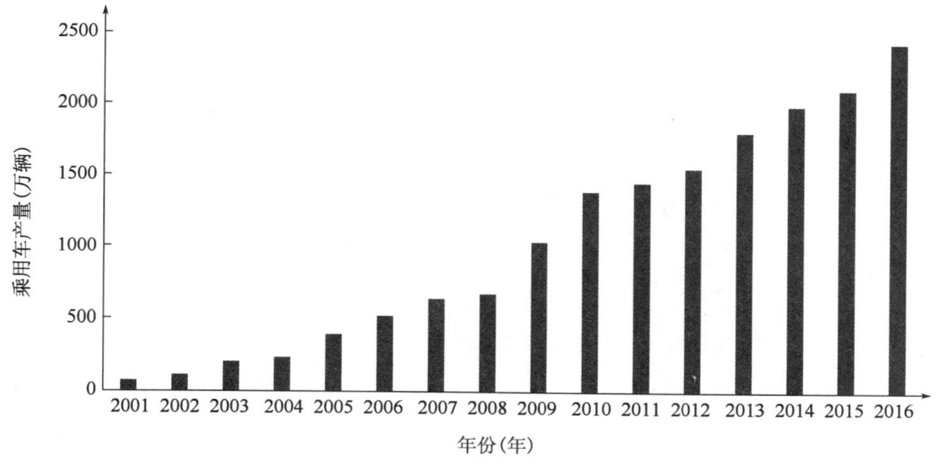

图1-3　2001—2016年我国乘用车产量

随着经济的稳步发展，我国汽车市场消费结构已经发生了重大变化，从以生产营运购车和公款购车为主逐步变成私人购车为主。根据国家统计局的相关统计数据，我国私人乘用车保有量由2007年的1522万辆增长至2016年的10152万辆，十年间增长了667%，私人乘用车保有量占汽车保有量的比例由2007年的34.9%增长至2016年的52.2%。图1-4为2007—2016年我国私人乘用车保有量及其占比情况。

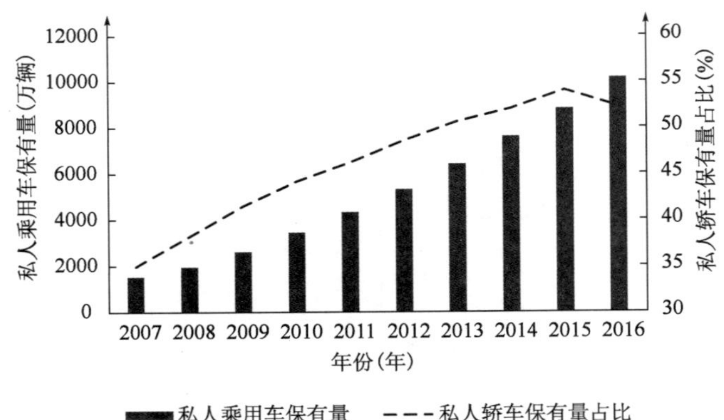

图1-4　2007年—2016年我国私人乘用车保有量及其占比

随着社会对乘用车的需求不断提高,乘用车的种类不断增加,“南普桑、北捷达,还有夏利和富康”的单一轿车车型主导市场的时代已成为过去,乘用车车型增加了高档轿车、SUV(运动型多用途汽车)、商务车、轻型客车等。

根据中国汽车技术研究中心统计,十年间,基本型乘用车产量占比由2007年的75.20%减少至2016年的49.74%,交叉型乘用车(俗称“面包车”)产量占比由15.65%减少至2.92%,MPV(多用途汽车)产量占比由3.52%增加至10.23%,SUV产量占比由5.63%增加至37.11%。这说明我国乘用车市场车型结构已经发生了重大变化,从基本型乘用车和交叉型乘用车占半壁江山,转变为SUV和MPV共约占一半的情况。乘用车车型由原来的紧凑型逐步发展成宽敞舒适型,车体尺寸向更长、更高的方向发展,以满足人们的多元化需求。图1-5和图1-6分别为近十年来我国乘用车产量情况和产量构成情况。

我国汽车市场经过十余年的快速发展,目前仍处于汽车普及阶段。据国家统计局发布的《2016年国民经济和社会发展统计公报》统计,2016年末我国民用汽车保有量达到19440万辆,每千人汽车保有量为140.6辆,与发达国家每千人汽车保有量500辆左右相比,我国汽车市场仍有较大的发展空间。

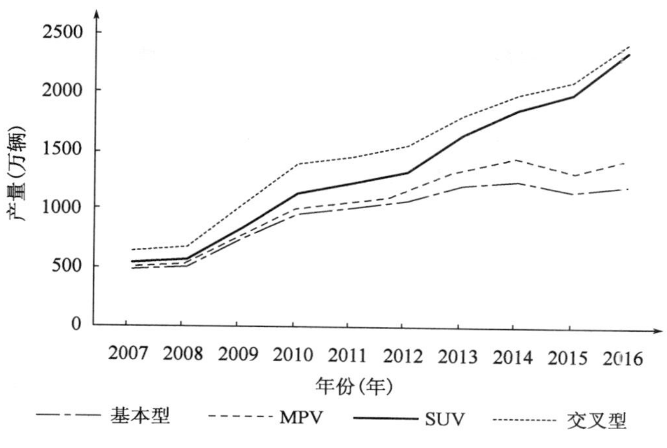

图 1-5　2007—2016 年我国乘用车产量

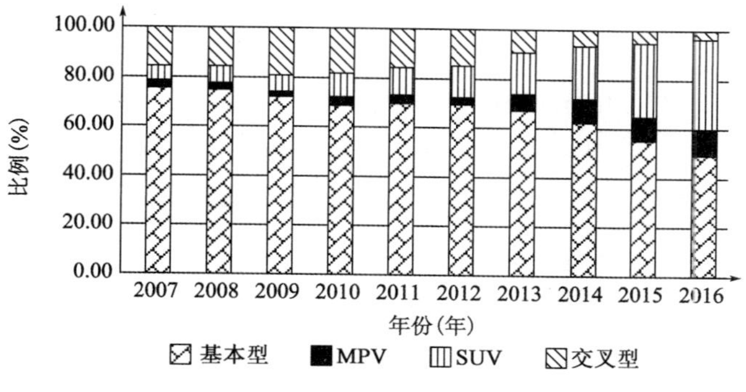

图 1-6　2007—2016 年我国乘用车产量构成

第二节　我国车辆运输车发展历程

车辆运输车也称商品车运输车，是指专门为运输新生产汽车设计的货车、挂车及汽车列车等专用车辆。由于轿车/乘用车的产量大、运输量大，车辆运输车有时也简称为“轿运车”。作为一种专门负责运输汽车这种高附加值商品的专用物流装备，如何在确保运输安全的前提下最大限度地提高运输效率、充分降低运输成本,以满足用户对车辆零公里出厂的技术要求,是车辆运输车发展的源泉和动力。我国车辆运输车的发展总体经历三个阶段。

一、初步形成阶段

20 世纪 90 年代是我国车辆运输车初步形成阶段。1990 年前,轿车基本都是作为各级政府机关、单位配置使用的公务用车,当时我国的轿车产量低、售价高、产地相对集中,销售方式主要是厂家直销,绝大多数情况下是专人配送,不存在大范围商品车运输的情况。起初主要是由专职或兼职驾驶员驾驶轿车“送车”、或由其他载货汽车顺路“背车”送达,由于驾驶员水平不一、路途较远、装卸车辆不规范等原因,车辆经过长途行驶或运输到达目的地时,经常会出现早期磨损或者发生磕碰等质量损失现象,运输的安全与质量存在一定隐患,且运输成本较高。

从 20 世纪 90 年代初期开始,社会各界对轿车产品的需求量逐渐增长,轿车产销量逐步增大,产品的销售方式也渐渐通过 4S 店、特许经销等模式在全国各大城市推广,用户可在当地或就近选车、提车,随之而来的是轿车的专业运输渐渐兴起。随着商品车产销量的不断增加和用户对车辆整体外观、产品质量要求的提高,由专业运输公司使用经特殊改装的载货汽车、半挂汽车列车等专用车辆运送商品车的新型“零公里运输”开始出现。这些专用车型结构简单、符合相关标准要求、运载量最多为 6 辆车,因其运输安全可靠、运输效率较高、运送商品车质量有保证、运价稳定且运输秩序良好而迅速普及,车辆运输车逐渐成为运输商品车的主要模式。在车辆运输车兴起的最初几年时间里,道路运行的绝大部分是符合国家标准要求的合规车型,见图 1-7。早期的车辆运输车多为在平板半挂车基础上进行改装,结构上是在平板半挂车两侧增加支撑立柱,上层前端增加固定货台,后端增加尾部可升降的半活动货台的双层结构,半活动货台采用手拉葫芦或简单液压油缸升降[5]。早期车辆运输车一般可装载 6 辆桑塔纳轿车,其主要缺点是底盘高、装载空间有限,尤其是装载 SUV、轻型客车等大车型时总高度超过 4.5m,无法顺利通过公路涵洞。正是这种早期的简单产品,推动了商品车“零公里运输”的发展。

图 1-7　我国早期使用的车辆运输车

二、快速发展阶段

21 世纪初至 2016 年是我国车辆运输车快速发展阶段。21 世纪以来，汽车工业高速发展，乘用车产销量大幅增加，同期我国高速公路建设成绩斐然，大大提高了道路运输能力，乘用车运输业务量随着乘用车产业的发展而快速增加。随着我国汽车工业的发展，乘用车的种类不断增加，SUV、MPV 占比不断提高。因此，为满足运输需求，早先的车辆运输车结构已不能适应装载车型的多样化和复杂化，正被逐步淘汰或转为辅助车型，取而代之的是低底盘、装车空间大、适应性广的多功能车辆运输车。

初期乘用车“零公里运输”的低成本、高利润，带动了早期一批车辆运输企业的迅速成长和壮大。但随着乘用车品种和数量的进一步扩大，运输行业竞争加剧，运价不断下调、运输成本不断提高，车辆运输业的发展也随之发生了变化。早期运输多为单程运输，乘用车运到目的地后空车返回，而现在必须往返程都装载车辆，企业才能有利可图。在这种情况下，小型运输企业由于没有返程货源而逐渐被淘汰，大型运输企业开始占据主导地位，它们在全国各地建立分支机构，实行全国统筹运输，有效保证了大部分车辆运输车返程均处于实载状态，并通过吸收没有货源的小型运输企业加盟而逐渐发展成为专业性运输集团或大型运输公司。这些集团或大型运输公司不仅占据了国内绝大部分乘用车的运输份额，而且成为购买车辆运输车的主要客户，它们购买的车辆运输车占全国车总量的

60%以上。这些运输公司主要分布在全国各大乘用车生产基地,如吉林长久集团、长春华航、一汽储运,上海的安吉公司、天津的天津安达、广州的中南公司、富田日捆公司、重庆的嘉川公司等[5]。

在车辆运输车刚刚发展的时候,市场上大部分是合规车型。由于管理体制机制不够健全和市场化多个环节存在的利益分配矛盾以及不规范竞争等诸多因素,先是部分改装车企业违规生产,部分汽车整车物流企业违规使用超长、超宽的车辆运输车,装车数量由原来的6~8辆,增加到12~21辆,企业利润上涨;接下来几乎所有运输企业普遍使用违规超限车辆进行运输,运量达14~28辆,乘用车生产企业也趁机压低车辆运输价格,致使乘用车辆运输进入到"越超限运价越低,运价越低越超限"的恶性循环。

三、逐步规范阶段

2016年以来是我国车辆运输车逐步规范阶段。近年来,我国汽车整车物流业规模持续扩大,车辆运输车保有量逐年增长,这些严重超限半挂式车辆运输车基本满足了我国乘用车制造业的持续快速发展对整车物流运输的需求。但与此同时,车辆运输车非法改装、超限运输现象屡禁不止、愈演愈烈,相关法律法规和技术标准要求无法得以贯彻落实,其权威性、严肃性被随意践踏。这不仅严重破坏了道路运输行业健康稳定可持续发展的局面,而且扰乱了汽车整车物流业的市场秩序,更给道路交通安全、高效运输,以及人民群众生命财产安全造成了极大的危害和隐患。经过前期充分准备,2016年8月18日,交通运输部、公安部、工业和信息化部、国家发改委、国家质检总局五部门办公厅联合发布了《车辆运输车治理工作方案》(交办运〔2016〕107号),全面开展车辆运输车治理工作。第一阶段的任务是禁止"双排车"进入高速公路,第二阶段的任务是将不合规的"单排车"更新置换为标准车型,车辆运输车市场违规车型泛滥的问题开始逐步得到治理。

《汽车、挂车及汽车列车外廓尺寸、轴荷及质量限值》(GB 1589—2016)新增加了中置轴车辆运输车的车型结构和相关限值要求,《车辆运输车通用技术条件》(GB/T 26774—2016)规定了车辆运输车的各项技术要求,《车辆运输车治理工作方案》将上述标准作为技术依据部署了具体的工作。相信伴随着车辆运输车治理工作的深入推进，各类不合规的车辆运输车将陆续被逐出运输市场，我国汽车整车物流市场将逐步走向规范化，完美体现汽车制造大国、强国的社会形象。

第三节　我国车辆运输车存在的问题及危害

随着用户对乘用车辆品质要求的提升、各品牌车辆价格竞争的加剧，乘用车运输企业之间不规范的市场竞争导致超限超载运输愈演愈烈，各地区、各部门相关执法监管不统一、不到位等现象也日趋严重，车辆运输车的结构形式、尺寸参数和数量等都发生了质的变化，主要体现在绝大多数车辆运输车存在行车证、营运证车辆参数与实车不符，车辆的结构、参数与现行标准法规不符，出现了全国范围内普遍违规违法运输、法难责众，原标准亟须修订与有效贯彻落实的局面。我国车辆运输车存在的主要问题、表现形式及其危害和影响概括如下：

(1)车辆运输车车型结构单一、配置简单，技术先进性和运输效率不足。在用车辆绝大多数为半挂汽车列车，极少采用国外流行的叠拼式中置轴列车。半挂车普遍采用上层平面布置、下层机械调节“跳跳板”叠拼式布置的双层装载结构。缺少牵引车辆与挂车的联合设计匹配，叠拼效果差，不能充分利用装载空间。许多改装车企业和运输单位不仅生产和使用单排超长半挂列车(图1-8)，还生产和使用所谓的“大怪”(上、下层货台均装载双排乘用车的车辆运输车，见图1-9)和“二怪”(上层货台装载双排乘用车的车辆运输车，见图1-10)，以进一步提高运输能力，这种做法严重违反了相关法规和强制性标准规定，扰乱了运输市场秩序，社会影响恶劣，安全隐患巨大。

(2)车辆运输车外廓尺寸等超限普遍，严重影响道路交通畅通和安全。半挂列车长度多在30m以上，最长近40m；宽度多在2.6m以上，双排装载后车宽超3.2m；装载后的高度多在4.2m以上，部分超过4.4m；半挂车的铰轴距、后悬过大，远超《汽车、挂车及汽车列车外廓尺寸、轴荷及质量限值》(GB 1589—2016)和相关技术要求规定，列车的通过性很差，二级及其以下等级公路、桥梁和隧道不能安全通行，高速公路的匝道、1 级公路的路口也不能正常、顺畅通行。

图 1-8　超长车辆运输半挂列车

图 1-9　“大怪”车辆运输车

图 1-10　“二怪”车辆运输车

超限车辆运输车降低了车辆运行安全性，易诱发严重的交通事故，导致重大的经济损失。由于轴距过长，制动系统的匹配和整车制动性能受到严重影响，容易造成制动效能降低，并引发交通事故。由于结构复杂、装车数量多，一旦发生事故，无法对所装载的车辆进行施救。超限车辆运输车运输 20 辆以上乘用车的情况很普通，车辆运输车自燃事故也时有发生，因视野不良等原因还会造成相关交通事故，不仅新车变废铁造成数百万元的严重经济损失，还会影响到周围车辆通行与安全。

2016 年 9 月 11 下午 3 时左右，一辆“二怪”车辆运输车从江苏仪征开往连云港，途经宁连高速南京六合竹镇路段，发生了自燃事故，车上的 21 辆新车变成“火车”，最后基本都被烧毁（图 1-11）。半个小时之后，南京六合消防大队出动三辆消防车，在村民的帮助下才将大火控制。此外，自燃事故还带来了交通的堵塞，造成了一定程度的环境污染。

图 1-11　“二怪”车辆运输车火灾事故

2016 年 9 月 5 日下午 4 时许，一辆双排车辆运输车在广乐高速行驶时突发意外，车头撞出护栏悬挂在空中，前风窗玻璃也被撞毁，远处还有一辆撞毁后的白色乘用车(图 1-12)。由于“二怪”上层双排运输，整个车辆运输车宽度较大，驾驶员后方视野存在很大的盲区，稍有操作不当就很容易和其他车辆相撞，造成交通事故。

图 1-12　车辆运输车冲出安全栏

(3)车辆运输车违规超限运输严重、运输单价过低、恶性竞争加剧。随着乘用车产能过剩和市场竞争日趋激烈，汽车生产企业逐步压低商品车运输价格、偏离正常运价范围；运输业户为了追求盈利、抢占市场份额，先是少量超限超载运输被处罚，后是为了弥补处罚损失增加运车数量，最后就是汽车生产企业再压低运价，运输企业再增加运车数量，导致运输业户集中度与市场垄断性逐渐提高，进而导致运力过剩、单车运价大幅降低的恶性竞争更趋白热化。目前，实际存在着与我国汽车产业、国际同行以及经济社会发展极不相称的商品车运输“运价倒挂”现象，即单车公里运价从20世纪末期的1.8元左右下滑到目前的不足1元。这种所谓市场化运价的形成，是车辆运输车改装、商品车运输、乘用车生产等相关企业及其从业人员在利益驱动下逐渐磨合形成的，一方面是漠视我国《道路交通安全法》《公路法》等法律法规及相关国家标准的规定，通过生产、使用违规车辆以及变相挤压运价，以获取各自的经济利益，与法治社会建设和社会经济健康稳定发展要求格格不入；另一方面是形成了严重超限超载车辆运输横行天下的局面，扰乱了道路运输市场秩序，影响了道路交通安全与通行效率，破坏了稳定和谐的道路运输发展环境，也与政府积极推动的综合交通、智慧交通、绿色交通、平安交通以及国际化发展方向与要求极不相称。相关企业的利润是建立在违法违规超限运输的基础上，是在牺牲了全社会道路交通安全、道路通行效率、社会公共利益和社会形象的情况下获取的，在法治社会、诚信社会建设的大背景下，企业与从业人员的守法意识和社会责任感应予以彰显。

(4)相关管理机构对非法改装、使用的运输车辆行政执法尺度不一，“以罚代管”致使超限运输愈演愈烈。2005年，全国统一治超期间交通部曾明传电报规定2005年4月1日前允许长度20m、宽度3m、高度4.3m的商品车运输车办理超限运输证，新进入市场的运输车辆应符合《道路车辆外廓尺寸、轴荷及质量限值》(GB 1589—2004)的要求；修订后的《道路交通安全法实施条例》《公路安全保护条例》分别于2004年5月1日和2011年7月1日正式实施，研究制定的《车辆运输车通用技术条件》(GB/T 26774—2011)于2012年1月1日实施。但迫于汽车制造行业乘用车产量激增、整车物流运输市场需求快速增长、绝大部分的运输业务集中到公路运输的现实压力，由于上述相关企业间利益驱动的内因，以及公安交通管理、道路运输管理都没能严格地执行相应的法规、标准和规章制度要求，汽车行业也未能及时调整修订相关标准要求、引进新产品与新技术等外因综合所致，形成了车辆运输车结构与尺寸普遍严重违法违规、“法难责众”、“以罚代管”的被动局面。另外，2012年底我国公安、交通注册登记的车辆运输车仅为8889辆，而据中国物流与采购联合会统计，实际运行的车辆运输车约6万辆，均为非标超限车辆，存在着严重的车证不一、套牌、违法违规运输等现象。

(5)物流企业车辆装备与组织管理水平低，作业条件差、工作效率低、发展后劲不足。此前，大量使用的车辆运输车车体庞大、多为手工机械操作方式，装卸效率低、驾驶与装卸操作难度大；出于躲避检查处罚、减少交通拥堵等原因，经常是白天在服务区休息、晚间上路行驶，驾驶员劳动强度大、影响行车安全；再就是有些车辆返程没有合适的配货，经常出现空驶现象，既不经济也不安全。许多骨干汽车整车物流企业希望政府能尽快研究制定、发布实施科学合理可行的技术标准，选购技术先进、安全、高效、合规的车辆运输车产品，有效规范车辆运输车市场秩序，营造汽车整车物流行业的良性、健康发展的公平竞争环境。

第四节　《车辆运输车通用技术条件》标准研究概述

一、国内外车辆运输车标准比较

1. 欧盟车辆运输车限值规定

在欧盟成员国间从事国际道路运输的车辆应符合欧盟指令 EC 96/53 的规定，车辆宽度限值为2.55m，车辆高度限值为4m，铰接车辆(半挂汽车列车)的长度限值为16.5m，货车列车(全挂汽车列车和中置轴列车等)的长度为18.75m。上述要求适用于车辆运输车。

在欧盟成员国内，需满足国内相关要求。因受不同地区的道路条件和交通法规的影响，车辆运输车的尺寸限值和结构也不一样，除了铰接列车(半挂汽车列车)和全挂汽车列车两种组合外，主要以灵活多变、结构简单、重心低(采用小直径轮胎)的中置轴挂车列车为主[6]。大部分欧洲国家规定了空载车辆长度限值18.75m，也有部分国家(如瑞典和芬兰)规定的空载车辆长度限值为25.25m，但仅限于模块化运输列车，且限定车辆的运行线路和道路等级。欧洲各国大部分规定了车辆空载长度限值和满载长度限值，并允许车辆运输车满载后可前伸和后探一定的距离。如德国规定空载车辆长度限值为18.75m，满载车辆长度限值为 20.75m，最大前伸 0.5m，最大后探 1.5m。图 1-13 为欧洲典型中置轴车辆运输车结构形式。

图 1-13　欧洲典型中置轴车辆运输车结构形式

2. 美国车辆运输车限值规定

美国不限制车辆运输车的总长度，而是仅规定最小长度和前后伸长量。依据美国交通部联邦道路管理部（U. S. Department of Transport Federal Highway Administration）的规定，传统铰接车辆运输车的最小长度为 19.8m（图 1-14），中置轴车辆运输车最小长度 22.86m（图 1-15），上述两种车型均允许装载后，乘用车前伸 0.91m，后探 1.22m。

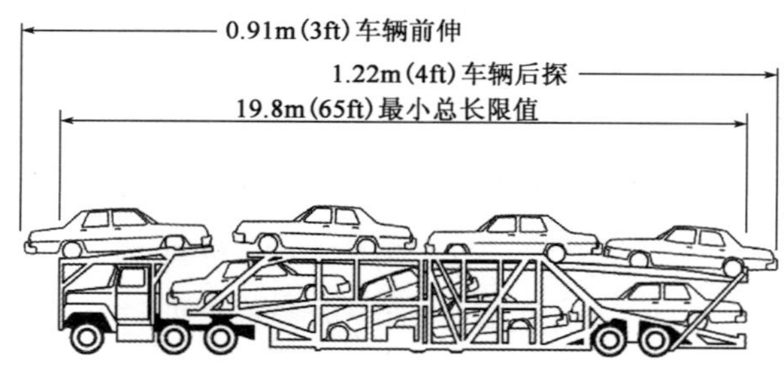

图 1-14　美国车辆运输半挂列车尺寸

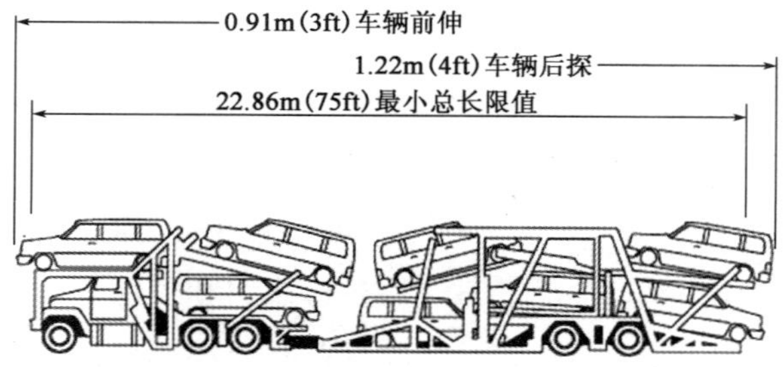

图 1-15　美国中置轴车辆运输列车尺寸

3. 我国车辆运输车限值规定

2012 年初，我国关于车辆运输车的标准主要有《道路车辆外廓尺寸、轴荷及质量限值》（GB 1589—2004）、《车辆运输车通用技术条件》（GB/T 26774—2011）和《货运挂车系列型谱》（GB/T 6420—2004）。《车辆运输车通用技术条件》（GB/T 26774—2011）是在《道路车辆外廓尺寸、轴荷及质量限值》（GB 1589—2004）相关要求基础上，参照了欧美的车辆结构要求提出了中置轴汽车列车长度为 20m 的要求。该标准中，车辆运输车的宽度限值为 2.5m，高度限值为 4m；铰接车辆的长度为 16.5m（全封闭厢式汽车列车为 18.1m），全挂汽车列车和中置轴汽车列车的长度为 20m。但是由于我国普遍使用的仍为半挂汽车列车，如按标准规定的 18.1m 列车长度开展车辆运输，仍达不到运输企业的实际需求。由于《道路车辆外廓尺寸、轴荷及质量限值》（GB 1589—2004）和《货运挂车系列型谱》（GB/T 6420—2004）缺少对中置轴挂车及货车列车的相关要求，实际中置轴挂车及货车列车在国内应用极少。2012 年初，鉴于当时超限超载运输治理工作的迫切需求，以及国内有关乘用车生产企业和地方政府针对车辆运输车标准要求放宽的呼声高涨，在国家标准化管理委员会（简称国标委）的协调下，由工业和信息化部、公安部、交通运输部等协同开展上述三项标准的联合修订工作。

二、标准修订过程

随着我国乘用车产量的逐渐增加、专用汽车设计技术能力的提升，在 20 世纪 90 年代中期，逐渐开始发展车辆运输车，用于乘用车的运输，主要有车辆运输货车和车辆运输半挂列车两种，以车辆运输半挂列车为主，大大提高了运输效率并降低了运输成本，得到了乘用车运输行业的认可，国内生产车辆运输车的企业也越来越多。

为了规范和指导车辆运输车生产制造行业健康发展，确保产品符合国家相关行业要求，20 世纪 90 年代末，交通部公路科学研究所与扬州中集通华半挂车有限公司在交通部公路司的指导下，率先研究制定并发布实施了交通行业标准《轿车运输挂车通用技术条件》（JT/T 427—2000）；汽车行业也组织制定、发布了汽车行业标准《车辆运输车》（QC/T 679—2002）标准；2003 年，交通行业制定、发布了《轿车运输挂车性能试验方法》（JT/T 488—2003）标准。这几项行业标准的发布实施，在当时环境条件下对引导和规范车辆运输车的发展起到了积极的作用，但同时也存在相互交叉、技术要求不一致、不同的行业标准在实施层面通用性和协调性不够好等问题。

2006 年，为进一步提高我国车辆运输车的整体设计、制造水平，统一规范产品的生产与使用管理，由调整后的全国汽车标准化技术委员会挂车分技术委员会秘书处挂靠单位——交通部公路科学研究所提出了制定车辆运输车的国家标准立项申请。国标委下达了由交通部公路科学研究所牵头联合相关单位共同整合汽车和交通行业的相关标准，制定国家标准《车辆运输车通用技术条件》的计划。经过技术人员的共同努力，该标准于 2009 年报批，2011 年 7 月发布，2012 年 1 月 1 日实施，即《车辆运输车通用技术条件》（GB/T 26774—2011）。虽然该标准按照《道路车辆外廓尺寸、轴荷及质量限值》（GB 1589—2004）的要求相关长度尺寸规定到了上限，但与社会上存在的大量不合规车相差甚远。应相关部门、单位申请及要求，2012 年，国家标准委下达了《道路车辆外廓尺寸、轴荷及质量限值》（GB 1589—2004）、《车辆运输车通用技术条件》（GB/T 26774—2011）和《货运挂车系列型谱》（GB/T 6420—2004）三项国家标准同时修订的计划。

为了确保标准制修订内容准确、充分反映车辆实际情况、能够真正指导实际生产，且使标准内容科学、合理、协调、可行，以及在技术先进性、适用性、延续性等方面有所体现，同时既要考虑能够满足公路交通运输设施要求，还应考虑我国汽车行业发展实际，更要积极与国际接轨，标准制修订任务下达后，交通运输部公路科学研究院邀请了相关单位（包括科研院所和汽车、挂车、车辆零部件骨干企业以及汽车整车物流企业等）参加标准项目的研究工作。计划下达后，三项标准制修订业务主管部门，交通运输部、工业和信息化部分别成立了项目组，开展研究和相关协调工作。

2012 年 2 月，在国标委、工业和信息化部、公安部、交通运输部等部委组织召开的相关制修订标准研讨会上，安排部署《道路车辆外廓尺寸、轴荷及质量限值》（GB 1589—2004）、《货运挂车系列型谱》（GB/T 6420—2004）、《车辆运输车通用技术条件》(GB/T 26774—2011)三项标准同步修订工作。从2012年3月起,交通运输部公路科学研究院组织有关技术人员对国内汽车整车物流市场的实际车辆运行情况、车辆装备情况和相关企业的运营状况进行了技术调研与分析,搜集了欧美车辆运输车相关标准法规与车辆产品设计生产及应用等技术资料。

2012年10月底,交通运输部道路运输司组织进行了欧洲货运车辆装备考察与技术交流,与法国劳尔公司及其用户就车辆运输车的技术要求、制造工艺以及产品改进等方面进行了深入研讨。

2013年5月起,交通运输部公路科学研究院等标准起草单位组织人员先后对吉林省吉林市长久专用车有限公司、吉林省长久实业集团有限公司、中国第一汽车集团公司规划部、一汽物流有限公司、沈阳运通物流有限公司、天津劳尔工业有限公司和安吉汽车物流有限公司等进行调研和技术交流,了解和掌握了车辆运输车与相关装备的技术、结构与质量现状,存在的主要困难与问题,并收集了企业的意见与建议。

2013年8月,交通运输部公路科学研究院与天津劳尔公司就其研发的24.5m长中置轴车辆运输列车进行了产品技术交流和车辆主要性能参数验证试验。

2013年9月12日,在《道路车辆外廓尺寸、轴荷及质量限值》(GB 1589—2004)第一次标准修订工作会上,联合工作组提出了由交通运输部公路科学研究院、天津劳尔工业公司等单位负责进一步进行车辆运输车相关技术试验验证的要求。

2013年12月,交通运输部公路科学研究院组织人员到上海安吉物流进行了考察交流,了解了我国最大的整车物流企业车辆构成、运输量分布与需求以及企业运行管理情况,实地调研了车辆运输车装车、栓固等操作。

2014年3月,交通运输部公路科学研究院技术人员再次到天津劳尔工业公司进行技术交流,实际核测了总长24.5m等几款中置轴列车的外廓尺寸、通道圆等,并参加了3月6日由中国汽车技术研究中心在该公司组织的相关技术性能研讨会。

2014年4月,在《道路车辆外廓尺寸、轴荷及质量限值》(GB 1589—2004)

第二次标准修订工作会上，针对试验验证结果进行了技术研讨，对通道圆的测量方法及限值提出了进一步论证要求。

2014 年 6 月，交通运输部公路科学研究院项目组人员前往吉林市长久专用车公司，对其研发的 20m 中置轴挂车列车以及 16.5m 车辆运输半挂列车进行尺寸和通过性试验验证。6 月 5 日，前往一汽物流有限公司对其研发的可伸缩车辆运输半挂列车(18.7 ~ 19.2m)以及 29.5m 超长车辆运输半挂列车，开展通过性试验验证工作。

2014 年 8 月，《车辆运输车通用技术条件》(GB/T 26774—2011)修订研讨会暨工作组第一次会议在交通运输部公路科学研究院召开，11 家参研单位的近 20 名代表参加了会议，会议明确了标准修订的技术路线。

2014 年 9 月，交通运输部公路科学研究院项目组人员再次前往吉林市长久专用车对其研发的 21m 中置轴挂车列车进行尺寸、通过性试验验证。

2014 年 10 月，交通运输部公路科学研究院组织中国重汽集团、法国劳尔公司和上海安吉物流等单位的代表在交通运输部公路交通试验场对中国重汽和法国劳尔公司联合研发的中置轴挂车列车进行尺寸、动力性、制动性、通过性等性能试验验证工作。

2014 年 11 月，《车辆运输车通用技术条件》(GB/T 26774—2011)修订工作组第二次会议在武汉召开，会议听取了汽车整车物流行业对车辆运输车的需求与发展专题演讲，并对形成的标准讨论稿进行研讨。

2014 年 12 月，交通运输部公路科学研究院和中国汽车技术研究中心联合对天津劳尔工业公司重新研发的 22m 长中置轴挂车列车进行尺寸、轴荷和通过性试验验证。

在遵循车辆与道路及其设施相适应并最大限度满足市场需求原则的基础上，借鉴国外先进技术、车型经验，开展了大量试验工作。先后对 3 家中置轴车辆运输车生产企业提供的 9 辆样车进行了 13 次不同结构匹配形式的通过性试验验证，收集了大量技术数据。图 1-16 为某中置轴车辆运输列车的通道圆测试现场。在分析不同结构形式和尺寸参数的车辆运输车通道圆通过性测试结果的基础上，为了保证道路交通运输安全、最大限度地提高商品车的运输效率，项目组人员还利用专业软件对我国各种等级公路交叉路口、匝道进行了仿真建模，并与实际样车的道路通过能力进行比较分析，最终形成了《车辆运输车通用技术条件》的修订初稿。

图1-16　某中置轴车辆运输列车的通道圆测试现场

2015年7月，全国汽车标准化技术委员会挂车分技术委员会秘书处和全国道路运输标准化技术委员会秘书处对修改完善的标准工作组修改初稿进行研讨，并在此基础上形成了标准征求意见稿。

2015年9月上旬，全国汽车标准化技术委员会挂车分技术委员会向部分车辆制造企业、货运企业共40个相关单位发出征求意见函，并在全国汽车标准化技术委员会网站上公开征求意见。

2016年3月初，全国汽车标准化技术委员会挂车分技术委员会在北京召开了标准送审初稿研讨会。与会专家针对标准征求意见回函的初步处理情况、修改后的标准文本以及标准还需要补充完善的内容三方面进行了深入研讨。标准起草小组对标准送审初稿进行了修改、完善，整理形成了标准送审稿。

2016年3月底，全国汽车标准化技术委员会挂车分技术委员会在南京召开了标准审查会。会议通过了该标准的专家审查，形成了审查意见。会后，标准工作组根据专家意见对标准送审稿进行了修改完善，形成了标准的报批稿。标准于2016年4月报批，国标委在完成相关审核、通报程序后，于2016年7月发布实施《车辆运输车通用技术条件》(GB/T 26774—2016)。

三、标准技术内容的主要变化

新修订的《车辆运输车通用技术条件》(GB/T 26774—2016)与2011版相

比,除编辑性修改外,主要技术变化如下:

(1)增加了牵引车辆与挂车的设计、安装和匹配的一般要求。

(2)增加了车辆运输车质量限值、通道圆和外摆值的要求。

(3)删除了车辆运输环境温度的要求,修改了车辆运输车行驶道路等级的要求。

(4)增加了车辆运输车制动性能、动力性、横向稳定性和行驶轨迹的要求。

(5)增加了车辆运输车机械连接互换性和电气连接互换性要求。

(6)增加了车辆运输车侧面及后下部防护装置的要求,增加了号牌板(架)的要求。

(7)增加了卫星定位车载终端、防抱制动系统、轮胎、轮胎动平衡、间接视野装置、车辆尾部标志板的要求,修改了灭火器的要求。

(8)修改了防护栏(网)最下端距上层货台脚踩位置垂直距离的要求。

(9)增加了装载车辆紧固装置选用要求。

(10)修改了车辆运输车装载间隙的要求。

(11)修改了液压系统在 1.5 倍额定工作压力下保持的时间。

(12)增加了车辆运输列车横向稳定性试验方法。

(13)增加了轮胎动平衡试验方法。

(14)修改了活动货台自降量试验方法,删除了液压系统高压试验方法。

(15)增加了车辆标志牌的要求。

(16)增加了随车文件应包括车辆一致性证书的要求。

(17)修改了贮存要求。

第二章 《车辆运输车通用技术条件》（GB/T 26774—2016）释义

第一节 关于"1 范围"的释义

范围是标准的规范性一般要素，同时也是一个必备要素。每一项标准都应有范围，并且应位于标准正文的起始位置，它永远是标准的"第1章"。范围是对标准涉及的术语和定义、技术要求等主要技术内容的概括，并明确标准规范的主要范围和适用对象等内容。

条文

1 范围

本标准规定了车辆运输车的术语和定义、技术要求、试验方法、检验规则、标志、随车文件、运输、贮存等。

本标准适用于在道路上行驶的专门为运输乘用车设计的货车、挂车及列车，运输其他类车辆的专用车可参照执行。

释义

《车辆运输车通用技术条件》（GB/T 26774—2016）是在《车辆运输车通用技术条件》（GB/T 26774—2011）的基础上进行的修订。在标准修订过程中，起草组充分调研了国内主要车辆运输车制造企业和汽车整车物流企业，对典型的中置轴车辆运输列车和车辆运输半挂列车进行了试验验证，分析了国内外车辆运输车的结构和技术差异、特点，借鉴了国外先进技术和标准，结合了我国道路设施现状和相关政府管理部门对车辆运输车的管理要求，在保持与《汽车、挂车及汽车列车外廓尺寸、轴荷及质量限值》（GB 1589—2016）修订技术内容一致性的前提下，经过与行业专家的多次深入研讨，确定了本标准的主要技术内容且明确本标准为产品标准，按照产品标准的编写要求，确定标准应规定车辆运输车的相关术语和定义、技术要求、试验方法、检验规则、标志、随车文件、运输、贮存等内容。

近年来，我国汽车市场呈现平稳增长态势。乘用车产销量分别从2011年的1449万辆和1447万辆，增长到2016年的2280万辆和2270万辆，而商用车产销量分别从2011年的393万辆和404万辆，下降到2016年的342万辆和345万辆。数据表明，我国乘用车市场占汽车市场的半壁江山，我国车辆运输车主要运输对象为乘用车。因此，本标准的适用范围是运输乘用车的车辆运输车，包括车辆运输货车、挂车及列车，并针对乘用车的结构与尺寸特点规定了其运输车辆的技术内容，其他类型车辆的运输可根据实际情况参照本标准执行。

本标准主要用于指导车辆运输车及相关零部件制造企业的产品设计与生产，为车辆和零部件检测机构提供试验依据，提高车辆运输车的产品质量和保障运行安全，并为交通运输管理部门实施车辆管理提供技术依据，同时也是汽车整车物流企业选车用车的技术参考。

第二节　关于“2　规范性引用文件”的释义

“规范性引用文件”是规范性一般要素，同时又是一个可选要素。所谓“引用文件”，实际上包括两类：一类是标准，另一类是标准之外的文件，所以统称为“引用文件”而非“引用标准”，这是《标准化工作导则　第1部分：标准的结构和编写》（GB/T 1.1—2009）中的规定。因此，本部分主要是对在本标准中引用的相关国家和行业标准及有关文件进行归纳，并按照国家标准在前、行业标准在后，各类标准按照标准号从小到大排列，不同类行业标准按照字母先后顺序排列。

条文

2 规范性引用文件

下列文件对于本文件的应用是必不可少的。凡是注日期的引用文件，仅注日期的版本适用于本文件。凡是不注日期的引用文件，其最新版本（包括所有的修改单）适用于本文件。

GB 1589 道路车辆外廓尺寸、轴荷及质量限值

GB/T 4606 道路车辆 半挂车牵引座50号牵引销的基本尺寸和安装、互换性尺寸

GB 4785 汽车及挂车外部照明和光信号装置的安装规定

GB 7258 机动车运行安全技术条件

GB 11567.1 汽车和挂车侧面防护要求

GB 11567.2 汽车和挂车后下部防护要求

GB 12676 商用车辆和挂车制动系统技术要求及试验方法

GB/T 13594 机动车和挂车防抱制动性能和试验方法

GB/T 13880 道路车辆 牵引座互换性

GB 15084 机动车辆 间接视野装置 性能和安装要求

GB/T 15088 道路车辆 牵引销 强度试验

GB 15741 汽车和挂车号牌板（架）及其位置

GB/T 18411 道路车辆 产品标牌

GB/T 18505 汽车轮胎动平衡试验方法

GB/T 20070 道路车辆 牵引车与半挂车之间 机械连接互换性

GB 23254 货车及挂车 车身反光标识

GB/T 23336 半挂车通用技术条件

GB/T 25979 道路车辆 重型商用汽车列车和铰接客车 横向稳定性试验方法

GB 25990 车辆尾部标志板

GB/T 31083 乘用车公路运输栓紧带式固定技术要求

GB/T 31879　道路车辆　牵引座通用技术条件
GB/T 32860　道路车辆　牵引杆连接器的互换性
GB/T 32861　道路车辆　牵引车与挂车之间的电气和气动连接位置
JB/T 5943　工程机械　焊接件通用技术条件
JT/T 794　道路运输车辆卫星定位系统　车载终端技术要求
QC/T 252　专用汽车定型试验规程
ISO 11407　商用道路车辆　牵引连接器前下置的牵引车辆和中置轴挂车之间机械连接互换性(Commercial road vehicles—Mechanical coupling between towing vehicles with coupling mounted forward and below, and centre-axle trailers—Interchangeability)

释义

本标准未注日期的引用文件,其最新版本为:

GB 1589　汽车、挂车及汽车列车外廓尺寸、轴荷及质量限值(GB 1589—2016)
GB/T 4606　道路车辆　半挂车牵引座　50 号牵引销的基本尺寸和安装、互换性尺寸(GB/T 4606—2006)
GB 4785　汽车及挂车外部照明和光信号装置的安装规定(GB 4785—2007)
GB 7258　机动车运行安全技术条件(GB 7258—2012)
GB 11567.1　汽车和挂车侧面防护要求(GB 11567.1—2001)
GB 11567.2　汽车和挂车后下部防护要求(GB 11567.2—2001)
GB 12676　商用车辆和挂车制动系统技术要求及试验方法(GB 12676—2014)
GB/T 13594　机动车和挂车防抱制动性能和试验方法(GB/T 13594—2003)
GB/T 13880　道路车辆牵引座互换性(GB/T 13880—2007)
GB 15084　机动车辆间接视野装置性能和安装要求(GB 15084—2013)

GB/T 15088	道路车辆牵引销强度试验(GB/T 15088—2009)
GB 15741	汽车和挂车号牌板(架)及其位置(GB 15741—1995)
GB/T 18411	道路车辆产品标牌(GB/T 18411—2001)
GB/T 18505	汽车轮胎动平衡试验方法(GB/T 18505—2013)
GB/T 20070	道路车辆 牵引车与半挂车之间机械连接互换性(GB/T 20070—2006)
GB 23254	货车及挂车 车身反光标识(GB 23254—2009)
GB/T 23336	半挂车通用技术条件(GB/T 23336—2009)
GB/T 25979	道路车辆 重型商用汽车列车和铰接客车 横向稳定性试验方法(GB/T 25979—2010)
GB 25990	车辆尾部标志板(GB 25990—2010)
GB/T 31083	乘用车公路运输栓紧带式固定技术要求(GB/T 31083—2014)
GB/T 31879	道路车辆 牵引座通用技术条件(GB/T 31879—2015)
GB/T 32860	道路车辆 牵引杆连接器的互换性(GB/T 32860—2016)
GB/T 32861	道路车辆 牵引车与挂车之间的电气和气动连接位置(GB/T 32861—2016)
JB/T 5943	工程机械 焊接件通用技术条件(JB/T 5943—1991)
JT/T 794	道路运输车辆卫星定位系统 车载终端技术要求(JT/T 794—2011)
QC/T 252	专用汽车定型试验规程(QC/T 252—1998)
ISO 11407	商用道路车辆 牵引连接器前下置的牵引车辆和中置轴挂车之间机械连接互换性(Commercial road vehicles—Mechanical coupling between towing vehicles with coupling mounted forward and below, and centre-axle trailers—Interchangeability)(ISO 11407:2004)

《机动车运行安全技术条件》(GB 7258—2012)、《汽车和挂车侧面防护要求》(GB 11567.1—2001)、《汽车和挂车后下部防护要求》(GB 11567.2—2001)

等标准正在修订中，本标准的使用者应及时跟踪上述标准的制修订情况，按照规定使用所引用文件的最新版本。

第三节　关于“3　术语和定义”的释义

“术语和定义”在非术语标准中是一个可选要素，如果标准中以“术语和定义”为标题单独设一章，则其为该标准的规范性技术要素。为便于标准使用者理解和掌握标准内容，方便标准实施，对本标准涉及的车辆运输车及其类型等相关名词、术语进行了定义，共6条内容。

条文

3　术语和定义

下列术语和定义适用于本文件。

3.1　车辆运输车　car carrier

装备有装运和固定车辆的货台及供车辆上下的跳板，专门为运输乘用车设计的货车、挂车及列车等专用车辆。

释义

本术语从结构构成、功能和车辆类别等方面定义了本标准涉及的车辆运输车的内涵。首先给出了车辆运输车的基本结构构成——装备有装运和固定车辆的货台及供车辆上下的跳板，货台和跳板应符合本标准规定的安全要求；其次明确了车辆运输车的功能用途——专门运输乘用车的运输车；最后给出了车辆运输车的主要类别——车辆运输货车、挂车及列车。另外，明确了这三种车型为专用车辆。按照标准第1章的规定，本标准所规定的车辆运输车主要用于运输乘用车，运输其他商用车、农用车的专用车辆可参照执行。

条文

3.2 车辆运输货车 goods vehicle for car carrier

在已定型货车底盘上改装,具有单层或多层货台,用于装载运输乘用车,也可装备有相关连接装置,可牵引中置轴挂车的专用车辆。

释义

车辆运输货车(图 2-1)有两种运输方式,一种是单独运输乘用车,另一种是在车辆运输货车的后下部装备牵引连接器、电连接器和气制动连接器,用于牵引和控制中置轴挂车行驶,组成中置轴挂车列车进行乘用车运输。

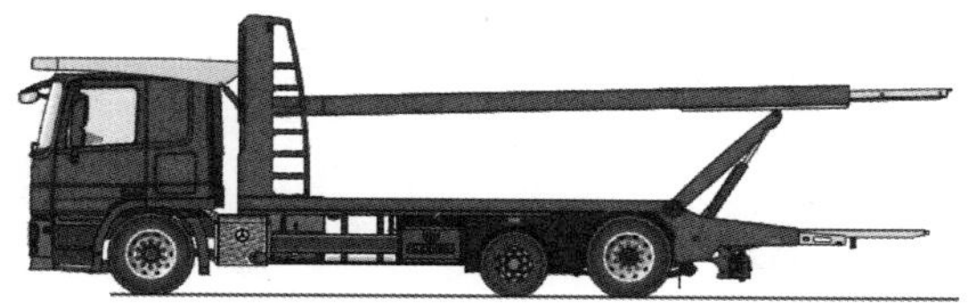

图 2-1 车辆运输货车

车辆运输货车是采用单层货台还是采用多层货台,取决于所运输乘用车的高度和整车装车后的总高度。按照我国相关法律法规和强制性标准规定,装载后整车高度不能超过 4m。

已定型底盘是汽车生产企业按照规定生产销售的二类底盘。汽车生产厂和专用汽车生产企业加装相关专用装置后,仍应按照本标准及相关国家规定进行试验检测,确保产品性能符合标准要求。

条文

3.3 车辆运输挂车 trailer for car carrier

具有单层或多层货台,用于装载运输乘用车的专用挂车(含:半挂车、中置轴挂车)。

释义

车辆运输挂车按照其结构特点分为半挂车(图2-2)和中置轴挂车(图2-3),并不包括全挂车,也就是牵引杆挂车。因为全挂汽车列车的行驶稳定性不能够满足相关标准要求,目前我国的《道路交通安全法》及其实施条例不允许全挂汽车列车上高速公路行驶,全挂车也不符合汽车整车物流行业对于所运输车辆的安全性要求,同时国内外也少见全挂车结构的车辆运输车。

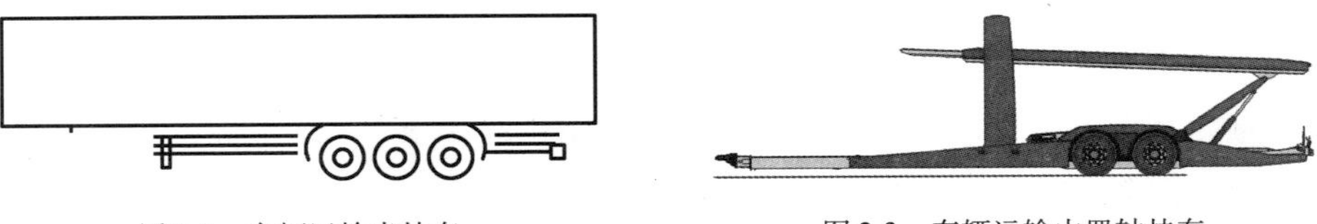

图2-2　车辆运输半挂车　　图2-3　车辆运输中置轴挂车

条文

3.4　车辆运输半挂牵引车　semi-trailer towing vehicle for car carrier

具有装载运输乘用车货台的专用半挂牵引车。

释义

《汽车、挂车及汽车列车外廓尺寸、轴荷及质量限值》(GB 1589—2016)中给出了长头半挂牵引车和长头铰接列车的概念,同时在铰接列车最大长度限值中,允许长头铰接列车比普通铰接列车长1m,且长头半挂牵引车的驾驶室一般较低,为了充分利用空间、提高运输效率,在整车装载后高度和轴荷不超过国家法律法规、标准要求的情况下,长头驾驶室上方可以加装货台,成为车辆运输半挂牵引车(图2-4)。但这种加装只能由汽车底盘生产厂家负责开展并符合国家汽车公告管理的要求。

图2-4　车辆运输半挂牵引车

车辆运输半挂牵引车是在普通长头半挂牵引车的基础上,在驾驶室上方安装运输乘用车的货台,使得其车顶和/或牵引座以上空间可装载乘用车,以充分利用牵引车的空间,增大装载量提高运输效率。车辆运输半挂牵引车应按乘用车的装卸要求充分考虑和设计货台的结构,应有供装载车辆上下的跳板或具有跳板功能的结构,通常无法和普通的半挂车直接匹配,应与所牵引的半挂车进行联合设计,确保装载车辆装卸的便利性和运输的安全性。

条文

3.5 车辆运输半挂列车 articulated vehicle for car carrier

半挂牵引车或车辆运输半挂牵引车与车辆运输半挂车的组合。

释义

在国家标准《汽车和挂车类型的术语和定义》(GB/T 3730.1—2001)中规定了半挂牵引车与半挂车的组合车辆为铰接列车。由于车辆运输车装运货物的特殊性,本术语进行了进一步明确。按照半挂牵引车结构的不同,车辆运输半挂列车有两种结构组成形式,一种是普通半挂牵引车与车辆运输半挂车的组合(图2-5),另一种是车辆运输半挂牵引车与车辆运输半挂车的组合(图2-6)。

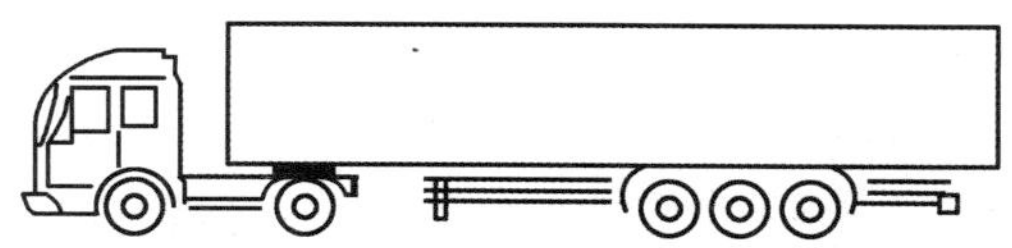

图2-5 半挂牵引车与半挂车组合成的车辆运输半挂列车

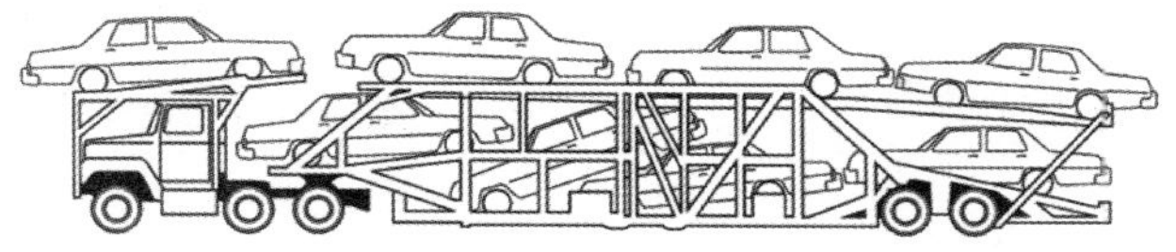

图2-6 车辆运输半挂牵引车与半挂车组合成的车辆运输半挂列车

条文

3.6　中置轴车辆运输列车　center axle trailer train of car carrier

车辆运输货车与车辆运输中置轴挂车的组合。

释义

《汽车和挂车类型的术语和定义》(GB/T 3730.1—2001)中规定,中置轴挂车是指牵引装置不能垂直移动(相对于挂车),车轴位于紧靠挂车重心(当均匀载荷时)的挂车,这种车辆只有较小的垂直静载荷作用于牵引车,不超过相当于挂车最大质量的10%或10000N的载荷(两者取较小者)。其中一轴或多轴可由牵引车来驱动。

在《汽车、挂车及汽车列车外廓尺寸、轴荷及质量限值》(GB 1589—2016)的汽车列车长度限值中规定了中置轴车辆运输列车长度最大限值为22m,这给了中置轴车辆运输列车一个更好的发展空间。

中置轴车辆运输列车(图2-7)是车辆运输货车加装相关机械、电气连接装置后与车辆运输中置轴挂车的组合,该车型重心低、通过性好、装载能力强,是欧美等发达国家现阶段普遍使用的车型,也是我国在车辆运输车方面下一步发展的重要车型之一。

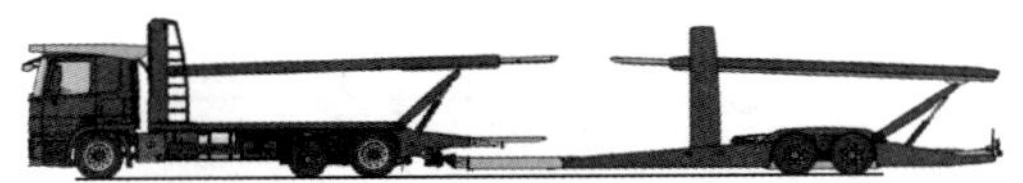

图2-7　中置轴车辆运输列车

第四节　关于"4　技术要求"的释义

本部分为标准的主要内容之一,也是标准的核心技术内容。根据标准的具体内容和要求,分为一般要求、性能要求、结构要求、配置要求、工艺要求、货台要求、升降装置要求7节,以便于理解和掌握标准。

条文

4.1 一般要求

4.1.1 车辆运输车应按照规定程序批准的图样和技术文件制造。

释义

本部分内容是对车辆运输车制造所提出的基本要求。车辆运输车制造的图样一般包括零件工作图、总成部装和总成焊合图、产品总图等。企业设计的产品图样应符合国家相关制图标准要求,并能清楚表达零部件和总成的结构、轮廓、尺寸、装配关系及技术要求等。产品设计完成后,产品图样需要按照单位职责权限规定进行图纸文件会签,也就是在产品图样上的设计、审核、工艺、会签、批准等栏目进行签名。

车辆运输车的技术文件一般包括设计任务书、设计说明书、技术经济分析报告、技术协议书、产品标准、试验大纲、试验分析报告、设计评审报告、产品的工艺文件、检验表格等,这些文件也应经企业责任部门、主管部门领导签署意见批准后,作为产品设计、生产制造、试验分析、产品出厂检验以及产品结构技术改进措施制定等方面的依据。

条文

4.1.2 外购、外协件应符合相关标准的规定,并有制造厂的合格证明,经整车厂检验合格后方可使用。所有自制零部件经检查合格后方可装配。

释义

车辆运输车一般由自制件、外购件和标准件装配而来。自制件包括自购原材料进行加工而成的零件,也包括设计由自身完成但部分加工工序或全部加工工序外包的外协件。标准件是已经标准化了的基础零部件，如螺栓、螺母等。

外购件一般指没有标准化的零件，由专业单位进行单独设计或匹配设计并生产，也就是从整车厂外部通过采购或订购获得，所以称为外购件。

外协件主要指零部件设计由自身完成，部分或全部制造工序由外包商生产的产品或外包商提供的服务。由于零部件设计由自身完成，所以外协件直接受本单位控制，一般在本单位的生产范围内按本单位的要求作业和服务，并由本单位验收。自制零部件是指本单位内部有能力制作加工的零部件。一般整车制造企业均设有外购件检验员、外协件检验员和自制件检验员，根据职责和任务量可兼职，所以无论是外购件、外协件或者自制件，均应进行检验，检验结果应符合制造企业的技术要求并开具合格证明，以确保车辆运输车的质量符合国家或企业标准要求。

条文

4.1.3 牵引车与挂车的设计安装应保证匹配合理、连接可靠，相关电、气、液压及其控制使用安全。

释义

前一阶段，我国的牵引车（包括半挂牵引车、车辆运输半挂牵引车以及车辆运输货车）和挂车（包括车辆运输半挂车和车辆运输中置轴挂车）一般分属不同生产企业设计生产，不同厂家的相关技术要求也不一致。为确保牵引车和挂车的匹配合理、电气等连接可靠，行驶稳定并提高车辆装载效率，牵引车和挂车生产企业应对列车进行联合设计，保证车辆运输车相关机械连接、电连接、气连接、液压系统及其控制系统使用可靠、安全。采取牵引车与挂车企业联合设计，确保连接后列车长度不超过标准规定、列车有更好的转弯通过性，实现牵引车与挂车各种匹配性能的优化。

条文

4.1.4 牵引车和挂车的产品技术文件中,应明确其适配的挂车或牵引车的外廓、连接等关键尺寸和质量限值等参数。

释义

牵引车与挂车出厂均需要提供相应的产品技术文件,如产品说明书等。为了使牵引车和挂车在匹配连接后,不出现列车超长、动力性不足、轴荷偏差较大等不合规现象,本标准规定牵引车和挂车的产品技术文件中,应明确其适配的挂车或牵引车的外廓、连接等关键尺寸和质量限值等参数,也就是牵引车应该适配什么样的挂车、挂车应该适配什么样的牵引车。现阶段,基本实现了牵引车厂家与挂车厂家的联合设计,本标准在技术层面也保障了甩挂运输中适用性。汽车整车物流企业和试验检测机构可依据产品技术文件进行牵引车和挂车匹配,提高主、挂互换的便利性。

条文

4.1.5 车辆运输半挂车应符合 GB/T 23336 的规定,中置轴挂车参照 GB/T 23336 执行。

释义

《半挂车通用技术条件》(GB/T 23336)规定了半挂车的整车、车架、半挂车主要总成、制动装备及性能以及半挂车可靠性等方面的技术要求和试验方法,是半挂车企业进行产品生产设计的重要依据,也是国家相应的检测机构进行产品检测的依据,是各种专用半挂车共同遵守的通用技术条件。目前,我国中置轴挂车还没有相关的技术标准作为技术支撑,因此,现阶段车辆运输中置轴挂车技术要求可参照《半挂车通用技术条件》(GB/T 23336)执行。

另外,2016 年 6 月,《国家标准委关于下达 2016 年第一批国家标准制修订计划的通知》(国标委综合〔2016〕39 号)中下达了国家推荐性标准《中置轴挂车通用技术条件》(计划编号为 20160559-T-339),由交通运输部公路科学研究院负责制定。目前,该标准已经制定完成,按照国家标准制修订程序报批到国家相关主管部门。该标准发布实施后,车辆运输中置轴挂车相关技术要求应符合该标准的相应规定,本标准的使用单位应关注《中置轴挂车通用技术条件》国家标准的发布情况。

条文

4.1.6 车辆运输车的外廓尺寸、轴荷及质量限值,以及通道圆和外摆值等应符合 GB 1589 的规定。

释义

《汽车、挂车及汽车列车外廓尺寸、轴荷及质量限值》(GB 1589—2016)是我国对道路上使用的汽车、挂车及汽车列车管理的最基本、最重要的一项强制性标准,是其他技术法规建立的基础和依据,也是车辆产品定型试验、强制性认证的主要依据,从标准条款的要求上,限制了车辆运输车使用环节随意改装、超载超限运输等现象的发生,为车辆的设计制造提供了技术依据。

在本标准的修订过程中,标准修订工作组先后对 3 个车辆运输车生产企业提供的 9 个样车进行了 13 次不同结构匹配形式的通过性试验验证,收集了大量技术数据。对于通过性试验方法,《道路车辆外廓尺寸、轴荷及质量限值》(GB 1589—2004)要求汽车列车至少在通道圆内行驶 1/2 圈,而工作组按照欧洲法规要求汽车列车在通道圆内行驶 1 圈。样车验证的结果表明,我国已具备了 22m 长中置轴车辆运输列车的研发、生产能力,且已达到了国内外规定的通道圆尺寸要求。根据试验结论,在《道路车辆外廓尺寸、轴荷及质量限值》(GB 1589—2004)修订中已将中置轴车辆运输列车相关尺寸要求列入其中,将中置轴车辆运输列车的总长度放宽至22m。

通过分析试验数据，发现车辆运输列车总长度虽然满足了《道路车辆外廓尺寸、轴荷及质量限值》（GB 1589—2004）的规定，但通道圆和外摆值也不一定能满足要求。为了使车辆运输车在行驶时保持良好的转弯灵活性和道路通过性，本标准在2011年版的基础上增加了“通道圆和外摆值等应符合GB 1589的规定”。

条文

4.1.7 中置轴车辆运输列车的设计应符合二级及以上等级公路的行驶要求。

释义

《公路工程技术标准》（JTG B01—2003）规定我国公路根据功能和适应的交通量分为五个等级：高速公路、一级公路、二级公路、三级公路和四级公路。高速公路为专供汽车分向分车道行驶并应全部控制出入的多车道公路；一级公路为供汽车分向分车道行驶并可根据需要控制出入的多车道公路；二级公路为供汽车行驶的双车道公路；三级公路为主要供汽车行驶的双车道公路；四级公路为主要供汽车行驶的双车道或单车道公路。

研究表明，中置轴车辆运输列车转弯占用的道路空间比较大，22m长的中置轴车辆运输列车从行车道宽度方面可以满足高速公路、一级公路、二级公路行车要求，也可以满足在二级公路、一级公路交叉口转弯的需求；22m长的中置轴车辆运输列车在半径小于500m的圆曲线路段上行驶时，需要降低速度或占用部分相邻车道，如果行车限制在外侧车道，需占用部分硬路肩；在半径小于300m的圆曲线匝道路段上行驶时，需要通过降低速度或占用硬路肩来实现通行。基于上述的研究结果，本标准规定“中置轴车辆运输列车的设计应符合二级及以上等级公路的行驶要求”。

条文

4.2 性能要求

4.2.1 车辆运输车的制动性能应符合 GB 7258、GB 12676 和 GB/T 13594 的规定。

释义

《机动车运行安全技术条件》(GB 7258)规定了在用车辆的制动性能要求,包括基本的行车制动、应急制动、驻车制动和辅助制动等。作为车辆运输汽车列车更应关注气压制动的特殊要求应符合标准的规定。检验方法包括路试和台架试验,汽车列车采取路试的方法进行。

《商用车辆和挂车制动系统技术要求及试验方法》(GB 12676)规定了新车型式认证时的制动性能要求,这是新车型在研发时应该遵守的基础标准,是产品定型试验的依据。

《机动车和挂车防抱制动性能和试验方法》(GB/T 13594)规定了机动车和挂车防抱制动性能要求和试验方法。《机动车运行安全技术条件》(GB 7258)规定"总质量大于等于 12000kg 的货车和专项作业车及总质量大于 10000kg 的挂车应安装符合《机动车和挂车防抱制动性能和试验方法》(GB/T 13594)规定的防抱死制动装置"。本标准规范的车辆运输车均属于安装制动防抱死装置的范畴。

《机动车运行安全技术条件》(GB 7258)、《商用车辆和挂车制动系统技术要求及试验方法》(GB 12676)和《机动车和挂车防抱制动性能和试验方法》(GB/T 13594)3 个标准是我国机动车辆尤其是商用车在制动方面应遵循的重要标准,本标准规定的车辆运输车的制动性能更应符合这 3 个标准的相关要求。

条文

4.2.2 车辆运输车的比功率[发动机最大净功率/汽车(列车)总质量]应

不小于5.4 kW/t,且满载最高车速应不小于90km/h。

释义

比功率是考核机动车动力性的重要指标。车辆应行驶在正常的发动机功率运行状态,并有一定的功率储备,这样能够实现油耗最低、发动机寿命最长、道路上加速超车、爬坡有能力,确保车辆正常运行。《机动车运行安全技术条件》(GB 7258)也对比功率提出了要求,即“低速汽车及拖拉机运输机组的比功率应大于等于4.0kW/t ,除无轨电车外的其他机动车的比功率应大于等于5.0kW/t。”

根据统计,国内外的汽车列车比功率最低为3.38kW/t,最高为8.6kW/t(表2-1)。经过试验测试和对比分析,本着汽车列车既具备一定的动力性,又应有一定的动力储备的原则,本标准参照《汽车列车性能要求及试验方法》(GB/T 26778)和《道路甩挂运输车辆技术条件》(JT/T 789)提出了车辆运输车比功率≥5.4kW/t的要求,该要求基本能满足车辆运输车在满载、高速状态下正常运行的要求。

世界主要国家汽车列车比功率 表2-1

国别	汽车列车比功率(kW/t)
中国	4.23~5.51
俄罗斯	4.41~8.60
法国	3.38~6.03
美国	6.62~8.09
日本	6.25~6.62
德国	4.41~5.88
瑞典	4.41~5.88
英国	4.41~5.15

为了使车辆运输车在运行过程中有一定的功率储备,且车辆在运营过程中要实现畅通、高效,也需要车辆具备足够的动力。本标准提出了“满载最高车速

不小于 90km/h”的要求,这样车辆能够在经济车速下正常行驶。

条文

4.2.3 车辆运输列车的侧向加速度后部放大系数不宜大于2.0。

释义

汽车横向稳定性是指汽车抵抗横向翻车和横向侧滑的能力,是汽车安全性能的重要指标之一。由于铰接点的存在,汽车列车的牵引车与挂车在铰接点存在力的相互作用,若牵引车和挂车的结构参数和性能参数匹配不合理,汽车列车在制动和转弯时容易发生折叠、甩尾以及跑偏等失稳现象,严重威胁行车安全。《道路车辆 重型商用汽车列车和铰接客车 横向稳定性试验方法》(GB/T 25979)给出了评价重型商用汽车列车和铰接客车横向稳定性的 3 个试验方法:伪随机输入、单车道变换和脉冲输入道路试验,侧向加速度后部放大系数是汽车横向稳定性重要的指标之一。《道路车辆 重型商用汽车列车和铰接客车 横向稳定性试验方法》(GB/T 25979)虽然规定了试验方法,但未给出评价指标的限值要求。本标准参照 SAE J2179 的要求,结合前期相关试验数据积累,在试验车速不超过 80km/h 的前提下,提出了侧向加速度后部放大系数不宜大于2.0的要求。今后还应加强对车辆运输列车的侧向加速度后部放大系数进行实车验证,相应的试验检测机构应开展相关试验,增加《道路车辆 重型商用汽车列车和铰接客车 横向稳定性试验方法》(GB/T 25979)的试验检测能力。

条文

4.2.4 车辆运输列车在平坦、干燥的路面上以 30km/h 的车速直线行驶时,挂车后轴轮迹中心线相对于牵引车前轴轮迹中心线的最大偏移量应不大于 110mm。

释义

由于牵引车转向盘的操作、路面不平和外部干扰如侧风的影响、牵引车与挂车机械连接部分的结构形式与配合间隙,挂车的行驶轨迹会偏移牵引车的行驶轨迹,出现左右偏离现象或称为摆动现象。

挂车直线跟随能力描述的是汽车列车在预定的直线轨迹上运动时,最后一个挂车运动轨迹与牵引车辆运动轨迹的重合程度。我国评价挂车直线跟随能力的指标是挂车后轴中心相对于牵引车前轴中心的最大摆动幅度,对于铰接列车、乘用车列车和中置轴挂车列车不应大于110mm,对于其他列车不应大于220mm。本标准参照《机动车运行安全技术条件》(GB 7258)要求,规定车辆运输列车在平坦、干燥的路面上以30km/h的车速直线行驶时,挂车后轴轮迹中心线相对于牵引车前轴轮迹中心线的最大偏移量应不大于110mm,以防止列车在高速运行时摆动量偏大,造成行驶不平稳或出现运行安全问题。

条文

4.3 结构要求

4.3.1 半挂牵引车应安装符合GB/T 13880和GB/T 31879规定的50号牵引座,车辆运输半挂车应采用符合GB/T 4606和GB/T 15088规定的50号牵引销。

释义

半挂牵引车的牵引座与半挂车的牵引销配合安装使用,是半挂牵引车和半挂车机械连接最主要、最关键的部件,型号规格相符才能实现甩挂运输中牵引车与挂车的互换。

《道路车辆 牵引座互换性》(GB/T 13880)规定了牵引座在车架上表面或安装板上的安装尺寸和互换性,适用于匹配《道路车辆 半挂车牵引座50号牵引销的基本尺寸和安装、互换性尺寸》(GB/T 4606)规定的50号牵引销或《道

路车辆　半挂车牵引座90号牵引销的基本尺寸和安装、互换性尺寸》(GB/T 4607)规定的90号牵引销的牵引座，是一个互换性要求的标准。《道路车辆　牵引座通用技术条件》(GB/T 31879)规定了牵引座的型号、技术要求、试验方法、检验规则、标志、运输和贮存以及产品随行文件，适用于分别与《道路车辆　半挂车牵引座50号牵引销的基本尺寸和安装、互换性尺寸》(GB/T 4606)、《道路车辆　半挂车牵引座90号牵引销的基本尺寸和安装、互换性尺寸》(GB/T 4607)规定的牵引销相连接的50号和90号牵引座，是一个产品标准。

《道路车辆　半挂车牵引座50号牵引销的基本尺寸和安装、互换性尺寸》(GB/T 4606)规定了半挂车牵引座50号牵引销的基本尺寸和安装、互换性尺寸，该牵引销不适用于超重型车辆。《道路车辆　牵引销　强度试验》(GB/T 15088)规定了50号和90号牵引销强度试验的条件和要求，适用于《道路车辆　半挂车牵引座50号牵引销的基本尺寸和安装、互换性尺寸》(GB/T 4606)和《道路车辆半挂车牵引座90号牵引销的基本尺寸和安装、互换性尺寸》(GB/T 4607)规定的50号和90号牵引销。

按照标准规定50号牵引座(FW50)额定承载质量为20000kg，50号牵引销可牵引总质量50000kg的半挂车。《汽车、挂车及汽车列车外廓尺寸、轴荷及质量限值》(GB 1589—2016)规定，六轴汽车列车最大总质量不超过49000kg。考虑车辆总质量符合标准要求、牵引车与挂车互换的可能性和实现甩挂运输，因此牵引车安装50号牵引座、半挂车装配50号牵引销是合理的，完全能满足需要，但牵引座和牵引销应符合相应的标准要求。

条文

4.3.2　半挂牵引车与车辆运输半挂车的机械连接互换性应符合GB/T 20070的规定。

释义

《道路车辆　牵引车与半挂车之间机械连接互换性》(GB/T 20070)规定了

牵引车牵引座高度、半挂车前部回转半径、鹅颈外形等互换性尺寸,以及半挂车相对于牵引车的纵向倾角、侧向倾角、铰接角、牵引车与半挂车之间的自由空间等互换性尺寸。在我国现阶段,由于半挂牵引车与车辆运输半挂车的生产属于不同企业,在车辆机械连接互换性尺寸方面仍需要进一步明确。因此,本标准规定它们的机械连接互换性应符合《道路车辆 牵引车与半挂车之间机械连接互换性》(GB/T 20070)的规定。

值得一提的是《道路车辆 牵引车与半挂车之间机械连接互换性》(GB/T 20070)规定在最大载荷状态下的牵引车牵引座接合面离地高度(图2-8中的h)在1150~1300mm,与半挂车脱开状态下的牵引车牵引座接合面离地高度h应不超过1400mm,给出的范围较大。该项规定在进行半挂车匹配连接设计时,容易出现前高后低或前低后高的不合理现象。为此,建议本标准的实施单位在遵循《道路车辆 牵引车与半挂车之间机械连接互换性》(GB/T 20070)的前提下,还应参考《道路甩挂运输车辆技术条件》(JT/T 886)的相关规定,以更好地实现半挂牵引车与半挂车的机械连接匹配,以便满足使用要求。

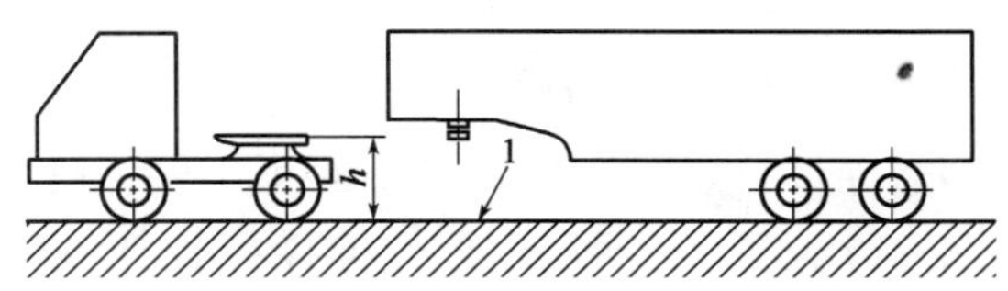

图2-8 牵引座高度要求

1-基准水平面;h-牵引车牵引座接合面离地高度

条文

4.3.3 车辆运输货车与车辆运输中置轴挂车的牵引杆连接器互换性应符合 GB/T 32860 的规定。

释义

《道路车辆 牵引杆连接器的互换性》(GB/T 32860)的修改采用ISO

3584。《道路车辆　牵引杆连接器的互换性》(GB/T 32860)规定了牵引杆连接器在牵引车辆车架(横梁、拖曳梁或安装支架)上的安装和互换性方面的要求,标准适用于连接牵引杆挂车、中置轴挂车的牵引杆连接器。牵引杆连接器和对应的牵引杆挂车挂环匹配使用,使得货车和中置轴挂车组成中置轴挂车列车,如图 2-9 所示。

图 2-9　牵引杆连接器与牵引杆挂环连接

值得一提的是,与该连接器匹配的挂车牵引杆挂环应符合《道路车辆　50毫米牵引杆挂环的互换性》(GB/T 4781)的规定。对于长期使用的车辆运输列车,包括车辆运输半挂汽车列车和中置轴挂车列车,其机械连接间的磨损极限应符合《道路车辆　牵引连接件、牵引杆孔、牵引座牵引销、连接钩及环形孔机械连接件使用磨损极限》(GB/T 31883)的规定,并应经常进行检查。汽车列车机械连接件只有符合国家相关规定才能够满足车辆正常行驶需要和互换性需求。

条文

4.3.4　车辆运输货车与车辆运输中置轴挂车的机械连接互换性应符合 ISO 11407 的规定。

释义

《商用道路车辆　牵引连接器前下置的牵引车辆和中置轴挂车之间机械连

接互换性》(ISO 11407)标准,我国相关部门正在研究转化过程中。该标准规定了牵引车辆与牵引杆挂车之间的牵引杆连接器安装位置、挂车前回转半径、牵引杆的侧倾角等互换性要求,在满足该标准要求的前提下,能够确保中置轴车辆运输列车运行不发生机械部件的相互干涉,实现汽车列车基本的运行安全。本标准的使用者应跟踪《商用道路车辆 牵引连接器前下置的牵引车辆和中置轴挂车之间机械连接互换性》(ISO 11407)的转化情况,以便采用转化后的国家标准。

条文

4.3.5 车辆运输中置轴挂车的牵引环中心至挂车车轴或轴组中心的距离应不大于7300 mm。

释义

《汽车、挂车及汽车列车外廓尺寸、轴荷及质量限值》(GB 1589—2016)中规定了中置轴、牵引杆挂车长度为12m,且规定车厢长度最长为8m(车辆运输中置轴挂车除外);同时《汽车、挂车及汽车列车外廓尺寸、轴荷及质量限值》(GB 1589—2016)中规定了中置轴车辆运输列车长度最大限值为22m(图2-10中*D*);另外,该标准中规定了货车(车辆运输货车)的最大长度为12m。这样,在车辆运输中置轴挂车做到最长、车辆运输货车也做到最长的情况下,挂车的牵引杆至少要伸到货车后下部2m,且还要留出前车与后车的回转空间。按照《商用道路车辆 牵引连接器前下置的牵引车辆和中置轴挂车之间机械连接互换性》(ISO 11407)规定,中置轴挂车牵引杆伸到牵引车后下部的长度(图2-10中*L*)分为1.4m、1.6m和1.9m三个尺寸。从以上长度尺寸分析看,车辆运输中置轴挂车的索引环中心至挂车车轴或轴组中心的距离在7m左右。这是从长度尺寸要求进行分析。从中置轴挂车定义看,中置轴挂车的车轴承载中心应布置在载货中心往后,具体数值根据轴荷计算取得。

另外,车辆运输中置轴挂车的牵引环中心至挂车车轴或轴组中心的距离

(图 2-10 中 M)也是影响汽车列车通过性的主要参数,通过试验研究、长度尺寸分析和中置轴挂车轴荷特点,根据数据积累,确定了标准中该距离不大于 7300mm 的要求。

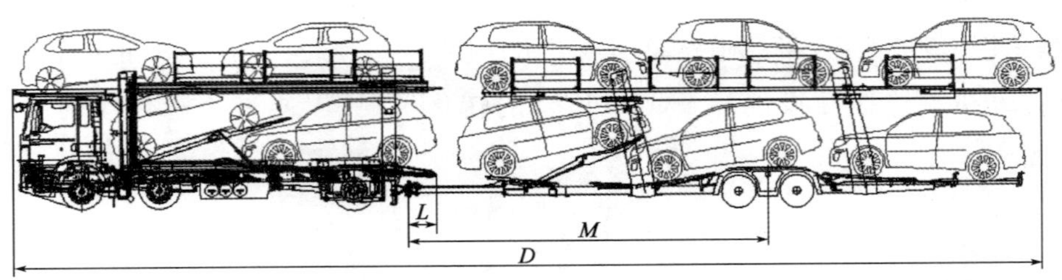

图 2-10 车辆运输中置轴挂车及列车长度尺寸示意图

条文

4.3.6 牵引车和挂车之间电气连接器的安装位置、尺寸以及间隙空间等要求应符合 GB/T 32861 的规定。

释义

牵引车和挂车通过灯光电路连接器件、挂车制动控制器件、挂车气制动控制管路器件以及气制动供气管路连接器件,实现车辆行车时的灯光和制动控制。气制动连接器件包括气制动螺旋管(图 2-11)和气制动管连接器(图 2-12),电路连接器件(图 2-13)包括电连接器(插头或插座)和电缆线,挂车制动控制器件(图 2-14)包括制动控制连接器(插头或插座)和电缆线。

这四种连接器件的连接可靠性直接关系到汽车列车的灯光信号和气制动信号的正确匹配,影响行车安全;四种连接器件线路的布置和接头安装的可靠性影响操作方便性。《道路车辆　牵引车与挂车之间的电气和气动连接位置》(GB/T 32861)规定了牵引车辆和挂车之间电气连接器的安装位置、尺寸以及间隙空间等位置要求。本标准为了提高牵引车辆和挂车之间电气连接器的位置要求的互换性,进行了国际标准修改转化。如果牵引车与挂车之间的电器和气动连接位置不符合本标准要求,将导致牵引车与挂车之间的相关接线在列车运动时连接交叉,易造成线路损坏,也不利于连接器的安放,以致影响公路货运的行驶安全。

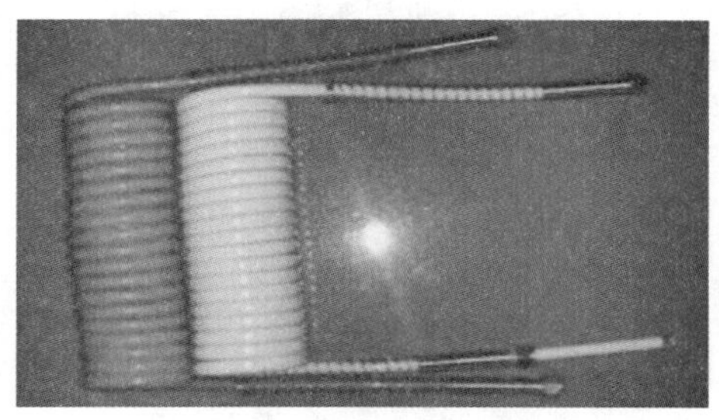

图 2-11 气制动螺旋管

图 2-12 气制动管连接器

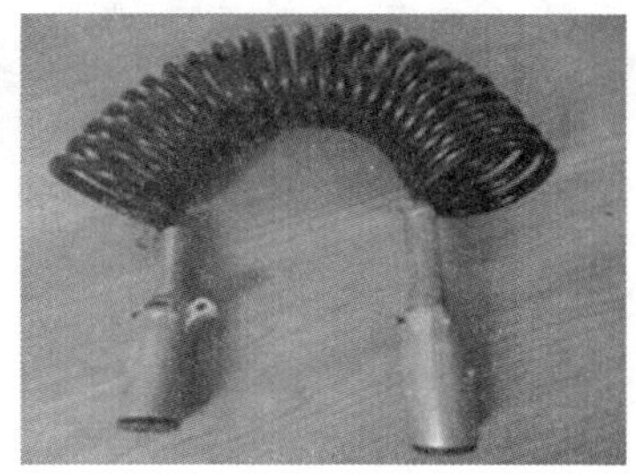

图 2-13 电路连接器件

图 2-14 挂车制动控制器件

条文

4.3.7 所有管路和电路应分布合理,固定牢固,夹持可靠,在车辆行驶过程中不应发生摩擦干涉现象,油、气、水管路不应有渗漏现象。

释义

车辆运输车工作状态是,在不同的路面上行驶,行驶过程中车辆各部件处于振动、晃动、摆动等状态;车辆运输车按照相关要求,从前往后或牵引车与挂车之间有各种管线连通，进行信号或能量传递，这包括灯光信号控制线（也称为线束）、气制动控制管线、液压系统管路等。为了确保车辆运输车行车安全、防止相关管线与车体摩擦出现故障，本标准作为产品标准，规定了各种管路、电路应合理布置，线卡、管卡与车体应固定牢靠。图 2-15 为典型的管路布置、固定方式。

图 2-15　典型的管路布置、固定方式

条文

4.3.8　空载状态下，车辆运输车的最小离地间隙应不小于 150mm。

释义

车辆的离地间隙是指车辆在空载状态下水平停稳后，地面与车辆底部刚性部件最低点之间的距离。离地间隙是衡量车辆通过坑洼不平路面性能的最直接参考数据之一，它的限值将直接影响到整车的通过性、行驶稳定性、外观的协调性以及行车安全性等。

根据统计分析，为保证道路交通的安全、车辆的安全和驾驶员的安全，在参考其他车辆标准的基础上和充分研究车辆运输车行车路况的前提下，本标准规定空载状态下，车辆运输车的最小离地间隙应不小于 150mm。

条文

4.3.9 车辆运输车侧面及后下部防护装置应符合 GB 11567.1 和 GB 11567.2 的规定。

释义

车辆的侧后防护是防止车辆在运行时,行人和其他车辆进入车底导致人身伤亡事故采取的防护措施。《汽车和挂车侧面防护要求》(GB 11567.1)规定了对汽车和挂车侧面防护的技术要求,以有效地保护无防御行人,以免其跌于车侧而被卷入车轮下。该标准适用于 N_2、N_3、O_3 和 O_4 类车辆,本标准的车辆运输车均适用。《汽车和挂车后下部防护要求》(GB 11567.2)规定了汽车和挂车后下部防护装置的技术要求和试验方法,本标准的车辆运输车也适用于该标准,但在实际情况下,由于车辆运输车底盘较低,一定情况下车体就起到了防护作用,但其强度应符合标准规定。

上述两项标准均是强制性标准,在车辆运输车定型试验和强制性检验时均由具有第三方检验资质的机构进行检测并出具报告,才能取得认证或公告。为此,车辆运输车应满足标准要求。另外,这两项标准在已经修订并报批,现尚未发布实施,使用者应跟踪这两项标准的最新版本发布情况。

条文

4.3.10 号牌板(架)的设置应符合 GB 15741 和 GB 7258 的规定。

释义

《汽车和挂车号牌板(架)及其位置》(GB 15741)规定了汽车和挂车号牌板(架)的形状、尺寸、位置及强度要求。标准适用于 M、N 和 O 类车辆。也就是车辆运输车的号牌板(架)的形状、尺寸、位置及其强度在设计上和制造上应符合该标准的要求。

《机动车运行安全技术条件》(GB 7258)规定"机动车应设置能满足号牌安装要求的号牌板(架)。前号牌板(架)应设于前面的中部或右侧(按机动车前进方向),后号牌板(架)应设于后面的中部或左侧。"车辆运输车在出厂前安装的号牌板应符合该项规定。

《汽车和挂车号牌板(架)及其位置》(GB 15741)和《机动车运行安全技术条件》(GB 7258)两个标准均为国家强制性标准。因此,车辆运输车在进行新车定型和产品强制认证时,需要相关有资质的检测机构负责检测并出具相应的检测报告,以确认样品是否符合标准要求。

另外,每个号牌板(架)上应设有4个号牌安装孔,以确保能用M6规格的螺栓将号牌直接牢固可靠地安装在车辆上。目前,对于车辆运输车来说,尤其是框架式车辆运输车,车辆后部用来设置号牌安装孔的空间一般较小,一般情况下可能不满足4个号牌安装孔的安装要求。为了使车辆运输车在设计时号牌板(架)满足标准要求,本标准进一步强调上述两个标准的强制规定。

条文

4.4 配置要求

4.4.1 半挂牵引车、车辆运输半挂牵引车和车辆运输货车应安装符合JT/T 794及相关标准规定的卫星定位车载终端。

释义

《道路运输车辆卫星定位系统　车载终端技术要求》(JT/T 794)规定了道路运输卫星定位系统车载终端的一般要求、功能要求、性能要求以及安装要求。标准适用于道路运输卫星定位系统安装在车辆上的终端设备。国家交通运输主管部门通过检测评价对其进行了公告管理。

2014年,交通运输部、公安部和国家安监总局联合印发《道路运输车辆动态监督管理办法》(交通运输部、公安部、国家安全生产监督管理总局令2014年第

5号),规定重型载货汽车和半挂牵引车在出厂前应当安装符合标准的卫星定位装置,并接入全国道路货运车辆公共监管与服务平台。车辆运输车安装卫星定位车载终端可以有效地对车辆的车速、位置、驾驶员是否存在疲劳驾驶等安全运营情况进行监管,还可以按照系统功能进行分类统计,如车辆违法违规行为、驾驶员超速行驶或者疲劳驾驶等。此外,一些具体的业务也可以通过系统平台来实现,比如要求车辆按规定时限进厂进行二级维护,以确保车辆良好的技术状况等。为确保系统能够顺利接入平台且实现数据接口、数据交换一致,统一要求终端应符合《道路运输车辆卫星定位系统 车载终端技术要求》(JT/T 794)的要求。

车辆卫星定位系统是交通运输主管部门和从事汽车物流运输的公司对车辆进行管理、调度的重要手段之一,管理规范的公司、车辆均应安装该系统。

条文

4.4.2 车辆运输车应装备符合GB/T 13594规定的防抱制动系统。

释义

《机动车和挂车防抱制动性能和试验方法》(GB/T 13594)规定了装备防抱制动系统的车辆所要求的制动性能和试验方法。标准适用于装备防抱制动系统的M、N类汽车和O类挂车。《机动车运行安全技术条件》(GB 7258)中规定"总质量大于等于12000kg的货车和专项作业车及总质量大于10000kg的挂车应安装符合《机动车和挂车防抱制动性能和试验方法》(GB/T 13594)规定的防抱死制动装置。"本标准规范的车辆运输车均属于安装制动防抱装置的范畴。

在制动过程中,如果车辆前轮抱死,车辆会失去转向控制能力,这样无法在制动过程中实现躲避障碍物、行人以及在弯道上采取转向操纵控制等。如果后轮抱死,车辆的制动稳定性变差,出现拖滑,在很小的侧向干扰力下,车辆就会发生甩尾,甚至掉头等危险现象。尤其是在某些恶劣天气、路况下,诸如路面湿滑或有冰雪,车轮制动过程中抱死将难以保证车辆的行车安全。

另外,由于制动时车轮抱死,从而导致轮胎局部急剧摩擦,将会大大降低轮胎的使用寿命。车辆运输车运载的都是价值较高的货物,为了保证制动时的人身和货物安全,规定车辆运输车应装备符合《机动车和挂车防抱制动性能和试验方法》(GB/T 13594)要求的防抱制动系统。

条文

4.4.3　车辆运输车应安装子午线轮胎,宜使用无内胎子午线轮胎或宽断面单胎,各轮胎负荷之和应满足轴荷要求。

释义

在轮胎的选择上,要求所有的车辆须安装使用子午线轮胎,推荐使用无内胎子午线轮胎或宽断面单胎。子午线轮胎与斜交胎相比,子午线轮胎具有以下优点:

(1)耐磨性能好。子午线轮胎耐磨性能一般比斜交胎高50%~75%。

(2)滚动阻力小、节油。子午线轮胎滚动阻力比斜交轮胎小20%~40%,节油率提高5%~10%,有的甚至达14%以上,提高了燃料利用率,从而有利于减轻环境污染。

(3)缓冲性能好。

(4)高速性能好。车辆行驶速度对轮胎的滚动阻力影响很大。当汽车行驶速度为80~100km/h时,轮胎滚动阻力随行驶速度的增大而增大,速度达到150~200km/h时,滚动阻力迅速增大,轮胎发生驻波现象,轮胎轮廓不再是圆形,而呈波浪状。此时轮胎能量损失大致与行车速度的平方成正比,内摩擦产生的能量转化为热能,使胎体升温,温度急增使橡胶和帘线的性能降低,多次变形的疲劳性增大,部件间的粘合力降低,导致胎面剥离、胎体脱层,甚至轮胎爆破。子午线轮胎高速行驶时,滚动损失小、生热少、散热快,行驶温度比斜交轮胎低20~30℃,同时变形小,胎侧有抑制振动的能力,因此,其产生驻波的临界速度比斜交轮胎高得多。高速公路上经常发生斜交轮胎爆破的交通事故,这也说明斜交轮胎不如子午线轮胎适应高速行驶。

(5)安全性能好。子午线轮胎有坚硬的刚性带束层,行驶时碰到石头、铁钉等尖物,胎冠不易被扎透,胎面抗硬伤能力好。

(6)牵引性能和通过性能好。子午线轮胎有较高的冲击弹性,在不良的路面上能缓冲和吸收振动与冲击,胎体柔软,故引起的土壤变形小。由于子午线轮胎带束层刚性大,胎面接地面积比斜交轮胎大,并且接地面单位压强分布均匀,从而提高了轮胎的通过性能。在湿路上,子午线轮胎的牵引力比斜交轮胎高10% ~20%。

另外,根据车辆满载时的轴荷和轮胎负荷,车辆上的各轮胎最大负荷之和应大于车辆的轴荷,也就是不能使轮胎超负荷运行。

条文

4.4.4 车辆运输车的所有车轮在安装前宜进行动平衡试验,且符合企业技术文件的规定。

释义

《机动车运行安全技术条件》(GB 7258)中规定“最大设计车速大于100km/h的机动车,车轮的动平衡要求应与该车型的技术要求一致。”《汽车轮胎动平衡试验方法》(GB/T 18505)规定了汽车轮胎动平衡试验用术语和定义、试验设备、试验条件、试验步骤、试验报告。标准适用于乘用车轮胎、载货汽车轮胎。但均没有相应动不平衡量的要求,为此,本标准规定要符合企业技术文件的规定。

车轮动态不平衡会造成汽车转向盘有规律地抖动,车速越高越明显,严重时还会产生车辆的共振。车轮失衡比较严重情况下车辆长时间行驶,会造成轴承疲劳磨损,另外失衡比较严重时,轮胎也可能因为不正常的横向摆动产生偏磨现象,降低轮胎寿命。

基于上述两个因素,考虑到车辆运输车运输的乘用车价值较高,为了减轻运输过程中的异常振动对乘用车的损害，提高车辆运行平顺性，推荐性提出车轮动平衡的要求。目前，暂没有对车轮动不平衡量作出统一规定，只规定符合企业技术要求。

条文

4.4.5　车辆运输车应安装符合 GB 15084 规定的间接视野装置。

释义

《机动车辆　间接视野　装置性能和安装要求》(GB 15084)规定了安装在M 和 N 类车辆，以及其他少于四轮，车身部分或全部封闭驾驶室车辆的车身上后视镜的性能要求和在上述车辆上的安装要求。本标准适用于 M 和 N 类车辆，以及其他少于四轮，车身部分或全部封闭驾驶室的车辆。本标准涉及的车辆运输车及列车属于该标准规定的范畴。且该标准为强制性标准，应严格执行。

汽车在运行中，驾驶员必须不断从风窗玻璃和后视镜观察车外情况。从风窗玻璃和侧向门窗看到的范围是直接视野，而从后视镜和下视镜所看到的范围是间接视野，通过直接视野可以观察汽车前方和侧向的交通情况、交通信号和路面状况；通过间接视野可以观察车后左右方及前下方的车辆及其周围状况。汽车的视野盲区是指驾驶员在驾驶室就座后所不能看到的空间范围。由于驾驶员在驾驶过程中 80% 以上的信息要靠视觉得到，听觉及其他感觉仅接受不到 20% 的信息，所以，良好的视野是车辆运行安全的重要保障。而汽车的视野盲区给驾驶员获得信息带来了极大的困难，往往在盲区内的物体不易被发现，很容易造成操作失误而导致交通事故发生。通常，车辆运输车的外廓尺寸都比较大，为了保证其具有良好的视野，其间接视野装置性能和安装要求应符合《机动车辆　间接视野装置　性能和安装要求》(GB 15084)的规定。

车辆运输车尤其是车辆运输汽车列车，车辆比较长，车辆运行中驾驶员视野更为重要，作为国家强制性标准的 GB 15084 更应得到执行和强调。

条文

4.4.6 车辆运输车应安装符合GB 4785规定的外部照明和光信号装置。

释义

《汽车及挂车外部照明和光信号装置的安装规定》(GB 4785)规定了汽车及挂车的外部照明和光信号装置安装的技术要求、试验方法和检验规则等,适用于M、N和O类汽车及挂车。该标准是国家强制性标准,车辆在新产品定型、产品认证和出厂销售时必须符合标准要求。

外部照明和光信号装置包括远光灯、近光灯、转向信号灯、前位灯、后位灯、回复反射器、指示器等,是车辆用于道路照明、向其他车辆及道路使用者发出光信号的重要装置。

符合本标准的车辆运输车包括半挂牵引车、车辆运输车辆运输车、车辆运输半挂车以及车辆运输中置轴挂车均应安装符合该标准要求的相关装置。

条文

4.4.7 车身反光标识的安装和粘贴应符合GB 23254和GB 7258的规定,车辆尾部标志板的安装应符合GB 25990和GB 7258的规定。

释义

《货车及挂车 车身反光标识》(GB 23254)规定了车身反光标识的要求(包括材料要求和粘贴要求)、试验方法、检验规则、包装、标志和贮存。适用于货车和挂车。《机动车运行安全技术条件》(GB 7258)用一个章节具体规定了粘贴的车辆范围、粘贴面积等,应严格执行强制性标准的要求。

《车辆尾部标志板》(GB 25990)规定了为增加重型和长型车辆、低速车辆及其挂车后部可见度而使用的标志板的技术要求、试验方法和检验规则等。适用于重型和长型车辆、低速车辆等。《机动车运行安全技术条件》(GB 7258)相关章节也对车辆尾部标志板的加装提出了具体要求。

车身反光标识和车辆尾部标志板都能在白天以其鲜艳的色彩对后车起到明显的警示作用,在夜间或光线不足的情况下,其明亮的反光效果可以有效地增强人的识别能力,看清目标,引起警觉,从而避免事故发生,减少人员伤亡,降低经济损失。

车辆运输车比一般的汽车列车较长,为使后方车辆驾驶员清楚识别前方车辆运输车,避免交通事故的发生,本标准强调性提出了车辆反光标识和车辆尾部标志板安装的规定。本条提出的标准要求均属于国家强制性标准要求,车辆运输车在新车定型、产品认证和车辆出厂销售时必须符合标准要求。

条文

4.4.8 车辆运输货车或车辆运输列车应设置至少2个符合有关消防规定的、不低于5kg的灭火器,灭火器应固定牢靠、取用方便。

释义

我国每年各中等以上城市发生的汽车火灾都在几十起以上,而在高速公路地段发生的火灾次数则更多,并且汽车火灾80%以上都造成车辆报废,甚至是车毁人亡。车辆运输车一般运载多辆商品车,一旦发生火灾,经济损失更大。因此,为了控制汽车火灾,减少经济损失,车辆必须随车设置符合要求的灭火器。

本标准进一步强调了灭火器的数量、技术要求和质量方面的要求。灭火器应在有效期内并带有铅封。灭火器只有在车辆或货物起火的紧急情况下使用,因此要求既要固定牢靠不影响行车安全,又要取用方便,便于紧急情况下使用。

条文

4.4.9 备胎应固定牢靠、装卸方便。

释义

为了保证车辆运输车在行驶过程中,不因为轮胎损坏而出现中途抛锚的情况,本标准要求车辆运输车应配备备胎。备胎的安装位置一方面要保证固定牢靠不影响行车安全,另一方面要保证在车辆轮胎需要更换时方便装卸。

条文

4.5 工艺要求

4.5.1 焊接件的焊接质量应符合 JB/T 5943 的规定,焊缝应平整均匀,无焊穿、漏焊、裂纹、气孔、夹渣等缺陷,焊渣清除干净。

释义

车辆运输车的主体结构主要由钢材、型材和钢板焊接而成。焊接件的焊接质量将直接影响车辆运输车产品的强度和外观质量。

焊接常见的缺陷一般分为4类:一是焊缝尺寸不符合要求,如焊缝超高、超宽、过窄、高低差过大、焊缝过渡到母材不圆滑等。二是焊接表面缺陷:如咬边、焊瘤、内凹、满溢、未焊透、表面气孔、表面裂纹等。三是焊缝内部缺陷:如气孔、夹渣、裂纹、未熔合、夹钨、双面焊未焊透等。四是焊接接头性能不符合要求:因过热、过烧等原因导致焊接接头的机械性能、抗腐蚀性能降低等。

焊接缺陷对焊接构件的危害,也主要表现在以下几方面:一是引起应力集中。当应力超过缺陷前端部位金属材料的断裂强度时,材料就会开裂破坏。二是缩短使用寿命。对于承受低周疲劳载荷的构件,如果焊缝中的缺陷尺寸超过一定界限,循环一定周次后,缺陷会不断扩展、长大,直至引起构件发生断裂。三是造成脆裂,危及安全。脆性断裂是一种低应力断裂,是结构件在没有塑性变形情况下,产生的快速突发性断裂,其危害性很大。焊接质量对产品的脆断有很大的影响。

《工程机械 焊接件通用技术条件》(JB/T 5943)规定了工程机械产品中焊

接件的技术要求、试验方法、检验规则以及标志、包装、运输和贮存。适用于手工电弧焊、埋弧焊和气体保护焊的焊接件。因此，为了保证车辆运输车的产品质量安全，本标准规定焊接件的焊接质量应符合《工程机械焊接件通用技术条件》(JB/T 5943)的规定，焊缝应平整均匀，无焊穿、漏焊、裂纹、气孔、夹渣等缺陷，焊渣清除干净。

条文

4.5.2 铆接应牢固，铆钉排列整齐，铆钉头不应有裂纹、偏斜、残缺现象，铆钉头与金属贴合面的间隙应不大于0.05mm。

释义

铆接是车辆运输车制造的重要装配工艺之一，为了保证铆接连接的强度、可靠性和外观美观性，本标准规定铆接应牢固，铆钉排列整齐。铆接时，操作方法及工艺规范选择不合适均会产生铆接缺陷，如铆钉头偏移或钉杆歪斜、铆钉头四周未与板件表面结合、铆钉头局部未与板件表面结合、板件结合面间有缝隙、铆钉形成突头及刻伤板料、铆钉头有裂纹等。为了保证铆接质量，本标准规定铆钉头不应有裂纹、偏斜、残缺现象，铆钉头与金属贴合面的间隙应不大于0.05mm。

条文

4.5.3 所有紧固件应进行表面防锈处理，各连接部位应牢固可靠。

释义

车辆运输车的紧固件是连接不同构件的重要零部件，为了防止紧固件因雨水、空气潮湿等引起表面锈蚀而降低其使用性能和缩短使用寿命、影响外观，应对紧固件的表面进行防锈处理。

紧固件常用的处理方式有电镀、热喷涂、热浸镀、表面转化改性、表面扩散渗入技术、使用防锈油、使用钝化液、镀其他金属(锌、铝)等,车辆运输车制造企业应按需求选择合适的表面防锈处理方式,在车辆装配过程中保证各连接部件牢固可靠,有拧紧力矩要求的连接件应达到规定力矩的要求,以防松动。

条文

4.5.4 润滑脂加注器应装配齐全并注满润滑脂,其他摩擦表面应按规定涂加润滑脂。

释义

润滑脂是一种黏稠的油脂状半固体,用于机械运动件的摩擦部分,起到降低机械摩擦、防止机械磨损的作用,同时还兼起防止金属腐蚀的保护作用及密封防尘作用。润滑脂加注器实际上就是通常说的黄油嘴、油杯等,在车辆设计时相关的摩擦副均设置了润滑脂油道、润滑脂加注嘴,为了保证车辆运输车总成和零部件的运动平顺,本标准规定润滑脂加注器应装配齐全并注满润滑脂,其他摩擦表面应按规定涂加润滑脂。

条文

4.6 货台要求

4.6.1 车辆运输车最上层货台左右两侧应设置防护栏(网),防护栏(网)最上端距最上层货台上平面的高度应不小于800mm。在捆绑作业位置,防护栏(网)最下端距上层货台脚踩位置垂直距离应在500~800mm之间。

释义

车辆运输车装载乘用车的部位称作货台。车辆运输车货台由一层或两层构成。本节主要针对车辆运输车货台提出要求,确保操作人员、所承运车辆的安全。

本条是为保障操作人员安全而规定的防护措施。由于上层货台较高，操作人员需要沿着侧面上下车辆和紧固、松绑所运车辆。

本标准的2011年版，为了保证操作员在最上层甲板装卸作业的安全，要求“车辆运输车最上层甲板左右两侧应设置防护栏（网），其距最上层甲板上平面的高度不小于800mm。在捆绑作业位置，护栏最下端距上层货台脚踩位置垂直距离应在0.5～1.0m之间。”考虑成年人蹲下后的高度约为1m，为了保障此时操作员不因误操作从护栏最下端和上层货台脚踩位置之间坠下，因而将防护栏（网）最下端距上层货台脚踩位置垂直距离修改为500～800mm之间。

护栏最上端距最上层甲板上平面的高度不小于800mm是基于人在货台边上站立行走时，护栏能够拦住重心。操作位置处的护栏高度在500～800mm之间是基于成年人在蹲下作业时重心基本在这个范围，这个护栏高度范围能够确保操作员安全、正常作业。防护栏（网）见图2-16。

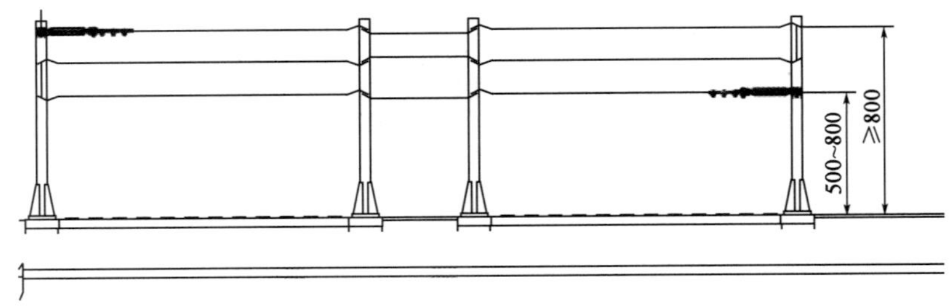

图2-16 车辆运输车防护栏（网）示意图

条文

4.6.2 车辆运输车货台的装载车辆行驶通道应有防滑功能。空载时上层活动货台在完全落到位时与支承座之间应贴合，但允许其中一边有不大于6mm的间隙。

释义

本条表达了两层意思，一是货台上装载车辆的行驶通道应能够防滑，二是上层活动货台落下后与支承座之间应贴合，但由于货台的受力变形和制造误差，允许有一定的间隙。

车辆运输车所承运乘用车通过货台左右两侧的行驶通道，由驾驶员在乘用车内驾驶进行前进和倒车操作，以实现车辆上下货台的目的，为了确保车辆装卸行驶时车轮不打滑，本标准规定了车辆运输车货台的装载车辆行驶通道应有防滑功能，现阶段一些企业都是用平板冲孔翻边来实现，同时也用于绑扎带固定孔，货台防滑板见图2-17。

车辆运输车上层货台是能够上下活动的，这是为了上层货台装卸乘用车方便而设计。由于所承运的乘用车需要驾驶员驾驶乘用车自行上下，有一定的重量需要传递到相应的支承点，所以上层活动货台落下后与支承座之间应贴合，以共同承受来自所运车辆的重量，并防止上层车架、货台变形，上层货台落到位时见图2-18。

图2-17 车辆运输车防滑板

图2-18 上下层货台落到位图示

条文

4.6.3 连接货台与地面之间的过渡跳板收放灵活、可靠，跳板宽度应不小于380mm，且与地面的夹角应不大于12°。

释义

本条表达了四个方面的内涵，一是车辆运输车应该有供所运乘用车上下货

图 2-19　车辆运输车过渡跳板

台的过渡跳板；二是过渡跳板的收放应灵活，使用应可靠，也就是有足够的强度供乘用车上下；三是给出了过渡跳板的宽度应不小于 380mm；四是过渡跳板与地面和货台连接后，其与地面的夹角应不大于 12°，过渡跳板见图 2-19。

过渡跳板在装卸乘用车时处于伸展状态，用于连接货台与地面，供乘用车上下货台，在车辆运输车行驶状态下，过渡跳板处于收缩状态置于车辆运输车尾部。因此，过渡跳板一方面要保证装卸时收放灵活，另一方面要保证在所装运乘用车行驶状态下坚固牢靠，确保工作可靠。

一般的乘用车轮胎的胎面宽度为 155 ~ 245mm，为了保证乘用车在通过跳板时具有足够宽的通行通道，确保车辆安全上下货台，本标准规定了跳板宽度应不小于 380mm。

装卸状态下，跳板与地面的夹角影响乘用车的纵向通过性，与乘用车的接近角、离去角和最小离地间隙有关。在收集相关汽车整车物流企业装卸经验的基础上，为了保证乘用车在装卸过程中不与跳板发生剐蹭，本标准规定跳板与地面的夹角应不大于 12°。

条文

4.6.4　货台的各活动部位动作灵活可靠，无阻滞、干涉现象。

释义

车辆运输车一般有两层货台，上层货台能够上下升降，在牵引车和挂车之间还有伸出或收缩的过渡板，下层货台在牵引车和挂车之间也有可伸出或收缩的过渡板，供车辆过渡行驶上下货台，这些部件有液压系统控制和人工手动控制两种形式。

货台是车辆运输车的主要承载部件,在运输状态下,货台应固定可靠,机械锁止,防止自行降落或跌落,在所运乘用车装卸状态下,货台的活动部件动作灵活可靠,伸出自如,无阻滞、干涉现象,以保证灵活性和安全性。

条文

4.6.5 车辆运输车应配备使装载车辆停放不发生移动的车轮停止装置,以及快速、有效的装载车辆紧固装置,紧固装置宜选用符合 GB/T 31083 规定的栓紧带式固定器具。

释义

《乘用车公路运输栓紧带式固定技术要求》(GB/T 31083)规定了使用车辆运输车运输乘用车时栓紧带式固定器具的技术要求和固定要求,以及检查、维护、停用及更换要求,标准适用于整备质量不大于 2500kg 的乘用车公路运输时选择、使用和检查维护。

乘用车在货台上处于装运状态时,通常使用车轮停止装置使乘用车不发生前后移动,同时还要拉紧乘用车的驻车制动。这种装置一般是限制车轮的前后移动。另外,为了限制车轮上下、前后移动,汽车整车物流企业经常使用的车辆紧固装置为栓紧带式固定器具。《乘用车公路运输栓紧带式固定技术要求》(GB/T 31083)对栓紧带式固定器具提出了相关要求,为了确保乘用车的栓固安全,本标准推荐使用符合《乘用车公路运输栓紧带式固定技术要求》(GB/T 31083)规定的栓紧带式固定器具。

条文

4.6.6 车辆运输车应明确各装载部位允许装载车辆的外廓尺寸限值,且满足装载车辆的安全间隙。装载车辆之间的纵向最小间距、装载车辆与车厢前后端纵向最小间距、装载车辆顶部与上层货台或顶棚下端的最小垂直间距均应不小于 100mm；装载车辆底部与货台上面最小垂直间距应不小于 60mm；装载车辆的两侧与车辆运输车内侧的最小横向间距应不小于 100mm，装载车辆的两侧与车辆运输车底盘轮罩内侧的最小横向间距应不小于 50mm。

释义

由于乘用车的外廓尺寸及通过性指标（如轴距、接近角、离去角和最小离地高度等）差异性较大，同一车辆运输车并不能装载所有类型的乘用车，为了便于汽车整车物流企业装卸尺寸合适的乘用车，并保证装载车辆、其他装载车辆和车辆运输车三者之间的安全间隙，车辆运输车制造企业应在产品技术文件中明确车辆运输车每一装载部位允许装载乘用车的外廓尺寸限值和前后、上下、左右间安全间隙要求。

为了便于装卸车辆的操作人员进行操作，并基于汽车整车物流企业装卸车辆技术要求，本标准规定了装载时的安全间隙尺寸。车辆运输车在装载时，横向最小间距在装载车辆的两侧与车辆运输车底盘轮罩内侧，为了保证操作人员的操作空间以及装载车辆在运送时不发生剐蹭，同时要求车辆运输车具有良好的装载空间，本标准在 2011 版的基础上增加了“装载车辆的两侧与车辆运输车底盘轮罩内侧的最小横向间距”的要求，并规定该尺寸不小于 50mm。

条文

4.6.7　车辆运输车的设计应确保装载车辆的驾驶员自行出入。

释义

目前装载车辆的方式一般是，装卸操作人员驾驶乘用车通过连接货台与地面之间的过渡跳板进入货台内的行驶通道，操作人员通过开车门或者开车窗的方式从乘用车里面出来，然后进行相关的紧固操作。为了保证操作人员能自行出入被装载的乘用车，本标准提出了车辆运输车的设计应确保装载车辆的驾驶员自行出入要求。

条文

4.6.8 停放车辆的货台上不应有导致刺、划伤车辆轮胎的尖角和锐棱。

释义

车辆运输车货台等部件,均为钢材加工制作而成,在加工过程中由于模具老化等原因,很容易出现尖角或锐棱,所以为了保护装载车辆的外观、轮胎和相关零部件的安全,本标准进一步强调性地提出了货台上不应有导致刺、划伤车辆轮胎的尖角和锐棱的要求,以提高产品质量,避免事故发生。

条文

4.7 升降装置要求

4.7.1 升降操纵控制机构应设置在便于观察货台升降的位置,并且有操作指示标识。

释义

车辆运输车一般由上下两层货台组成,上层为升降式,以便于乘用车的装卸。升降装置现阶段有液压油缸和电机丝杠两种方式。

车辆运输车的升降装置用于装卸乘用车时进行上层货台的升降,以便于乘用车的上下装卸。我国车辆是靠右行驶的,基于安全考虑,升降操纵控制机构通常位于车辆运输车的右侧。为了便于操作人员使用,并利于观察货台升降的位置以及乘用车装载情况,升降操纵控制机构应设置在合理的位置,并推荐使用相关的防护装置,防止其他人员的误操作。升降操纵控制机构应设置操作指示标识,指示标识应明确升降装置的启动、关闭、上升、下降、旋转以及紧急停止等一系列操作程序,便于操作人员使用。升降控制机构见图 2-20。

图 2-20　车辆运输车升降控制系统

条文

4.7.2　升降系统应设置防止货台自降的安全保护机构，当升降系统失效时，装车货台不应跌落。

释义

车辆运输车需要频繁使用升降系统，升降装置的可靠性直接关系到装载车辆和操作人员的安全。为了避免升降系统失效时，装车货台跌落造成人员伤害和财产损失，本标准规定了升降装置应设置防止货台自降的安全保护机构，当升降系统失效时，装车货台不应跌落。

条文

4.7.3　升降系统举升、下降工作平稳，无卡滞现象。

释义

升降系统主要功能是通过机械装置或液压装置将货台举升、下降和旋转，以实现装卸乘用车的目的。本标准要求升降系统在举升和下降过程中，应工作平稳，无卡滞现象，防止因升降系统的异常工作使得装载车辆发生剐蹭。

条文

4.7.4 车辆运输车运行状态下,货台应有工作可靠的机械锁止装置。

释义

车辆运输车运行状态下,升降系统停止举升和下降的工作,通过机械装置将货台固定在特定的位置,以达到支承货台的作用,为了防止升降系统失效造成货台不正常下降或旋转,本标准要求货台应具有机械锁止装置。标准对机械锁止装置的结构、性能等未做具体规定,车辆运输车制造企业可根据升降系统的特点自行设计,但应保证机械锁止装置工作可靠。货台机械锁止装置见图2-21。

图2-21 车辆运输车货台机械锁止装置

条文

4.7.5 活动货台举升过程中,货台左右应保持同步升降,货台左右末端不同步偏差应不大于100mm。

释义

活动货台一般采用液压系统来实现。由执行机构液压油缸的伸缩来实现。在活动货台的举升过程中,由于液压系统存在气泡、左右摩擦副的受力不同、货物左右重量不均衡等原因，容易导致货台左右两边不同步升降，从而致使装载的乘用车向一边倾斜，在装载过程中，可能出现乘用车的安全间隙变小，车辆发生移动，从而造成车辆剐蹭现象。因此，本标准规定活动货台举升过程中，货台左右应保持同步升降，同时也允许存在不同步偏差。调研分析表明，不同步偏差不大于100mm能满足平稳装载的要求。

出现活动货台左右升降不同步现象后，尤其是偏差加大时，应根据实际状况谨慎操作。同时，应分析排查造成不同步升降的原因，从实质上解决不同步升降问题的发生。

条文

4.7.6 货台采用机械手动升降时，其操纵力应不大于260N。

释义

货台的升降装置有液压和机械手动两种方式。以液压为动力的升降装置具有省力、灵活的优点，但结构复杂、成本高。机械升降方式也分为两种，一种是丝杠丝母螺旋式自动升降方式，同时还具备自锁功能；另一种为机械手动升降装置，如导链、手扳葫芦等，结构简单、造价低，但操作费力、耗时长。在操作过程中为了减轻操作人员的劳动强度，标准要求货台采用机械手动升降时，操作力不大于260N，260N是一般成年人不用很费劲就能达到的力度。

条文

4.7.7 货台采用液压升降系统时，应符合下列要求：

a)活动货台在额定载质量下，活动货台末端自降量应不大于10mm；

b)活动货台在额定载质量下，连续升降1000次后，液压传动装置的各零部件不应出现任何损坏，活动货台末端自降量应符合4.7.7a)的规定；

c)各总成液压油应符合相关标准的规定，且满足液压系统正常工作的

需求;

d)液压系统在1.5倍额定工作压力下保持5min,管路不应有渗漏及零件损坏等现象;

e)活动货台承受1.25倍工作负荷举升后,活动货台应无变形,液压系统管路不应有渗油、裂纹、局部膨胀及接头脱开等现象。

释义

车辆运输车上层货台的升降一般采用液压系统,也有采用机械形式。本条是对车辆运输车的液压系统提出的要求。主要针对自降量、可靠性、液压油添加、系统承受的压力和零部件承受压力的情况进行考核,以确保产品质量符合要求。

自降量是考核液压系统的基本指标,一般是在额定载荷下,在液压系统不工作的前提下,经过5min的时间,看承载装置下降的数值。这种情况一般考核液压系统的密封性、系统是否有气体、液压油的可压缩性等等。但对于液压系统,自降量是客观存在的,本标准根据实际情况确定了自降量的要求,即活动货台末端自降量不大于10mm的要求,当该数值过大时应分析原因并排除,防止事故的发生。

液压系统可靠性也是考核的重要指标之一。可靠性关系到车辆的寿命、维修维护成本、事故发生的频率和可能性等等。可靠性的考核是综合性的,既有安装又有零部件还有密封件等。根据车辆运输车的使用频次和整个使用期升降的次数,根据行业经验,本标准确定了活动货台在额定载质量下,连续升降1000次后,液压传动装置的各零部件不应出现任何损坏,活动货台末端自降量也应符合要求的可靠性要求。

液压系统的液压油是有国家标准的,根据黏度不同、季节(使用温度)不同选用不同的液压油。另外,液压油的分类方法很多,液压油按使用特性可分为易燃、难燃、环保型液压油等,按添加剂类型可分为锌型、无锌、低锌、高锌液压油等,按液压油的组合可分为无添加剂型、防锈抗氧型、抗磨型液压油等。应根据不同类型的液压系统、液压油不同特性和允许范围等选择不同的液压油,因此加注的液压油应符合相关标准的规定。液压系统需要多少液压油是能够计算的,在经过计算和校核后,选用合适的液压油箱并标注车辆出厂应该加注的液压油量，满足液压系统正常工作的需求，要综合考虑液压油的热胀冷缩和整个系统需要的油量。

液压系统的密封性是考核液压系统好坏的重要指标。密封性关系到安全、环境污染等。考核液压系统密封性一般采用给系统加压，让其承受一定额定压力倍数的压力，保压一定时间，观察液压系统个连接口、零部件有无渗漏、变形等。由于车辆运输车装载作业时间一般较长，为了保证液压系统在超载情况下不发生管路破坏，在调研整个行业后，根据企业经验和需要，本标准规定了液压系统在 1.5 倍额定工作压力下的管路密封性，并将保持时间由 2011 年版的 1min 改为 5min，提高系统安全系数。

活动货台是双层或多层车辆运输车设计的关键。活动货台能否可靠、货台强度、液压系统的平稳运行都是考核指标。结合上一版标准和行业经验，本标准仍采用活动货台 1.25 倍工作负荷运行试验，以考核和检验活动货台和液压系统的强度、稳定性、运行平顺性，本标准要求在试验后，活动货台应无变形，液压系统管路不应有渗油、裂纹、局部膨胀及接头脱开等现象。

第五节　关于“5　试验方法”的释义

本部分为本标准的主要技术内容之一。作为产品标准，对于标准中提出的相关技术要求，均应有对应的试验方法、试验手段进行跟进，确保标准的有效实施和产品质量的稳定。本章对技术要求中主要性能条款提出了试验方法，对于相对简单的试验或检验按照常规试验进行。

条文

5.1　车辆运输车定型试验按 QC/T 252 的规定进行。

释义

车辆运输车属于专用汽车范畴。按照我国对于专用汽车的管理政策和相关规定,新车型在设计、试制完成后应进行定型试验,以考核专用车及相关零部件的性能、效率、可靠性、耐久性和适应性,以保证产品符合使用要求。《专用汽车定型试验规程》(QC/T 252)规定了专用汽车、专用半挂车产品定型试验的实施条件、试验条件、试验项目、试验程序、试验方法及试验报告内容,标准适用于各类专用汽车和专用汽车底盘及专用半挂车。鉴于以上实际情况,标准明确了车辆运输车的定型试验按照按《专用汽车定型试验规程》(QC/T 252)的规定进行。

条文

5.2 车辆运输车强制性检验按照有关标准的规定进行。

释义

正如前述,车辆运输车属于专用车辆,我国相关汽车主管部门对于专用汽车有一系列的规定,在新产品公告阶段,需要产品的定型试验和按照相关强制性标准开展的强制性检验,在产品强制性认证阶段,需要按照强制性认证标准进行检验。

车辆运输车强制性检验相关标准包括《汽车、挂车及汽车列车外廓尺寸、轴荷及质量限值》(GB 1589—2016)、《机动车运行安全技术条件》(GB 7258)、《商用车辆和挂车制动系统技术要求及试验方法》(GB 12676)、《汽车及挂车外部照明和光信号装置的安装规定》(GB 4785)等,由于强制性检验都由有资质的、被国家认可的专门试验检测机构进行,所依据的标准有十余项,并随着相关标准的修订和管理政策的调整而改变,本标准不再将相关标准一一列出。

条文

5.3 车辆运输列车的侧向加速度后部放大系数测试按 GB/T 25979 的规定进行。

释义

《道路车辆　重型商用汽车列车和铰接客车　横向稳定性试验方法》(GB/T 25979)规定了重型商用汽车列车、货车与中置轴挂车组成的列车以及铰接客车的横向稳定性试验方法。该标准适用于总质量超过3.5t的货车和挂车,以及总质量超过5t的铰接客车,也就是依据《机动车辆及挂车分类》(GB/T 15089)划分的N_2、N_3、O_3、O_4和M_3类汽车。该标准给出了评价重型商用汽车列车和铰接客车横向稳定性的三个试验方法,即伪随机输入、单车道变换和脉冲输入道路试验,侧向加速度后部放大系数是重要的指标之一。

目前,我国部分试验检测机构已具备部分试验条件,《道路车辆　重型商用汽车列车和铰接客车　横向稳定性试验方法》(GB/T 25979)规定的试验车速为80km/h、90km/h或100km/h,车速较高,车辆运输车容易发生侧翻危险,一般挂车应安装防止侧翻的安全支架。因此,建议相关试验检测机构在缺乏安全保护装置时,可适当降低试验车速(一般不超过80km/h进行测试),以保证试验安全。

条文

5.4　车轮动平衡试验按GB/T 18505的规定进行。

释义

《汽车轮胎动平衡试验方法》(GB/T 18505)规定了汽车轮胎动平衡试验设备、试验条件、试验步骤和试验记录等,车辆运输车的车轮动平衡试验完全可以按该标准的规定进行,试验结果应符合本企业的技术规定。

条文

5.5　活动货台末端自降量试验按以下方法进行:活动货台均匀装载额定载

质量,分别举升到水平位置的最高点及其1/2升降高度位置停止,记录货台末端高度,保持5min再记录该点高度,分别计算高度差值,差值的最大值即为活动货台末端自降量。

释义

本条规定了活动货台末端自降量数值取得试验的三个方面:一是载荷条件,二是试验方法,三是数据处理。载荷条件与标准条款的4.7.7a)和4.7.7b)相一致,都为货台的额定载质量,但应均匀装载。为了规范活动货台自降量试验中活动货台的停留位置,统一数据取得的一致性,本标准明确规定了活动货台处于的两个位置,分别是货台举升水平位置的最高点和货台举升水平位置的1/2升降高度位置,这时候测量并记录相应点的离地高度。在液压系统停止工作后,活动货台在这两个位置分别保持5min,分别记录该两个位置在5min前后的高度差值。按照标准规定选择其中最大者为活动货台末端自降量。

第六节 关于"6 检验规则"的释义

作为产品标准,本部分为本标准不可缺少的章节之一。本章规定了车辆运输车产品的出厂检验要求、检验内容和对应条款;规定了型式检验的前提要求和分别对应的检验内容和条款,以便于企业对照标准进行实施。按照相关规定的检验规则,检验分为出厂检验和型式检验。出厂检验也称为例行检验,就是产品出厂前制造厂检验部门按照要求逐项进行检验并记录,型式检验一般针对新产品或产品材料、工艺等有重大变化时开展的检验工作。

条文

6.1 出厂检验

6.1.1 车辆运输车应经制造厂质量检验部门检验合格并附有产品合格证

后方可出厂。

释义

为了保证出厂产品符合产品质量要求，达到有关技术标准和用户规定的要求，本标准规定了车辆运输车应经制造厂质量检验部门检验合格并附有产品合格证后方可出厂。出厂检验也称例行检验，每辆出厂销售的车辆运输车均应进行检验并留有记录，这是产品出厂后出现问题检查的依据，是产品质量内外审查必查的项目，也是产品质量档案的基础数据。

条文

6.1.2　车辆运输车出厂检验项目为：

a）外观，见4.5.1、4.5.2、4.5.3、4.5.4、4.6.8；

b）空载制动性能，见GB 7258；

c）整车装配调整，见4.3.5、4.3.6、4.3.7、4.3.8、4.6.2、4.6.3、4.6.4；

d）灯光、信号装置，见4.4.6；

e）活动货台空载举升，见4.7.3、4.7.4、4.7.5；

f）液压系统耐压性能试验，见4.7.7 d）。

释义

本标准用列项的方式逐条提出了出产检验项目对应的条款，并且按照类别不同分为外观、制动、整车装配、灯光信号、货台空载举升和液压系统的耐压试验。另外，本标准的2011年版并未明确第4章中技术要求与检验项目的对应关系，使得出厂检验项目不明确，修订后的本标准增加了对应的技术要求条款号，使得标准条例更加清晰。

条文

6.2 型式检验

6.2.1 凡属下列情况之一者,应进行型式检验:

a)新产品或老产品转厂生产的试制定型时;

b)产品停产3年后,恢复生产时;

c)正式生产后,如材料、工艺有较大改变,可能影响产品性能时;

d)出厂检验与定型检验有重大差异时。

6.2.2 型式检验时,属于6.2.1中a)、b)两种情况,应按照QC/T 252和4.2、4.3、4.4、4.5、4.6和4.7的规定进行检验;属于6.2.1中c)、d)两种情况,可仅对受影响的项目进行检验。

释义

本节分两条分别给出了什么情况下进行型式试验、属于什么情况进行哪些试验项目的型式试验。

型式检验是依据产品标准,由质量技术监督部门或相应有资质的检验机构对产品各项指标进行的抽样全面检验,检验项目为技术要求中规定的所有项目。

6.2.1条中规定了四类情况下需要进行型式检验。一是新产品或老产品转厂生产的试制定型,也就是专用车的任何新产品均应进行型式试验,这是行业的要求,对于企业来说即使是老产品,由于转到其他厂或企业生产,由于各种条件的变化,也会使制造的产品质量不稳定,仍需进行定型试验,以证明产品制造能力的保持。二是产品停产3年后,恢复生产时,这种情况一般属于经过3年的停产,技术、生产、设备均有可能变化,这种情况下制造的产品与原定型的产品一致性不容易保持,仍需要型式试验。三是产品正式生产后,如材料、工艺有较大改变,可能影响产品性能的情况,这种情况一般影响产品质量较少,型式试验时也是有针对性地进行。四是产品的结构和技术参数可能存在较大差异,这种情况与产品的逐渐演变和运输货物的变化以及技术改进相关,也是针对性地进行型式试验。

6.2.2 条款就需要型式试验的四种情况分别给出了试验对应的条款，更便于标准实施。对于 a)、b) 两种情况，应按照《专用汽车定型试验规程》(QC/T 252) 和 4.2、4.3、4.4、4.5、4.6 和 4.7 的规定进行检验。对于 c)、d) 两种情况可仅对受影响的项目进行检验。

另外，为了减轻车辆运输车制造企业型式检验的时间成本和经济成本，正式生产产量累计 1000 辆时不必进行型式检验，因此删除了 2011 年版标准的 6.2.1c)，并对应修改 6.2.2 的相关表述。

第七节　关于"7　标志"的释义

本部分为本产品标准的必要章节，是不可缺少的相应条款。作为车辆运输车这一较长车辆在道路上运行，为了提醒后面车辆安全运行，本标准提出了悬挂标志牌的要求并规定了相应的标牌规格和字体尺寸，以方便理解和实施，这也是本标准修订增加条款的亮点。

条文

7.1　车辆运输车应在明显部位固定产品标牌，标牌安装及内容应符合 GB/T 18411 和 GB 7258 的规定。

释义

《机动车运行安全技术条件》(GB 7258) 中规定"机动车应至少装置一个能永久保持的产品标牌，该标牌的固定、位置及型式应符合《道路车辆　产品标牌》(GB/T 18411) 的规定；如采用标签标示，则标签应符合《道路车辆　标牌和标签》(GB/T 25978) 规定的标签一般性能、防篡改性能及防伪性能要求。改装车应同时具有改装后的整车产品标牌及改装前的整车(或底盘)产品标牌。机动车均应在产品标牌上标明品牌、整车型号、制造年月、生产厂名及制造国，各类机动车产品标牌应标明的其他项目见表10。产品标牌上标明的内容应规范、清晰耐久且易于识别，项目名称均应有中文名称。”《道路车辆　产品标牌》(GB/T 18411)规定了道路车辆产品标牌的内容、型式、固定位置及固定要求。适用于汽车、底盘、半挂车和全挂车、摩托车和轻便摩托车。为此，本标准强调性地提出了产品标牌的要求，并符合《机动车运行安全技术条件》(GB 7258)和《道路车辆　产品标牌》(GB/T 18411)的规定。

条文

7.2　车辆运输中置轴挂车后部醒目位置应安装1～2块具有“长车”字样的矩形标志牌。标志牌长度为500mm±10mm，宽度为200^{+10}_{0}mm，底色为黄色，文字颜色为红色。标志牌的色度性能和光度性能应符合GB 25990的规定。字体应使用规范汉字，按从左至右或从上至下顺序排列，字高为180mm±5mm，字宽和字高相等。

释义

在《汽车、挂车及汽车列车外廓尺寸、轴荷及质量限值》(GB 1589—2016)规定的汽车列车中，中置轴车辆运输列车最长，达到22m，其他挂车列车最长也就是20m。且车辆运输车一般为上下两层运输，使整个车辆显得又长又高。为了警示道路上的其他车辆和行人也就是道路使用参与者能够安全行驶，本标准提出了悬挂“长车”警示牌的要求。

同时，根据人的视觉、车辆运输中置轴挂车后部空间等，对标志牌的尺寸、颜色、字高和色度、光度性能提出了要求。尤其是色度和光度应符合《车辆尾部标志板》(GB 25990)要求，使标志板更加标准化。

第八节　关于“8　随车文件、运输、贮存”的释义

本部分为本产品标准的最后一章。按照产品标准要求，规定了车辆运输车

的随车文件、车辆运输车的运输方式和注意事项、车辆运输车贮存的相关要求。

条文

8.1 随车文件

随车文件应包括：

a)整车产品合格证和车辆一致性证书；

b)使用说明书；

c)随车备附件清单。

释义

按照我国机动车管理规定和相关标准要求，车辆运输车出厂均应附有整车产品合格证和车辆一致性证书（两者已经标准化）、使用说明书和随车备附件清单。使用说明书是任何产品出售时给消费者的说明。车辆运输车说明书应包括车辆运输车本身的使用、维护、保养等内容，还应包含标准提及的牵引车和挂车匹配的外廓尺寸、电、气、油等说明书以及其他专用设备的说明书。随车备附件清单也是不可缺少的文件，上面记录着随车应该有的相应零部件，主要是易损件等附件。

条文

8.2 运输

车辆运输车在铁路、水路运输时以自驶或拖曳方式上下车、船；若采用吊装方式装卸时，应对车辆进行必要的加固防护，并应用专用吊具装卸。

释义

本条是对作为商品的车辆运输车在送往客户手中时，采取的运输方式的规定。一般情况下车辆运输车销售是用户自提，或由生产厂家驾驶送往用户手中。

但本标准规定的是需要通过铁路或水路送往用户手中的情况,也就是自驶或拖曳方式上下车、船,如果是吊装,需要根据实际情况采取措施来实施。

条文

8.3 贮存

车辆运输车长期停放时,应将燃油放尽,切断电源,锁闭车门、窗,放置于通风、防潮及有消防设施的场所并按产品使用说明书的规定进行定期保养。

释义

为了避免车辆运输车长期停放时发生漏油、漏电而引起的安全事故,标准要求应将燃油放尽,切断电源。同时为了保证车辆内部装饰不受雨水、湿气等侵蚀,标准要求锁闭车门、窗,放置于通风、防潮及有消防设施的场所。车辆运输车长期停放而不保养,会造成相关总成和零部件发生锈蚀,影响产品寿命,因此,应按产品使用说明书的规定进行定期保养。

第三章　车辆运输车产品研发

第一节　车辆运输车产品结构特点

车辆运输车是一种装备有装运和固定乘用车的货台及供乘用车上下的跳板，专门为运输乘用车而设计的专用运输车辆。车辆运输车作为汽车及其他机动车厂家与各经销商和用户之间商品传输与业务联系的工具、纽带，是专用汽车行业技术含量较高的一种车型。如何在守法经营和确保运输安全的前提下最大限度地提高商品车的运输效率，合理控制商品车的运输成本，快捷方便地实现“门到门”的运输，以满足客户对商品车“零公里”收车的需求，是车辆运输车发展的源泉和动力[6]。

目前，随着汽车技术的进步和市场的成熟，国内外车辆运输车已呈现出多种多样的结构形式。该类车辆不仅可以运输乘用车、商用车（轻、中、重型载货汽车底盘，半挂牵引车，客车和专用车等），也可以运输农业机械（如轮式拖拉机）、林业机械及工程机械等[7]。为了最大限度地提高车辆运输车的运输效率，车辆运输车一般为列车式组合，即车辆运输半挂列车和中置轴车辆运输列车。

为了适应不同运输场合的需要，车辆运输车已经形成多样化的特点：既有专用车辆运输车，又有多功能车辆运输车；既有开放式车辆运输车，又有封闭式车辆运输车；既有单层货台车辆运输车，又有双层货台车辆运输车；既有固定货台车辆运输车，又有可升降货台车辆运输车；既有整体货台车辆运输车，又有独立货台加联动货台车辆运输车。

根据外观车辆运输车可分为：封闭式车辆运输车和开放骨架式车辆运输车。

（1）封闭式车辆运输车像厢式车一样六面封闭，是专为古董车辆、珍藏车辆、高端赛车、低底盘车辆、豪华车辆以及车展上的展示样车等提供运输服务的运输载体[8]，其优点是可以保护被运输的商品车免受恶劣天气、道路碎片、偷盗及其他方面的损坏，但其缺点是该类车型整备质量较大，制造成本较高，驾驶员在装卸商品车时由于车厢侧面的阻挡，进出商品车较为困难。因此，这种封闭式车辆运输车的市场应用较少。

（2）开放骨架式车辆运输车，其顶部和侧面没有固定箱板遮盖，具有装载量大、装载车辆尺寸灵活等特点，已成为广泛使用的车辆运输车[8]。其优点是车身自重较小、结构相对简单，商品车驾驶员进出较为方便，但其缺点是被运输的商品车暴露在外，不能对商品车提供防尘、防侵害等安全防护，易受恶劣天气、道路上的碎片等侵害。但是，开放骨架式车辆运输车特有的显著优点，已成为汽车运输行业的主要车型种类，也形成了最为经济的汽车运输方式。

根据承载结构车辆运输车可分为：整体货台式和独立货台式。

（1）整体货台式车辆运输车（图 3-1）的优点是，一层货台和二层货台大多是整体式结构，因此结构简单、装卸车操作较为容易，不易出现装、卸车事故，但缺点是所有装车的商品车都只能并排顺序排列，不能充分利用有限总长和总高以提高装车数量，因此影响商品车的运输效率，增加了运输成本。

图 3-1 整体货台式车辆运输列车

（2）独立货台式车辆运输车（图 3-2）的优点是，可以根据各种商品车的外形特点，通过液压系统控制各独立货台，使商品车以各种姿势倾斜，从而充分利用规定总长和总高，提高商品车的装载数量，提高了车辆运输车的运输效率，但其缺点是车身结构复杂、液压系统操作也较为复杂，操作人员需要经过专门培训。

图 3-2 独立货台式车辆运输列车

根据主挂车辆牵引连接形式，车辆运输车可分为半挂式和中置轴式。目前，我国汽车物流行业普遍使用的是车辆运输半挂列车，符合标准的车辆运输半挂车结构简单、装载车辆操作简单、挂接方便，能满足多式联运和甩挂运输的要求。根据车辆运输半挂车车轴总成的结构形式，车辆运输半挂车可分为单轴双胎式、双轴双胎式、双轴单胎式、三轴双胎式等。

（1）单轴双胎式车辆运输半挂车是我国早期车辆运输半挂车所采用的结构，由于结构的局限性，底盘相对较高，上下层空间小，承运的车辆有限，只适合装载轿车和皮卡车。目前，为了提高该类半挂车的装车通用性，现有的车大都将车架底盘中间部分做成下凹式，以增加下层中间的装车空间[5]。

（2）双轴双胎式车辆运输半挂车适合装载重型车辆，因为该类车型采用双后轴结构，车轴每侧装两只轮胎，车轴轮胎承载能力较大，但其不足之处是底盘较高，标准车型装车空间小[5]。

（3）双轴单胎式车辆运输半挂车采用双后轴结构，与常规半挂车不同的是车轴每侧只装一个轮胎，并且车轴轴管主要设计为下凹结构，下层平台在车轴轴管上方，使得平台离地高度很低。底盘的降低使得下层装车空间大大提高，所以该车型不但可装载轿车，还可装载微型货车、商用车和吉普车等[5]。因为该车型装载车辆的通用性好，所以成为合规车辆运输车中的主打车型。

（4）三轴双胎式车辆运输车并装三轴，每侧两个轮胎，该车型底盘较高，但承载能力增大，主要为超限运输设计，车辆长度大多超过 30m，装车高度一般超过 4.5m，目前，该车型主要有单排超长半挂列车、“大怪”和“二怪”，但这些车型都不符合相关法规和国家标准的要求，需按要求逐步退出市场。

随着《汽车、挂车及汽车列车外廓尺寸、轴荷及质量限值》（GB 1589—2016）的发布实施和国家五部委开展的车辆运输车专项治理工作的推进，中置轴车辆运输车已成为车辆运输行业的热门话题，该车型也是我国积极推广使用的新车型。车辆运输中置轴挂车和半挂式车辆运输车相比，中置轴车辆运输列车主要技术特点如下：

（1）运量大。由车辆运输货车和车辆运输中置轴挂车组成的中置轴车辆运输列车总长明显大于由车辆运输半挂车和牵引车组成的车辆运输半挂列车，提高了车辆运输车的运输效率,降低了车辆运输车的运营成本。《汽车、挂车及汽车列车外廓尺寸、轴荷及质量限值》(GB 1589—2016)规定,车辆运输半挂车总长限值为13.75m,由其和半挂牵引车组成的半挂汽车列车总长限值为17.1m(长头牵引车组成的半挂汽车列车为18.1m);而车辆运输中置轴挂车总长限值为12m,由其与车辆运输货车组成中置轴车辆运输列车总长限值为22m。由此可见,中置轴车辆运输列车的总长比车辆运输车半挂列车总长要长出4.9m(比长头半挂列车长出3.9m)。因此,中置轴车辆运输列车的装载量要比车辆运输车半挂列车的装载量要多2~4辆乘用车。

(2)通过性好。在相同列车总长条件下,中置轴车辆运输列车的转弯通过性能明显比车辆运输半挂列车好。通过理论分析和试验验证表明,在《汽车、挂车及汽车列车外廓尺寸、轴荷及质量限值》(GB 1589—2016)规定的极限尺寸下,由于车辆运输中置轴挂车车轴大致位于挂车中间位置,其等效轴距比半挂车的要小,因此其通过性较好,转弯半径较小,通过交叉路口的行驶机动性更好。

(3)适用性强。中置轴车辆运输列车在生产实际中更加灵活方便,更加适用于现代整车物流的需要。中置轴车辆运输列车的牵引车与挂车均具有装载车辆的空间和功能,列车满载后可实现中长距离的车辆运输,也可以根据需要分离单独上路行驶和停放。牵引车摘下挂车后能更灵活地运行在城市道路和一般等级公路上,可装载4~5辆车单独给城区内的4S店或某指定地点运输车辆。

众所周知,车辆运输半挂列车在我国生产使用已有20多年的历史,产品研发、生产与使用技术较为成熟,严格执行《汽车、挂车及汽车列车外廓尺寸、轴荷及质量限值》(GB 1589—2016)规定、规范产品的设计生产和使用管理,就能满足行业管理和市场经济的需要。另一方面,车辆运输中置轴挂车及列车产品技术在国外发达国家早已应用多年,但在我国还属于新增产品种类,尤其是牵引车辆与挂车的匹配、专用功能的实现等方面缺少技术储备和实践经验。以下介绍几家骨干企业的产品研发工作和产品情况,可作为同行业今后工作的参考和借鉴。

第二节　上汽红岩中置轴车辆运输车研发

伴随着国内首款中置轴车辆运输车——上汽依维柯红岩商用车有限公司（简称上汽红岩）的中置轴车辆运输车正式上路试运营（图3-3），这一新兴的细分市场在重型载货汽车行业又掀起了一轮新高潮。在《汽车、挂车及汽车列车外廓尺寸、轴荷及质量限值》（GB 1589—2016）发布实施前，上汽红岩早已着手研究开发符合新标准要求（即挂车长度限值12m、列车长度最大限值22m、宽度限值2.55m、高度限值4m）的中置轴车辆运输车产品。本节从前期市场调研、设计研发、产品验证等方面阐述上汽红岩中置轴车辆运输车的研发特点。

图3-3　上汽红岩中置轴车辆运输列车上路试运行

一、市场调研

中置轴车辆运输车是国外汽车物流运输的中坚力量，但在国内还是一种全新车型。我国的车辆运输车市场长年被超长、超宽的不规范车辆运输车占据，在此大环境下，许多车辆制造企业和物流企业起初并不看好中置轴车辆运输车的发展。而上汽红岩作为我国最早与世界接轨的重型载货汽车企业之一，在宏观格局上提前看到了中置轴车辆运输车在我国市场未来的发展前景。

此外，安吉物流作为上汽红岩的用户兼长期合作伙伴，从2012年开始就积极参与《道路车辆外廓尺寸、轴荷及质量限值》（GB 1589—2004）的修订，配合交通运输部、工信部共同开展中置轴车辆运输车试验论证和研究工作。在这个过程中，安吉物流也超前认识到，中置轴车辆运输车将是我国未来汽车整车运输规范化的最优选择。双方在2015年9月成立了中置轴车辆运输车联合研发小组，正式立项启动中置轴车辆运输车的设计研发。通过对多家从事车辆运输挂车制造企业的摸底走访，对重庆、上海、北京等整车物流企业进行的调研，对法规和国家标准进行了深入研究，确保了在技术、法规上的合理性和可行性。

二、技术设计原则

通过前期市场调研、法规、标准研究并结合车辆运输车制造技术现状，确定了中置轴车辆运输车研发原则：

(1)保持与法规、标准的符合性。目前，我国涉及车辆运输车研发的标准有《车辆运输车通用技术条件》(GB/T 26774—2016)、《汽车、挂车及汽车列车外廓尺寸、轴荷及质量限值》(GB 1589—2016)、《机动车运行安全技术条件》(GB 7258—2012)、《商用车辆和挂车制动系统技术要求及试验方法》(GB 12676—2014)等标准。在研发过程中充分考虑了国内标准要求，并借鉴了ISO 3584、ISO 11407等国际标准。

(2)按照市场需求，适应性研发。由于我国乘用车的种类繁多，乘用车运输需求多样化。通过对整车物流行业的市场调研，系统地收集、整理、分析相关市场信息，了解和掌握行业趋势，研发适合市场需求的车辆运输车。

(3)新研发零部件要遵循低成本、轻量化的设计原则。车辆运输车属于专业作业类车辆，与普通载货汽车相比，具有专用的货台结构和升降装置，需要研发新的零部件以满足车辆装载和固定的要求。在新零部件研发的过程中，为了降低生产制造成本，新研发的零部件尽量使用标准化设计，提高生产效率，同时还采用轻量化设计理念减轻车辆总重。

(4)最大限度采用现有平台系统。在车辆运输车整车研发过程中，为了降低设计研发成本，加快研发进程，合理利用企业资源，整车关键结构(如电气系统及制动系统)最大限度采用原有平台系统，零部件也尽量使用现有产品。

三、产品研发

根据市场需求、新法规规定及现有产品平台，中置轴车辆运输车车型需从车辆驱动形式、外廓尺寸、整车质量及轴荷等几个方面进行研发设计。

1. 驱动形式

根据车辆运输车使用工况、总质量的需求，优先选择 4×2 后驱动布置形式的载货汽车为车辆运输车的底盘。这种驱动形式结构相对简单、布置合理、机动性好、成本低、自重轻，适用于标载公路运输，并且在后续扩展 6×2、6×4、8×4 车型时，有利于实现不同车型零部件的通用化、标准化。

2. 外廓尺寸

根据《汽车、挂车及汽车列车外廓尺寸、轴荷及质量限值》（GB 1589—2016）对货车、中置轴挂车及汽车列车的外廓尺寸规定，中置轴车辆运输货车的最大外廓尺寸为 12m×2.55m×4m，中置轴车辆运输列车的最大外廓尺寸为 22m×2.55m×4m，图 3-4 为中置轴车辆运输列车尺寸示例。

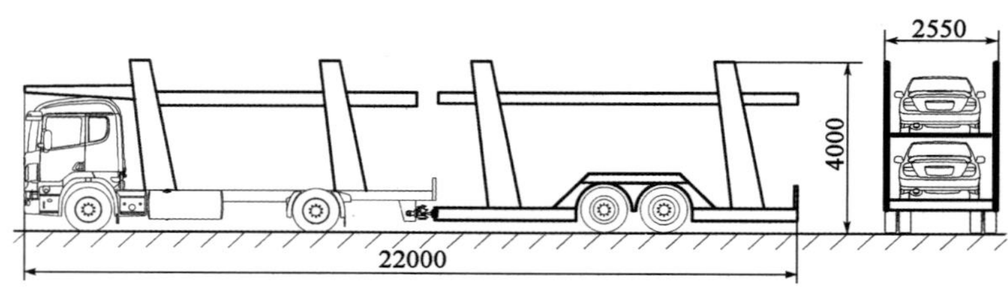

图 3-4　中置轴车辆运输列车尺寸示例

车辆运输货车的总长不能超过 12m，其长度由前悬、轴距和后悬组成，为保证合理的装配空间和合理的轴荷分布，同时满足法规的要求，其轴距和后悬需要进行合理的匹配。因驾驶室和保险杠采用原有的零部件故不必重新研发，整车前悬与现有车型相同。为提供最大的装车空间，以整车长度尽量靠近 12m 为原则，按照国家标准后悬长度不超过轴距 55% 的规定，在轴荷分配合理的条件下选择最长的轴距尺寸，底盘后悬需考虑上装部分以及牵引连接器的安装要求进行选择。

标准规定整车外宽不超过 2.55m，需校核底盘车架两端安装的零部件是否满足要求，特别是油箱、蓄电池箱、挡泥板的宽度是否满足法规要求。

根据装车不能超过 4m（图 3-5）的要求，通过计算车辆运输货车空载状态下的高度应控制在 2.7m（图 3-6）以下，为此相关总成做了以下选择和设计。

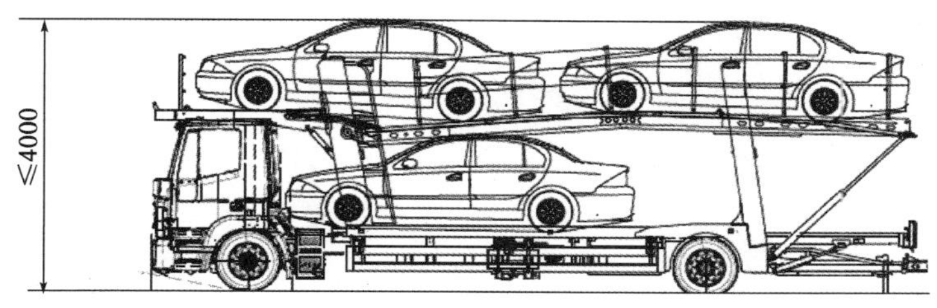

图 3-5　车辆运输货车装载状态下的高度

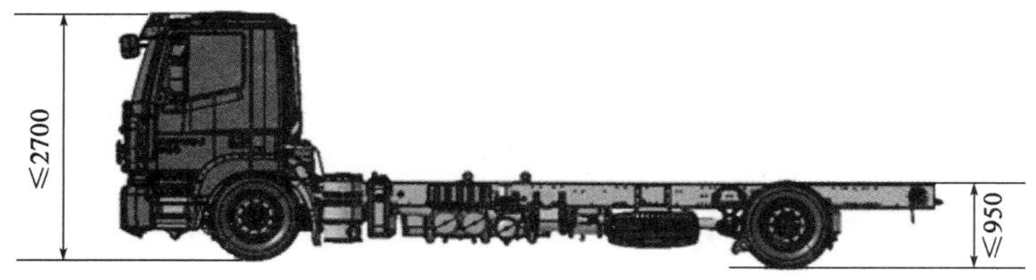

图 3-6　车辆运输货车空载状态下的高度

（1）驾驶室。车辆运输车一般为上下双层装载结构，为满足整车驾驶室顶离地高度要求，驾驶室采用了 M500 高发动机舱盖、平顶驾驶室，同时采用了橡胶悬架，以降低驾驶室的安装高度。该驾驶室采用 4 点悬浮、驾驶室整体后移技术等，提升了舒适性和安全性。

（2）底盘悬架。为满足整车驾驶室顶离地高度要求，底盘前后悬架（图 3-7 和图 3-8）均采用空气悬架，相对钢板弹簧悬架，空气悬架的高度降低了约 100mm。

（3）前桥。新研发大落差前桥，较原来前桥高度上降低了 180mm。

（4）轮胎。为实现整车高度降低，同时保证承载能力，轮胎采用 315/60 R22.5 规格轮胎，承载能力单/双胎 3450kg/3150kg，静力半径 447mm，滚动半径 467mm，较 315/80　R22.5 轮胎降低高度 61.5mm。

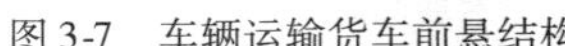

图 3-7　车辆运输货车前悬结构

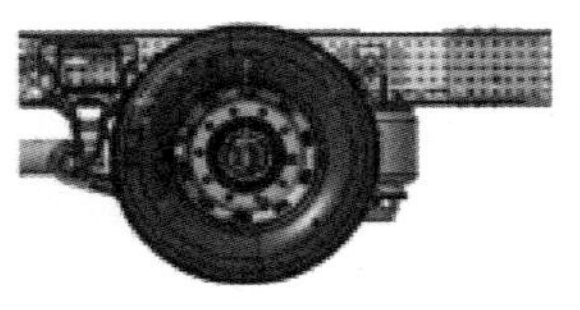

图 3-8　车辆运输货车后悬结构

(5)转向系统。为匹配前悬架高度降低及新研发大落差前桥,转向的动力传动装置需重新研发,根据结构匹配要求,新研发转向杆系,优化转向直拉杆,以满足《汽车、挂车及汽车列车外廓尺寸、轴荷及质量限值》(GB 1589—2016)通道圆要求。

(6)发动机附件。驾驶室高度降低需新研发中冷器、风扇护风罩与发动机匹配。由于驾驶室降低,没有空间将空滤器布置到驾驶室与挡泥板之间,空滤器将布置到前挡泥板后。进气道与空滤器之间位置减小,空滤器进气管需新设计。为保证加装上装,选择性催化还原技术(SCR)箱采用横置结构,保证 SCR 箱不高于车架上翼面,以方便加装上装及商品车的运输。

(7)变速器。由于驾驶室降低,驾驶室与发动机间的距离减小,无法使用原软轴操纵系统,全新研发硬杆变速器操作系统。

为了满足标准要求,适应市场需求,优化各总成部件,形成以下车辆底盘尺寸(图 3-9)。

3. 整车质量及轴荷

根据《汽车、挂车及汽车列车外廓尺寸、轴荷及质量限值》(GB 1589—2016)规定,新研发的 4×2 中置轴车辆运输货车最大总质量为 18t(二轴货车)。车辆运输货车总质量应为:底盘整备质量 + 上装质量 + 货物总量 + 乘员质量≤18000kg。在保证车辆结构强度的前提下,应最大限度减轻底盘和上装质量,满足装车货物质量最大需求,车桥、变速器、轮胎、车架、悬架、上装等总成选择在满足使用要求的条件下,尽量采用轻量化设计。

4. 动力匹配

动力匹配主要是综合协调发动机、变速器、车桥三者之间的关系,以达到整车动力足够、经济省油且传动系可靠耐用的目标。

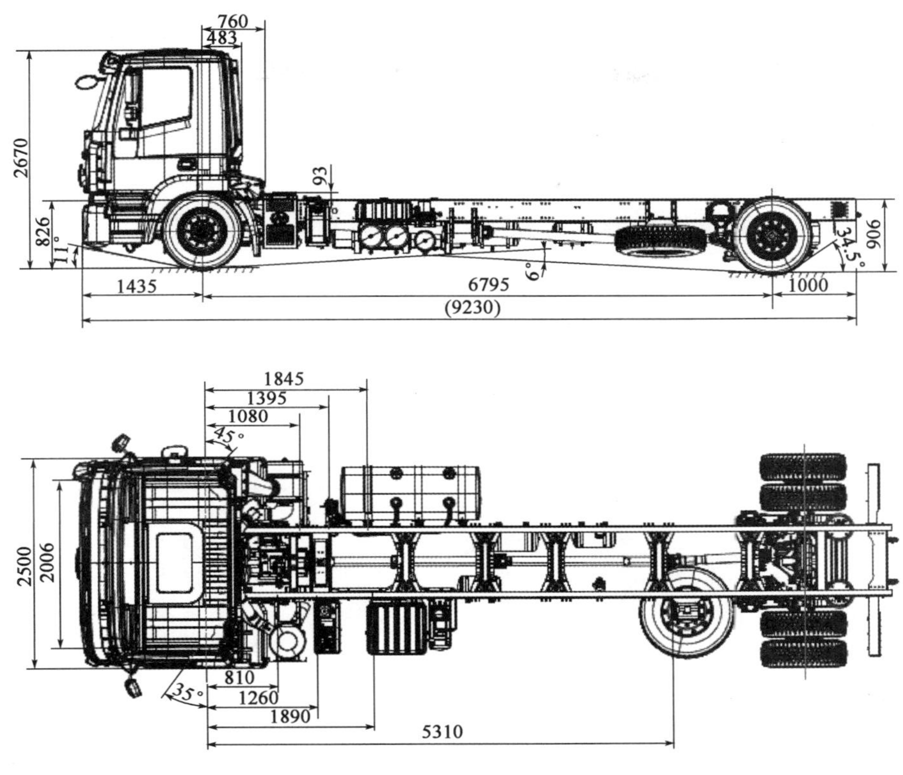

图 3-9　车辆运输货车底盘总布置图

车辆动力性指标选择要求：

（1）平原地区满载最高挡爬坡能力大于或等于 0.7%，且小于 1%，一挡爬坡能力大于或等于 20%。

（2）山区满载最高挡爬坡能力大于或等于 1%，且小于或等于 1.5%，一挡爬坡能力大于或等于 25%。

（3）不同配置车辆，动力性越好，经济性越差，反之亦然。因此，在选择车辆配置时需要根据客户使用情况和偏好进行选取。

根据《车辆运输车通用技术条件》（GB/T 26774—2016）规定，车辆运输列车的比功率（发动机最大净功率/汽车列车最大允许总质量）需大于或等于 5.4kW/t。二轴车辆运输车加二轴挂车的发动机最大净功率应大于或等于

194.4kW(36t×5.4kW/t=194.4kW),三轴车辆运输车加二轴挂车的发动机最大净功率应大于或等于232.2kW(43t×5.4kW/t=232.2 kW)。

另《车辆运输车通用技术条件》(GB/T 26774—2016)要求,满载状态下列车的最高车速不能低于90km/h,以使车辆在运行过程中有一定储备功率,保证车辆能在经济车速下正常行驶。

根据中置轴车辆运输车的使用工况和现有发动机、变速器和桥总成的配置状态,通过调整后桥速比来满足不同使用客户的使用需求,见表3-1。在满足法规强制性要求下,根据我国市场特点对整车进行优化,有科索9L发动机、上汽动力6.5L发动机两款动力可选;源自菲亚特技术的H8A单级减速驱动桥、FAST铝壳变速器组成的动力传动系统带来强劲的动力性能。

动力性匹配 表3-1

结果 配置	经济车速		最大爬坡度	最高挡最大爬坡度
	1200r/min	1600r/min	%	%
10JSD140+3.7	57.5km/h	76.6km/h	35.51	1.47
10JSD140+3.36	63.3km/h	84.4km/h	31.82	1.21
10JSD140+3.083	69.0km/h	92.0km/h	28.9	1

5.通过性

《车辆运输车通用技术条件》(GB/T 26774—2016)规定中置轴车辆运输列车的总长22m,需满足在二级及以上等级公路使用要求,另外为使车辆运输车在使用时保持良好的转弯灵活性和道路通过性,《车辆运输车通用技术条件》(GB/T 26774—2016)还强调了车辆需符合《汽车、挂车及汽车列车外廓尺寸、轴荷及质量限值》(GB 1589—2016)中通道圆和外摆值等规定的要求。

(1)通道圆。汽车和汽车列车在外圆直径为25m,内圆直径为10.6m的通道圆通过时,车辆最外侧任何部位(具有作业功能的专用装置的突出部分不计入)不应超出车辆通道圆的外圆垂直空间,车辆最内侧任何部位(具有作业功能的专用装置的突出部分不计入)不应超出车辆通道圆的内圆垂直空间。

(2)最小离地间隙。车辆运输车空载状态下,最小离地间隙应不小于150mm。

(3)接近角:汽车满载、静止时,前端突出点向前轮所引切线与地面间的夹角。接近角越大,越不易发生触头失效。

(4)离去角:汽车满载、静止时,后端突出点向后轮所引切线与地面间的夹角。离去角越大,越不易发生托尾失效。

(5)最小转弯直径:当转向盘转到极限位置、汽车以最低稳定车速转向行驶时,外侧转向轮的中心平由在支承平面上滚过的轨迹圆直径。它在很大程度上表征了汽车能够通过狭窄弯曲地带或绕过不可越过的障碍物的能力。最小转弯直径越小,汽车的机动性越好。

(6)车辆外摆值:车辆或列车在通过通道圆时车辆外摆值(图3-10中的 T),应不大于800mm。

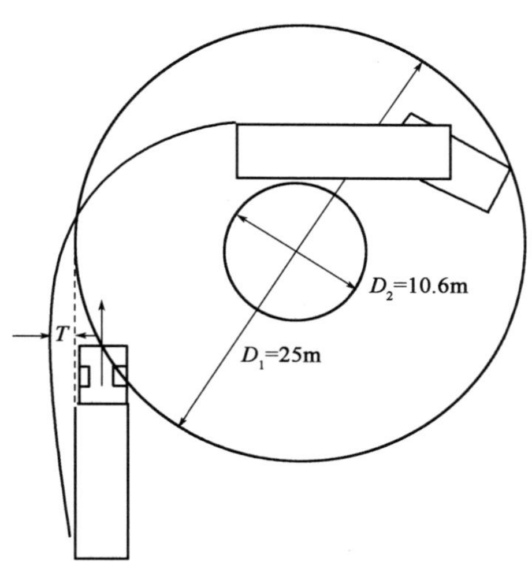

图3-10　通道圆示意图

在列车通道圆满足法规要求上,通过对牵引车牵引连接器安装位置、挂车前悬、牵引车前悬、牵引车转角、牵引车前轮距等参数的反复研究,最终找到一个合理平衡的点,既能保证列车高速行驶的稳定性,又能保证列车能顺利通过法规要求的通道圆。

6. 安全配置

在制动安全性上,为了满足法规对制动响应时间的要求,通过更换 ABS 类型(由 B 型更换为 A 型),调整 ABS 控制管路走向及大小,确保中置轴挂车响应时间为 0.4s,满足法规要求。

牵引车底盘同步采用依维柯技术平台,配备 ABS 和驱动防滑系统(ASR)、前后桥空气悬架系统、爆胎应急安全装置(选配)等全新技术。挂车分别选用江苏海鹏、天津劳尔、昆山专汽及北京环达等专用车企业生产的上装及挂车,确保了列车底盘低、自重轻、油耗低、动力好、安全舒适,列车可装载 8 ~ 10 台乘用车,降低运输成本、提高运输效益、保证运输安全,具有更高的动力性、经济性、安全性。

在列车行驶稳定性上,通过对牵引连接器位置的合理布置,达到在高速行驶状态下保证满足法规要求,通过位移传感器测试发现,目前样车在车速行驶到 110km/h 时没有出现大幅度的左右摆动现象,最大摆动量没有超过法规限制的 100mm,而且会在摆动一两次后会自动回正,认为其满足安全行驶要求。

通过系统分析各总成和零部件的特点,结合市场需求,研发出上汽红岩中置轴挂车列车。上汽红岩中置轴车辆运输车在红岩杰狮专用底盘基础上改装而成,牵引车上装结构由副车架、前上货台、后上货台、前下货台、后下货台、前立柱、后立柱(或摆动式升降机构)、后升缩渡板、液压举升系统及油缸、侧防护、工具箱等部分组成,见图 3-11。

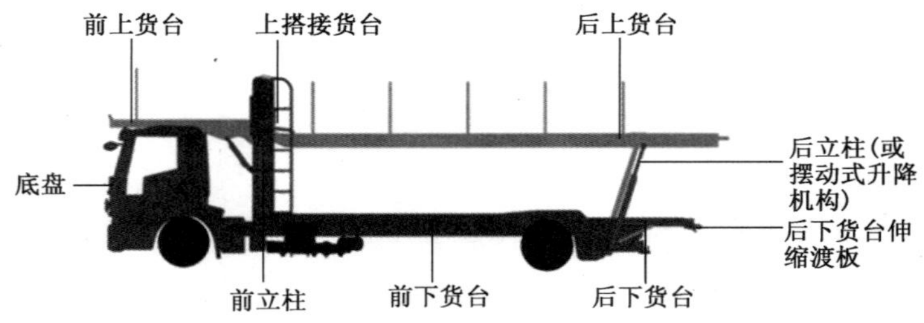

图 3-11　上汽红岩中置轴车辆运输货车示意图

四、产品验证及装配验证

车辆运输车在研发过程中进行了 CAE 仿真计算（图 3-12），充分验证模型的结构强度。样车研发后，为充分验证中置轴车辆运输车底盘及整车性能，前期装配数辆试制样车并在满载状态下分别对其进行台架试验（图 3-13）、可靠性试验、耐久试验、用户试验、性能试验及三高试验（高温试验、高原试验和高寒试验）等。图 3-14、图 3-15 和图 3-16 分别为中置轴车辆运输车样车进行坑洼路面测试、轮渡测试和通道圆测试的场景。针对试验中出现的各类问题，上汽红岩及时联合各大改装厂进行分析整改，确保底盘和整车性能可靠、质量稳定。同时，为验证上汽红岩专用工装及现有工艺条件下中置轴车辆运输车批量生产能力和质量，在 2016 年底完成了数十辆试生产样车生产，最终顺利完成中置轴车辆运输车的批量验证。

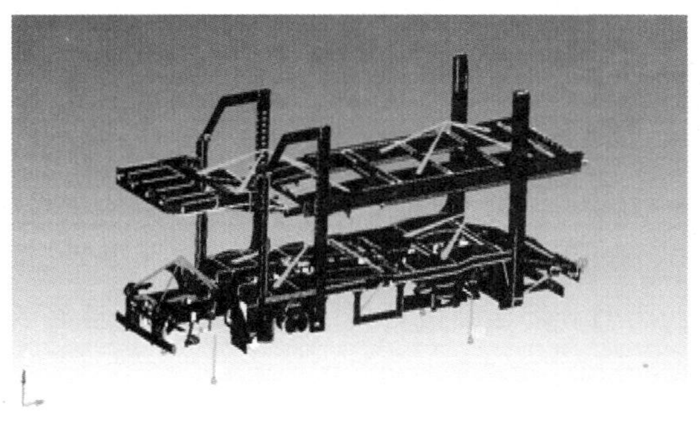

图 3-12　CAE 仿真计算

图 3-13　台架试验

图 3-14　坑洼路面测试

图 3-15　轮渡测试

图 3-16　通道圆测试

五、投入使用

2016 年 10 月，在工信部公布的第 290 批公告名单上，有红岩杰狮 4 ×2 底盘的车辆运输车，这意味着这款全新设计的红岩中置轴车辆运输车车型合规，允许销售和上牌。12 月，红岩中置轴车辆运输车凭借过硬的技术装备，以及对法规的严格遵守，一举拿下“2016 年度第一推荐车辆运输车”大奖，获得业内的广泛认可。2017 年 1 月，红岩中置轴车辆运输车又率先获得交通运输部第 37 批道路运输车辆燃料消耗量达标车型，标志着其在高效合规的同时，还兼有良好的燃油经济性。

截至目前，上汽红岩共有 6 款中置轴车辆运输车列入道路运输车辆燃料消耗量达标车型表，成为重型载货汽车行业中符合此要求车型最多的整车企业。而这批携手安吉物流共同研发的车辆，更是国内首批符合《汽车、挂车及汽车列车外廓尺寸、轴荷及质量限值》(GB 1589—2016)规定，正式投入运营的车辆运输车。

六、客户培训

在获得国家公布的整车公告和油耗公告后，2017 年 3 月红岩中置轴车辆运输车正式分批交付安吉物流(图 3-17)。

图 3-17　上汽红岩中置轴车辆运输车投入使用

为深入践行“服务零距离”的品牌内涵，让每一位红岩用户能更准确地掌握红岩中置轴车辆运输车的操作规范和维护方法，保障用户使用的便利性、安全性和更长的使用周期，上汽红岩在中置轴车辆运输车正式上路之前，对用户进行了系统、严格的培训，包括对车辆的整体认识、起动与驾驶车辆的程序和注意事项、危险操作以及后期车辆维护等。在保证用户充分了解该款中置轴车辆运输车的操作流程，并能熟练掌握操作规范后，上汽红岩才正式进行中置轴车辆运输车的实物交接。

2017 年 5 月 11 日，这款红岩中置轴车辆运输车，在上海通用金桥库正式满载商品车发车上路，成为国内最先投入实际运营的中置轴车辆运输车。自此，我国汽车整车物流行业在运输装备上向着规范化迈进了坚实一步。

第三节　长久中置轴车辆运输车产品研发

吉林市长久专用车有限公司（以下简称长久公司）借鉴欧洲车辆运输车先进技术，结合国内车辆运输车的使用工况，专门设计研发出一款长久 8353 型中置轴车辆运输列车。该车型在设计研发时注重车辆运输车的技术先进性，在设计思路上也充分使用非金属的高分子聚合物替代金属材料，使整车轻量化做到极致。譬如，上层货台的举升机构是长久集团针对丝杠螺母的传动特点，使用非金属高分子新型聚合物材料研制而成，使该举升机构在国内具有领先水平。

一、总体方案的确定

根据法律法规要求、用户需求以及市场调研结果，长久公司研发了 8353 型中置轴车辆运输列车，该车型能够装载两辆 POLO 和八辆马自达 CX-5，共 10 辆乘用车，车辆总体布置方案如图 3-18 所示。

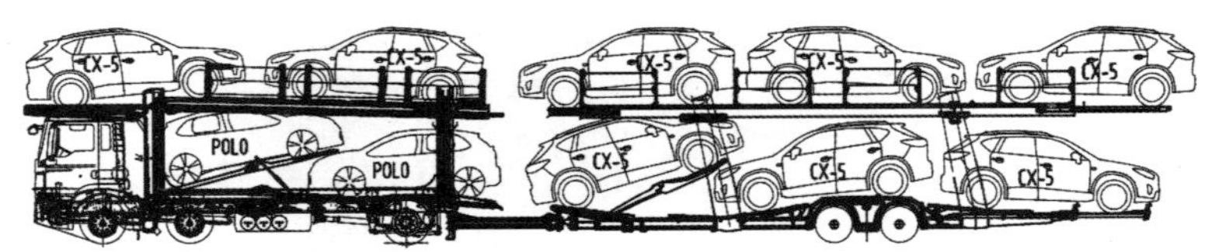

图 3-18　长久 8353 型中置轴车辆运输列车总体方案图

为了降低产品成本、方便客户装卸乘用车，经市场调研后确定 8353 型车辆运输挂车列车的整车结构形式为简易立柱骨架式。骨架式车身能有效降低整车整备质量，提高装载效率，车辆装卸时乘用车能方便地自由进出。因为没有无封闭的侧片阻挡乘用车开门，所以装车操作人员很容易进出乘用车。

上层货台的举升机构选用丝杠螺母传动结构。该类结构的优点就是在传动过程中，螺母承载的轴向载荷对丝杠的轴向载荷变动较小，会大幅度减小因载荷变动而引起的液压系统压力变化，促进液压系统的平稳运行，提高上层货台的运行平稳性。

二、车辆运输货车底盘的选型

根据所要装载乘用车的整备质量，8353 型中置轴车辆运输车列车的最大允许装载质量约为 16000kg，其中车辆运输货车设计载质量 6500kg，挂车设计载质量 9600kg。8353 型中置轴车辆运输车的车辆运输货车底盘选择中国重汽的 ZZ1247N45CGE1K 二类底盘。该底盘的最大允许装载质量为 14900kg，准拖挂车总质量为 19500kg。

8353 型中置轴挂车的设计装载质量为 9600kg、挂车整备质量为 8400kg，8353 型中置轴挂车的设计总质量为 18000kg，小于该列车牵引车底盘的准拖挂车总质量，符合中置轴车辆运输车挂车列车的动力性要求。

三、挂车方案的确定

长久 8353 型车辆运输中置轴挂车选用两层装货平台(图 3-19)。上层货台框架左右两侧边梁使用 C 形型材,横梁使用“几”形截面型材。货台承载部位使用“几”字形多孔板。在下层装货平台的纵向方向设置两个可以倾斜“飞机跳板”,使装载的乘用车在运输时能保持倾斜姿态,从而充分利用装载空间,提高乘用车的装载效率,降低车辆运输车的运营成本。

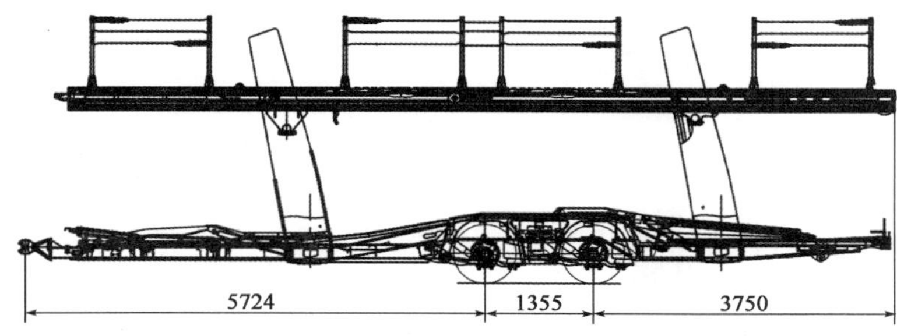

图 3-19　长久 8353 型车辆运输中置轴挂车总体方案图

四、产品数模的设计

根据总体布置方案,8353 型中置轴车辆运输列车车型由车辆运输货车改装部分和挂车部分组成。

车辆运输货车改装部分由车辆运输货车底盘总成、车辆运输货车前部侧立柱总成、后部侧立柱总成、丝杠螺母提升机构总成、前部“飞机跳板”总成、上层货台总成、框架总成及车辆运输货车相关附件共同组成。挂车由挂车下底架总成、前部侧立柱总成、后部侧立柱总成、上层货台总成及相关附件组成。各相关承载部件的金属材料均使用 Q345B 型低碳钢,其中挂车的主要承载部件选用 Q460C 型优质低碳钢材质。图 3-20 为 8353 型车辆运输中置轴挂车的 CAD 模型。

五、上层货台举升机构设计

为了牢固可靠地固定车辆运输车上层货台,经过分析比较,使用丝杠螺母结构(图 3-21)来实现上层货台的平稳举升和下降是最优化的方案。

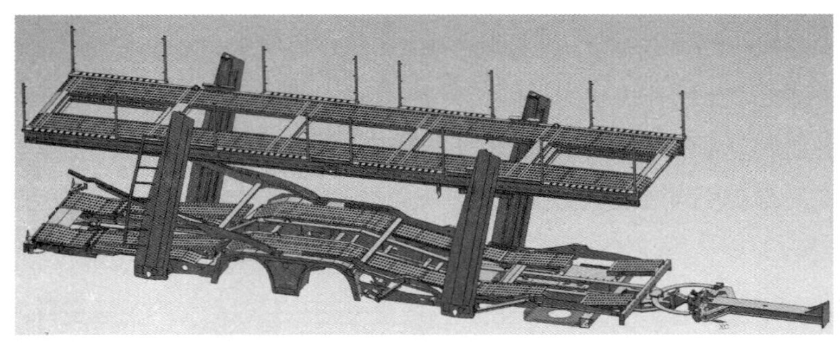

图 3-20　8353 型车辆运输中置轴挂车的 CAD 模型

丝杠螺母传动的优点就是传动稳定可靠,当丝杠旋转时,螺母的垂直上升和下降运动的线速度恒定不变,因此由负载产生的液压系统负荷变化值较小,利于液压系统的平稳顺畅运行。另外,丝杠螺母的另外一大优点是,通过设定丝杠的螺纹升角,使螺母承受的垂直载荷产生的压力方向在材料的压力角之内。这样,上层货台就可以很方便地利用丝杠螺母副这种传动机构实现自锁功能,避免了使用其他提升机构出现的缺点。该结构已经由长久集团申请并获得了国家专利——《活动车架螺旋升降装置的多自由度吊装机构》(2013035P300X)。

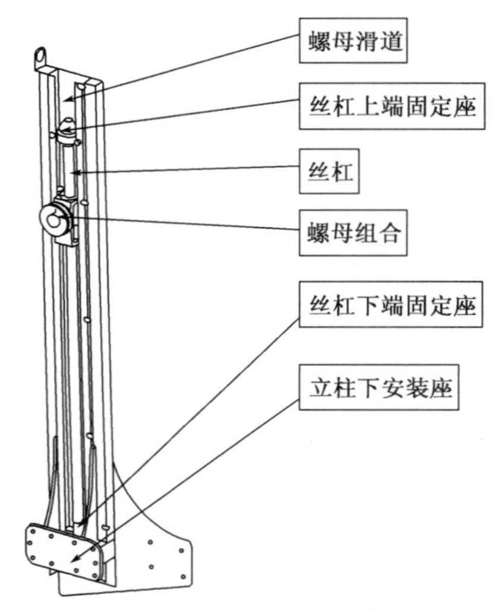

图 3-21　丝杠螺母结构

六、带摩擦盘的牵引机构设计

为了避免中置轴车辆运输列车发生折叠、侧翻事故,通过引进欧美先进技术,经过学习研究后自主研发出了带摩擦盘的专用牵引机构(图 3-22)。这种牵引机构由牵引车牵引杆、挂车牵引固定座、摩擦盘、球式牵引装置组成。该牵引机构已由长久集团申请并授权了国家专利——《一种用于中置轴挂车的转向稳定装置》(2015208513674)和《球面牵引式机械连接装置》(2015208511429)。

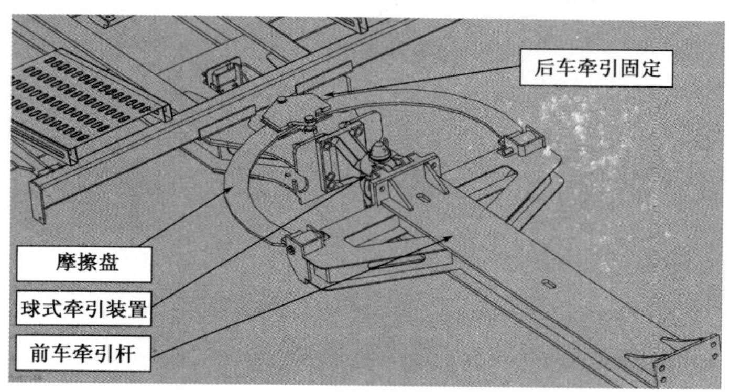

图 3-22　带摩擦盘的专用牵引机构

牵引车牵引杆用于牵引中置轴挂车,球式牵引装置是中置轴挂车列车当中关键的部件之一,是牵引车和挂车的关键连接装置,摩擦盘起到稳定前后车转弯时的侧倾趋势,防止列车发生折叠、侧翻事故。

七、专用的低货台空气悬架系统

为了提高中置轴挂车的行驶稳定性,长久集团针对国内使用工况,专门设计研发出了车辆运输中置轴挂车专用的低货台空气悬架系统(图 3-23),该悬架有如下优点:

(1)使用于超低货台的车辆运输中置轴挂车,有效提升车辆运输中置轴挂车的装载高度。

(2)该系统具有更好列车行驶平顺性和稳定性。

(3)该系统能有效防止车辆在转弯或高速变道时挂车甩尾和侧翻。

(4)该系统能提高列车制动性能,进一步缩短制动距离,有效防止挂车在制动中发生横摆趋势。

(5)空气悬架的使用寿命是板簧悬架的 3 倍以上,有效降低了车辆的营运成本。

(6)该系统的振幅较小,因此对轮胎的冲击较小,能提高轮胎 20% 的使用寿命。

(7)空气悬架的安全车速高于板簧悬架,运输效率更高。

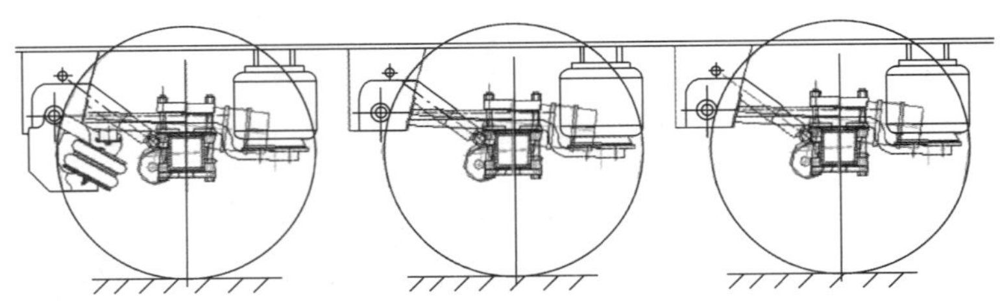

图 3-23　专用的低货台空气悬架系统

八、产品有限元分析

整车设计完成后,对整车建立仿真模型,各结构件材料选用 Q345B 或 Q460C,并根据车辆运输车的装载特点,做了相关工况的载荷分析。

针对车辆运输车的装载特点,对整车建立 CAE 分析模型,分别做了满载弯曲工况和满载制动工况。满载弯曲工况是对整车施加了向下的 $2g$ 加速度,制动工况是对整车施加了向下的 $1g$ 加速和向前的 $0.8g$ 惯性加速度。通过这两种工况分析,最大应力点是满载制动工况时后车立柱下端的装配点部位,最大应力为 98.6MPa,远小于选用材质的屈服强度 345MPa,符合设计要求。两种工况下的应力分布状态,如图 3-24 所示。

a)模型

图　3-24

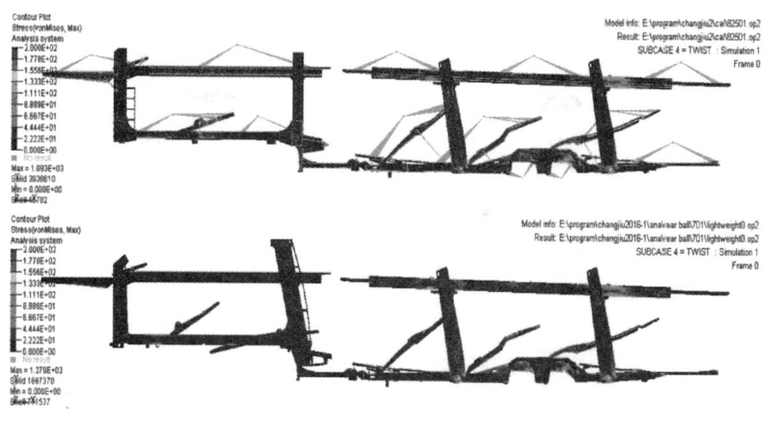

b)分析结果

图 3-24　CAE 分析

九、整车道路可靠性验证

长久 8353 型中置轴车辆运输车挂车列车由 CHX5240TCL 型车辆运输货车和 CHX9180TCL 型车辆运输挂车组成，由制造企业根据车辆定性试验要求，对整车做了各种路况的满载条件下的道路可靠性试验(图 3-25)，经天津汽车检测中心检验后获得产品定型报告。

图 3-25　长久 8353 型中置轴车辆运输车挂车列车试验

第四节　中集集团中置轴车辆运输列车联合研发

集瑞联合重工有限公司(简称联合卡车)与扬州中集通华专用车有限公司(简称扬州通华)根据市场需求和产品优势，按照相关标准要求联合研发中置轴车辆运输列车。

一、底盘的研发

1. 原型底盘的选择

联合卡车车辆运输车底盘是在现有成熟产品平台的基础上，根据《车辆运输车通用技术条件》(GB/T 26774—2016)、《汽车、挂车及汽车列车外廓尺寸、轴荷及质量限值》(GB 1589—2016)规定及扬州通华车辆运输车上装要求，专门为车辆运输车研发的专用底盘。该车型选用 6×2 大轴距载货汽车基础底盘，以满足车辆运输货车整车长度最大 12m，最大限度地为上装设计提供装载空间，单车最多可装载 5 台普通乘用车。图 3-26 为联合卡车研发的车辆运输货车样车。

a)右侧45°

b)正左照片

图 3-26　联合卡车车辆运输货车

2. 主要改进部分

为了充分增加车辆的装载能力，同时使车型设计满足《车辆运输车通用技术条件》(GB/T 26774—2016)、《汽车、挂车及汽车列车外廓尺寸、轴荷及质量限值》(GB 1589—2016)规定的要求，车辆运输车底盘设计相对传统底盘载货汽车进行了如下适应性改进与研发：

(1)普通载货汽车增加牵引车功能设计，车辆尾部增加满足国家标准要求的气、电结构设计，同时预留中置轴牵引杆连接器安装空间，底盘车架预留标准安装孔位。

(2)为保证车辆装载乘用车后，整车尺寸不超限、车辆重心低、行驶稳定性高，充分降低底盘与驾驶室离地高度，本次研发的车辆运输货车底盘悬架高度、车架离地高度、轮胎尺寸等都进行了很大限度的降低。驾驶室高度降低方面，参考欧洲同类车型方案，研发车辆运输车专用的低高型驾驶室，驾驶室本体布置位置也最大限度降低。通过上述底盘及驾驶室改进方案，底盘高度(车架)比普通车架降低200mm以上，驾驶室比普通车型降低430mm以上，最大限度满足车辆运输车底盘高度尺寸及装载空间的需求。后期可根据市场情况提供空气悬架配置，还能够进一步降低车辆高度。

(3)车辆运输车专用底盘需拖挂中置轴挂车，相对普通载货汽车，列车总质量更大，故底盘发动机功率需求更大，此底盘匹配了玉柴YC6L系列发动机，发动机为213～242kW，提升底盘动力性，并满足列车比功率大于5.4kW/t的要求。

(4)底盘为满足列车制动安全性，标配ABS，同时可选配EBS，提升安全性。

(5)底盘油箱、添蓝(尿素水溶液)罐、蓄电池等相对普通车型布置位置更低，方便降低上装货台地板离地高度，增加装载容积。

3. 底盘主要技术参数

联合卡车车辆运输货车底盘主要技术参数，如表3-2所示。

联合卡车车辆运输货车底盘主要技术参数　　表3-2

序号	配置项目	配置方案
1	公告型号	QCC5212TCLD659Z
2	车型	车辆运输车专用底盘
3	驱动形式	6×2

续上表

序号	配 置 项 目	配 置 方 案
4	允许货车总质量(GVW/GCW)	21t/39t
5	驾驶室	车辆运输车专用1.5排
6	轴距(mm + mm)	1950 +5100
7	适用上装	车辆运输车专用上装
8	悬架	前/后少片簧
9	发动机型号	YC6L290 -50
10	变速器型号	9JS119TA
11	后桥	单级减速桥
12	轮胎	275/70R22.5
13	燃料箱(L)	400
14	电子制动	ABS

二、车辆运输货车上装和车辆运输中置轴挂车的研发

1. 整车外形尺寸设计

依据《车辆运输车通用技术条件》(GB/T 26774—2016)、《汽车、挂车及汽车列车外廓尺寸、轴荷及质量限值》(GB 1589—2016)的规定,中置轴车辆运输车列车长度最大限值22m,组成列车的车辆运输货车长度最大限值12m,中置轴挂车长度最大限值12m,宽度最大限值2.55m,产品设计时考虑到装车空间最大化,在结构允许的情况下,车辆运输货车和中置轴挂车长度和宽度都按最大极限尺寸设计,高度按3.9m设计。

2. 车身结构

由于车辆运输车重心高、车身结构轻,车辆行驶中晃动大,因此车身结构设计强度尤为重要。另一方面,国家加大了超载超限的治理力度,用户对车辆轻量化的要求越来越高。为了实现在轻量化基础上保证车身结构强度可靠,采用了重量轻、结构强度好的整体框架式承载结构。

前后车的侧面分别由前后立柱、中立柱、顶纵梁和底部车架边梁组成空间框架结构,在各个连接点采用筋板加强,防止应力集中引起连接点开裂。图3-27

为扬州通华车辆运输中置轴挂车样车。

对于标准宽度的车辆运输车,由于立柱处内宽较小,如果商品车门位置有立柱,车门打开幅度很小,装卸车时,驾驶员很难进出车辆。所以设计时应使立柱和上层货台升降机构尽量错开驾驶员车门位置。为了减小立柱和上层货台升降机构所占空间,设计时将立柱和上层货台升降机构集成在一起,减少所占空间。同时,立柱前后位置的设置应错开乘用车驾驶员车门位置。

图 3-27 扬州通华车辆运输中置轴挂车样车

3. 上装与底盘的连接

上装与底盘连接既要保证强度,也要保证一定柔性。设计时,悬架部位采用刚性连接,在靠近驾驶室处采用柔性连接。按此设计,车辆在不平路面行驶时,靠近驾驶室处的柔性连接会被拉长,由此将会消除一部分车身变形,使得车身结构应力降低,减少了车身开裂的机会,同时也减小了底盘大梁所受的应力。

4. 牵引连接器选用和位置的设计

牵引连接器是中置轴车辆运输列车关键部件,参照欧洲设计,采用了强度高、接合牢靠的球形牵引连接器,球头直径 80mm。

车辆运输车牵引连接器牵引座安装位置非常重要,牵引连接器应尽量靠近后轮位置,以提高行驶的稳定性。

常见错误做法是,将牵引连接器牵引座装在车辆运输车的最后端,行驶时会造成后面挂车左右晃动。设计时,将前车和挂车重叠部分设为最大值 2000mm,这样牵引连接器位置更接近车辆运输车后轮,稳定性更好。

5. 中置轴挂车轴距的设计

车辆运输中置轴挂车轴距的设计应保证挂车在满载状态下质心位于轴组中

心并向前偏移，确保牵引连接器处垂直负荷小于挂车最大总质量的10%或10000N。按此规定，在挂车总长12m的情况下，牵引连接器中心到挂车前轴的距离设计成6.65m。车辆运输中置轴挂车的并装双轴悬架采用半挂车通用悬架结构，双轴轴距1.3m。按模拟装车计算轴荷，装4辆自重1600kg乘用车前后均布，满载时牵引连接器所受垂直载荷约600kg，满足标准要求。

6. 挂车与前车匹配设计

挂车与前车匹配主要考虑比功率，前车最大设计总质量20800kg，挂车最大设计总质量15000kg，集瑞底盘发动机型号YC6L290-50、净功率为203kW，比功率5.6kW/t，满足《车辆运输车通用技术条件》(GB/T 26774—2016)的要求(≥5.4kW/t)。

另一方面考虑挂接处前后摆角，设计最大摆角7°。为检测设计值是否可靠，将样车在多种公路上路试。经试验，此摆角能满足上下坡不发生干涉。

7. 车辆运输中置轴挂车侧向稳定性设计

相对其他车辆，车辆运输中置轴挂车装载后总高较高，挂车底盘轻，重心高，当高速转弯时，容易发生侧翻。因此，侧向稳定性直接影响中置轴车辆运输车行驶安全，设计时主要从下列几个方面解决：

(1)选用小轮胎降低承载面高度。选用了235/75R17.5小直径轮胎，轮胎直径797mm，轮胎上方承载面高度930mm。轮胎上方货台作为下层最高点，挂车前后货台高度进一步降低，达到高度600mm，下层货台高度降低，使得上层高度也随之降低，装两层乘用车时，总高可在4000mm以下。

(2)选用大轮距车轴。在选择车轴时，选用1950mm和2000mm轮距车轴，尽可能将轮胎外宽加大。轮距加大后，使得左右受力点外移，侧向稳定性增加。

(3)选装RSC防侧翻稳定性控制系统。防侧翻稳定性控制(Roll Stability Control，RSC)是基于ABS的防侧翻稳定性控制，相对于ESC/ESP而言，它主要应用于高附着系数路面，相对成本较低，而且也较容易实现。安装性能可靠的RSC防侧翻稳定性控制系统能够很好地避免车辆侧翻事故。

8. 装车性能

为充分利用车辆空间装载更多车辆，采用叠装方式装车，可一次混装各类车辆9辆（图3-28），装车后总质量不超载。

图3-28　集瑞和中集联合研发中置轴车辆运输列车

第五节　法国劳尔中置轴车辆运输列车研发

劳尔专用汽车（无锡）有限公司（简称无锡劳尔）是法国劳尔工业集团（简称法国劳尔）在中国无锡与无锡华东重型机械股份有限公司共同投资组建的、专门生产和销售车辆运输车等专用汽车的合资企业。无锡劳尔依托法国劳尔的专有技术，根据我国汽车整车物流业发展以及车辆运输车治理工作的推进要求，并按照我国的法规、标准的要求，研发出适合我国国情的车辆运输车。本节主要阐述已研发并完成组装和调试的中置轴车辆运输列车 MHR100CN 的结构特点、装载优势以及与我国国家标准的符合性等情况。

一、车型结构特点

中置轴车辆运输列车 MHR100CN 是由 6×2 二类底盘改装的车辆运输货车和2轴车辆运输中置轴挂车组成（图3-29、图3-30），该结构是欧洲已经成熟运营了几十年的车型。MHR100CN 结合我国法规、标准要求，在欧洲成熟车型的基础上经过适当的调整（如挂车不允许延伸等）后，目前完全符合我国相关标准的要求。二类底盘采用中国重汽集团的 HOWO T5G，轴距为 5600mm，整车在设计阶段进行了软件模拟，完全符合《汽车、挂车及汽车列车外廓尺寸、轴荷及质量限值》(GB 1589—2016)中的通道圆和外摆值要求。

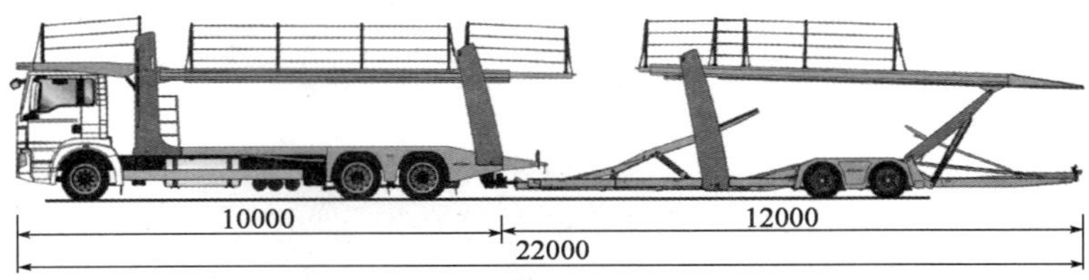

图 3-29　无锡劳尔中置轴车辆运输列车空载设计总图

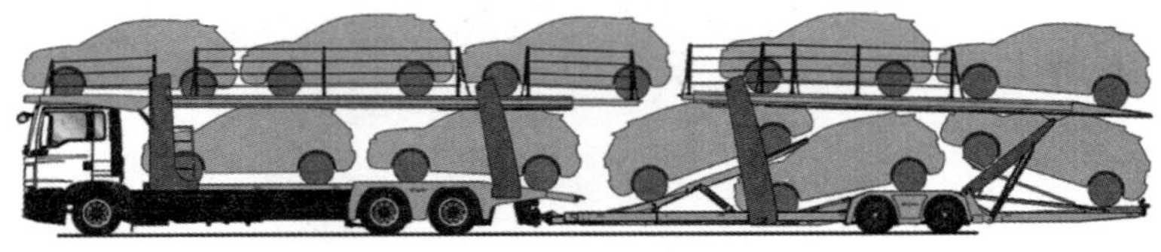
图 3-30　无锡劳尔中置轴车辆运输列车满载设计总图

牵引车采用 6×2 的形式，中间为驱动桥，可以承载 11.5t。牵引车后悬比 4×2车型短，因此牵引车后桥到牵引连接器的距离比较短，并且主挂连接处装备有稳定环，确保了中置轴车辆运输列车的行驶稳定性。为了保证轴荷的合理分配，避免挂车后倾，挂车的车轴应置于挂车中间之后，同时应保证挂车作用于牵引连接器的载荷不大于 10kN。

该列车在设计阶段就采用软件针对不同的装载车辆进行了轴荷的模拟(图 3-31)，均符合我国相关标准的要求。

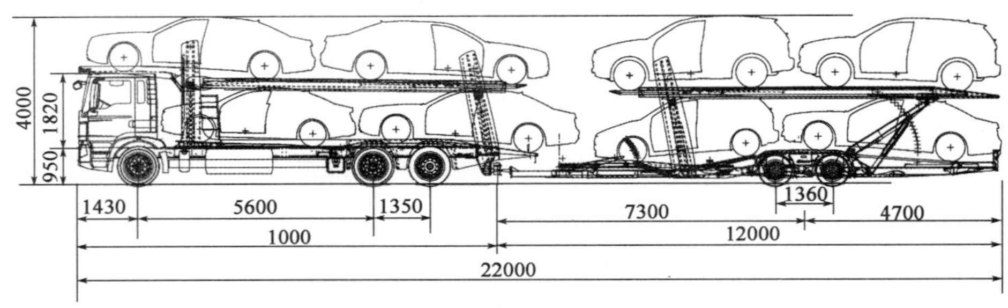

图 3-31　轴荷软件模拟

二、装载优势

为了满足装载量最大化的要求，牵引车在低驾驶室、低底盘的二类底盘上进行改装。根据驾驶室的高度，上层货台的高度可上下调节。综合考虑制造成本和操作便利性，整个上层货台包括三个可活动的货台：

(1)驾驶室顶货台。为了最大限度地合理利用车辆结构，该货台设计成可装载乘用车。同时，在驾驶室需要翻转维修时，可以通过操作液压油缸将该货台升至一定的高度。驾驶室和货台之间不发生运动干涉。

(2)中间货台。该货台是主要装车部位，在乘用车装卸过程中，可以通过操作自锁液压油缸调整货台高度。

(3)尾部货台。该货台是牵引车和挂车之间连接的重要组成部位，在乘用车装卸过程中，该货台可以前后移动，与挂车的上层货台连接成“桥梁”。

牵引车的下层货台设有一个手动跳板，当装载车辆轴距大于货台长度时，可采用该跳板叠装，见图 3-32。

图 3-32　采用跳板叠装状态(装载 8 辆奥迪 A6L)

由于牵引车的下层货台高于挂车下层货台，中置轴车辆运输列车的最高点位于牵引车，因此必须根据装载车辆的轴距合理选择下层货台的装载方式，以确保整体高度符合标准要求，图 3-33 为不采用跳板装载时的中置轴运输列车状态。

图 3-33　不采用跳板叠装状态(装载 8 辆奥迪 A6L)

牵引车的上层平台长约 12m 左右(可调)，可以平行装载 2 辆大型乘用车或者 3 辆小型乘用车(图 3-34)。挂车长 12m，分上下两层，根据装载车辆的大小，以及牵引车上层货台的装载量，挂车上层货台可以平行装载 2 ~ 3 辆车，下层货台前后位分别设有自动和手动跳板，可以叠装3辆紧凑型车辆（图3-34）或者平行装载2辆大型乘用车（图3-35）。

图3-34 装载紧凑型乘用车状态

图3-35 紧凑型车和大型车混装状态

目前，汽车整车物流业主要考虑装载SUV，该中置轴车辆运输列车可以装载8辆SUV，但牵引车的高度已经达到4.38m，见图3-36。当把牵引车下层两辆SUV都换成帕萨特时，整车高度可下降到4.3m，见图3-37。

图3-36 装载8辆SUV的中置轴车辆运输列车状态（高度4.38m）

图3-37 装载6辆SUV和2辆帕萨特的中置轴车辆运输列车状态（高度4.3m）

通过试验测试和实际道路运行验证，MHR100CN中置轴车辆运输列车在满载状态下能满足我国法规标准要求。

第四章　车辆运输车测试评价

第一节　车辆运输车匹配试验方案设计

车辆运输列车匹配试验的目的，一是为评价中置轴车辆运输列车样车与国家车辆公告管理中强制性标准要求、汽车产品强制性产品认证要求和营运车辆综合性能要求的符合性；二是为优化和改进中置轴车辆运输列车产品设计提供依据；三是为验证《车辆运输货车通用技术条件》（GB/T 26774—2016）技术要求的科学性、合理性和可行性；四是为交通运输部货运车辆标准化试运行工作提供符合要求的车辆；五是为验证中置轴车辆运输列车新要求的测试方法与测试能力；六是为中置车辆运输列车的推广应用和相关政策的提出提供技术支撑。

车辆主要检测项目根据实际需要，分为车辆产品强制性检验项目（强检项目）和重点关注检测项目，重点关注检测项目包括结构尺寸参数、质量参数、连接与配置、行驶安全、质量与性能类等涉及车辆运行安全与质量的核心性能。由于强制性检测项目是《道路机动车辆生产企业及产品公告》（以下简称《公告》）管理所必需的，因此本节只将部分重点项目进行介绍，待车辆上《公告》时再进行其他相关试验。本节重点关注的项目是测试试验的核心内容，这部分既涉及交通运输部对车辆性能重点关注的项目，也包括车辆在设计研发过程中必须进行验证的项目。

一、车辆强检项目

车辆运输货车、中置轴挂车重要安全类检验项目，由具有资质的汽车检测机构进行，若已完成相关测试需提供相应的测试报告。具体测试项目，见表4-1。

汽车强制性检验项目　表 4-1

序号	检 验 项 目	检 验 依 据	检测车辆
1	汽车外部照明和信号装置安装规定	GB 4785—2007	牵、挂
2	汽车和挂车后下部防护装置	GB 11567.2—2001	牵、挂
3	汽车和挂车侧下部防护装置	GB 11567.1—2001	牵、挂
4	视镜安装要求	GB 15084—2013	牵、列
5	侧翻稳定角	GB 7258—2012	牵、挂
6	汽车标记及部件标记	GB 7258—2012 GB 30509—2014	牵、挂
7	车身反光标识安装和粘贴要求	GB 7258—2012	牵、挂
8	机动车安全运行强制性项目	GB 7258—2012	牵、挂
9	车辆尾部标识板安装规定	GB 25990—2010	牵、挂
10	汽车制动系统	GB 12676—2014	牵、挂
11	重型商用车辆燃料消耗量	GB 30510—2014 JT 719—2008	牵、列
12	汽车防抱制动性能	GB/T 13594—2003	牵、挂、列
13	商用车前下部防护要求	GB 26511—2011	牵
14	VIN 的核查	GB 16735—2004	牵、挂
15	汽车号牌板(架)及其位置	GB 15741—1995	牵、挂
16	载重汽车轮胎	GB 9744—2007	牵、挂
17	外廓尺寸、通道圆、最小转弯半径	GB 1589—2004 GB/T 12540—2009	牵、挂、列
18	后牌照灯配光性能	GB 18408—2001	牵、挂
19	车身反光标识	GB 23254—2009	牵、挂

二、结构尺寸参数检测项目

按照《汽车主要尺寸测量方法》(GB/T 12673—1990)、车辆企业技术文件的相关要求进行样车结构尺寸参数的测量项目及记录,表格详见表 4-2。

结构尺寸参数记录表　　表 4-2

车辆运输货车	测量值	中置轴挂车	测量值	中置轴车辆运输列车	测量值
外廓尺寸(mm)		外廓尺寸(mm)		列车总长(mm)	
轴距(mm)		轴距(mm)			
轮距(mm)		轮距(mm)			
前悬(mm)		前悬(mm)			
后悬(mm)		后悬(mm)			
最小离地间隙(mm)		最小离地间隙(mm)		最小离地间隙(mm)	
纵向通过角(°)		纵向通过角(°)		纵向通过角(°)	
离去角(°)		离去角(°)			
接近角(°)		牵引杆挂环中心线至中置轴挂车第一轴左右轮中心线距离差(mm)			
		中置轴挂车相邻车轴之间的距离差(mm)			

三、质量参数检测项目

按照《汽车质量(重量)参数测定方法》(GB/T 12674—1990)、车辆企业技术文件的相关要求进行样车质量参数的测量,详见表 4-3。

质量参数记录表(kg)　　表 4-3

车辆运输货车	测量值	中置轴挂车	测量值	中置轴车辆运输列车	测量值
	往/返		往/返		往/返
整备质量		整备质量		空载牵引杆连接器处分配质量	
空载轴荷		空载轴荷		满载牵引杆连接器处分配质量	
满载质量		满载质量		空载列车各轴轴荷	
满载轴荷		满载轴荷		满载列车各轴轴荷	
载质量		载质量			

四、连接与配置检测项目

按照《汽车主要尺寸测量方法》(GB/T 12673—1990)、《道路车辆　牵引车与半挂车之间机械连接互换性》(GB/T 20070—2006)、《道路车辆　牵引杆连接器的互换性》（GB/T 32860—2016）、《道路车辆　牵引车与挂车之间的电气和气动连接位置》（GB/T 32861—2016）等标准和车辆企业技术文件的相关要求进行连接与配置的测量，详见表4-4。

连接与配置记录表（mm）　　表4-4

<table>
<tr><td colspan="2">车辆运输货车</td><td>测量值</td><td colspan="2">中置轴挂车</td><td>测量值</td></tr>
<tr><td colspan="2">牵引杆连接器型号规格</td><td></td><td colspan="2">牵引杆挂环型号规格</td><td></td></tr>
<tr><td colspan="2">牵引车后回转半径</td><td></td><td colspan="2"></td><td></td></tr>
<tr><td rowspan="3">牵引杆连接器空间位置（车辆水平位置时测量，空载）</td><td>牵引销中心距地面距离</td><td></td><td rowspan="3">牵引杆挂环空间位置（车辆水平位置时测量，空载）</td><td>挂环中心距地面的高度</td><td></td></tr>
<tr><td>牵引销中心距牵引车最后端的距离</td><td></td><td>挂环中心距挂车厢体最前端的距离</td><td></td></tr>
<tr><td>牵引销中心距牵引车左右两侧车体外沿的距离</td><td>—</td><td>挂环中心与挂车左右两侧车厢最外侧延长线的距离</td><td></td></tr>
<tr><td colspan="2">气、电、ABS 连接器型号规格</td><td></td><td colspan="2">气、电、ABS 连接器型号规格</td><td></td></tr>
<tr><td colspan="2">气、电、ABS 连接器布置顺序</td><td></td><td colspan="2">气、电、ABS 连接器布置顺序</td><td></td></tr>
<tr><td colspan="2">列车项目</td><td></td><td colspan="3">测量值</td></tr>
<tr><td colspan="2">货车与挂车间的间距（空载）</td><td></td><td colspan="3"></td></tr>
<tr><td colspan="2">货车与挂车气、电、ABS 连接器间距离</td><td></td><td colspan="3"></td></tr>
</table>

五、行驶安全检测项目

（1）按照《汽车操纵稳定性试验方法》（GB/T 6323—2014）第10条款“稳态回转试验”的规定，对车辆运输货车和中置轴车辆运输列车开展操纵稳定性测试，测试记录表格详见表4-5。

稳态回转记录表（货车/列车）　　表4-5

<table>
<tr><td colspan="2" rowspan="2">项　目</td><td colspan="4">左转</td><td colspan="4">右转</td></tr>
<tr><td>1</td><td>2</td><td>3</td><td>均值</td><td>1</td><td>2</td><td>3</td><td>均值</td></tr>
<tr><td colspan="2">载荷状态</td><td></td><td></td><td></td><td></td><td></td><td></td><td></td><td></td></tr>
<tr><td colspan="2">圆弧路段半径 R（m）</td><td></td><td></td><td></td><td></td><td></td><td></td><td></td><td></td></tr>
<tr><td colspan="2">中性转向点的侧向加速度 a_n（m/s^2）</td><td></td><td></td><td></td><td></td><td></td><td></td><td></td><td></td></tr>
<tr><td rowspan="2">$a_y=2m/s^2$时</td><td>不足转向度 U[（°）/（m/s^2）]</td><td></td><td></td><td></td><td></td><td></td><td></td><td></td><td></td></tr>
<tr><td>车身侧倾度 K_φ[（°）/（m/s^2）]</td><td></td><td></td><td></td><td></td><td></td><td></td><td></td><td></td></tr>
</table>

(2)按照《汽车、挂车及汽车列车外廓尺寸、轴荷及质量限值》(GB 1589—2016)的规定和限值要求,根据附录B"车辆通道圆与外摆值测量方法"进行车辆运输货车和中置轴车辆运输列车通道圆的测试,测试记录表格详见表4-6。

通道圆与弯道通过性记录表(货车/列车) 表4-6

<table>
<tr><td colspan="2">项 目</td><td colspan="4">测 试 结 果</td></tr>
<tr><td rowspan="5">左</td><td rowspan="3">通道圆尺寸测量</td><td>90°</td><td></td><td>180°</td><td></td></tr>
<tr><td>270°</td><td></td><td>360°</td><td></td></tr>
<tr><td>外摆值</td><td colspan="3"></td></tr>
<tr><td rowspan="2">直角转弯行驶轨迹</td><td>前摆值</td><td></td><td rowspan="2">最小通道内径</td><td rowspan="2"></td></tr>
<tr><td>后摆值</td><td></td></tr>
<tr><td rowspan="5">右</td><td rowspan="3">通道圆尺寸测量</td><td>90°</td><td></td><td>180°</td><td></td></tr>
<tr><td>270°</td><td></td><td>360°</td><td></td></tr>
<tr><td>外摆值</td><td colspan="3"></td></tr>
<tr><td rowspan="2">直角转弯行驶轨迹</td><td>前摆值</td><td></td><td rowspan="2">最小通道内径</td><td rowspan="2"></td></tr>
<tr><td>后摆值</td><td></td></tr>
</table>

(3)按照《半挂牵引车与半挂车匹配技术要求》(QC/T 912—2013)的规定和限值要求,进行车辆运输货车和中置轴车辆运输列车弯道通过性参数测试,测试记录表格详见表4-6。

(4)按照《营运车辆抗侧翻稳定性试验方法 稳态圆周试验》(JT/T 884—2014)的规定,开展车辆运输货车和中置轴车辆运输列车抗侧翻稳定性的测试,测试记录表格详见表4-7。

抗侧翻稳定性记录表(货车/列车) 表4-7

试验次数	1	2	3	4	…
试验方法					
定半径或定车速					
车 速 (km/h)					
目标值					
平均值					
与平均值的最大偏差					
半 径 (m)					
目标值					

续上表

试验次数	1	2	3	4	…
平均值					
与平均值的最大偏差					
转向盘转角(°)					
平均值					
与平均值的最大偏差					
向心加速度(m/s^2)					
平均值					
标准偏差					

(5)按照《商用车辆和挂车制动系统技术要求及试验方法》(GB 12676—2014)第5.1.5条款“I型试验(衰退试验)”的规定,对中置轴车辆运输列车开展热衰退制动试验,测试记录表格详见表4-8。

热衰退记录表(列车) 表4-8

热衰退							
30km/h冷态制动				20次循环后制动			
踏板力(N)	制动距离(m)	MFDD[1](m/s^2)	前轴温度/中轴温度/后轴温度(℃)	踏板力(N)	制动距离(m)	MFDD(m/s^2)	前轴温度/中轴温度/后轴温度(℃)

(6)按照《机动车和挂车防抱制动性能和试验方法》(GB/T 13594—2003)的规定,对中置轴车辆运输列车开展列车防抱制动性能试验,测试记录表格详见表4-9、表4-10。

(7)按照《机动车运行安全技术条件》(GB 7258—2012)第7.2.10条款、7.7.1条款、7.10.2.2条款的限值要求,对中置轴车辆运输列车分别开展制动反应时间、协调时间、滞后时间的测试,测试记录表格详见表4-11。

[1] MFDD(Mean Fully Developed Deceleration)——充分发出的平均减速度。

防抱制动性能——挂车防抱制动性能　　表 4-9

<table>
<tr><td colspan="4">试验项目</td><td>标准要求</td><td>检验结果</td><td>符合性判定</td></tr>
<tr><td>附着系数利用率</td><td colspan="2">高附着系数路面附着系数利用率</td><td>空载</td><td>ε_H(%)</td><td>≥75</td><td></td><td></td></tr>
<tr><td>能量消耗</td><td colspan="2">第 5 次制动时制动性能（40km/h）</td><td>空载</td><td>制动力之和是车轮静载荷的____(%)</td><td>≥22.5</td><td></td><td></td></tr>
<tr><td>剩余制动效能</td><td colspan="2">ABS 失效（60km/h）</td><td>满载</td><td>制动力之和是车轮静载荷的____(%)</td><td>≥36</td><td></td><td></td></tr>
<tr><td rowspan="4">附加检查</td><td rowspan="2">高附着系数单一路面</td><td>低速制动（40km/h）</td><td>空载</td><td colspan="2">在车速大于 15km/h 时，由防抱系统直接控制的车轮不应抱死（允许短暂抱死）</td><td></td><td></td></tr>
<tr><td>高速制动（80km/h）</td><td>空载</td><td colspan="2">在车速大于 15km/h 时，由防抱系统直接控制的车轮不应抱死（允许短暂抱死）</td><td></td><td></td></tr>
<tr><td rowspan="2">A 类 ABS 系统车辆试验</td><td>对开制动强度（50km/h）</td><td>空载</td><td colspan="2">$Z_{RALS} \geq 0.75(4Z_{RALL}+Z_{RALH})/5\varepsilon_H$
且 $Z_{RALS} \geq Z_{RALL}/\varepsilon_H$</td><td>$Z_{RALH}$:____
Z_{RALL}:____
Z_{RALS}:____</td><td></td></tr>
<tr><td>车辆稳定性</td><td>空载</td><td colspan="2">直接控制车轮不应抱死（允许短暂抱死）</td><td></td><td></td></tr>
</table>

防抱制动性能——货车和列车防抱制动性能　　表 4-10

<table>
<tr><td colspan="4">试验项目</td><td>标准要求</td><td>检验结果</td><td>符合性判定</td></tr>
<tr><td rowspan="4">附着系数利用率</td><td rowspan="2">高附着系数路面</td><td>空载</td><td rowspan="4">ε(%)</td><td rowspan="4">≥75</td><td></td><td></td></tr>
<tr><td>满载</td><td></td><td></td></tr>
<tr><td rowspan="2">低附着系数路面</td><td>空载</td><td></td><td></td></tr>
<tr><td>满载</td><td></td><td></td></tr>
<tr><td rowspan="3">能量消耗</td><td rowspan="3">第 5 次制动时制动性能（km/h）</td><td rowspan="3">满载</td><td>制动距离(m)</td><td>≤33.8</td><td></td><td></td></tr>
<tr><td>MFDD(m/s^2)</td><td>≥2.2</td><td></td><td></td></tr>
<tr><td>控制力(N)</td><td>≤700</td><td></td><td></td></tr>
<tr><td rowspan="3">剩余制动效能</td><td rowspan="3">ABS 失效（km/h）</td><td rowspan="3">空载</td><td>制动距离(m)</td><td>≤33.8</td><td></td><td></td></tr>
<tr><td>MFDD(m/s^2)</td><td>≥2.2</td><td></td><td></td></tr>
<tr><td>控制力(N)</td><td>≤700</td><td></td><td></td></tr>
</table>

续上表

<table>
<tr><th colspan="4">试验项目</th><th>标准要求</th><th>检验结果</th><th>符合性判定</th></tr>
<tr><td rowspan="3">剩余制动效能</td><td rowspan="3" colspan="2">ABS失效(km/h)</td><td rowspan="3">满载</td><td>制动距离(m) ≤33.8</td><td></td><td></td></tr>
<tr><td>MFDD(m/s^2) ≥2.2</td><td></td><td></td></tr>
<tr><td>控制力(N) ≤700</td><td></td><td></td></tr>
<tr><td rowspan="20">附加检查</td><td rowspan="4">高附着系数单一路面</td><td rowspan="2">低速制动(40km/h)</td><td>空载</td><td rowspan="4">由防抱系统直接控制的车轮不应抱死(允许短暂抱死),车辆不应驶出试验通道</td><td></td><td></td></tr>
<tr><td>满载</td><td></td><td></td></tr>
<tr><td rowspan="2">高速制动(km/h)</td><td>空载</td><td></td><td></td></tr>
<tr><td>满载</td><td></td><td></td></tr>
<tr><td rowspan="4">低附着系数单一路面</td><td rowspan="2">低速制动(40km/h)</td><td>空载</td><td rowspan="4">由防抱系统直接控制的车轮不应抱死(允许短暂抱死),车辆不应驶出试验通道</td><td></td><td></td></tr>
<tr><td>满载</td><td></td><td></td></tr>
<tr><td rowspan="2">高速制动(km/h)</td><td>空载</td><td></td><td></td></tr>
<tr><td>满载</td><td></td><td></td></tr>
<tr><td rowspan="4">对接路面Ⅰ(高附着系数路面到低附着系数路面)</td><td rowspan="2">低速对接(40km/h)</td><td>空载</td><td rowspan="4">由防抱系统直接控制的车轮不应抱死(允许短暂抱死),车辆不应驶出试验通道</td><td></td><td></td></tr>
<tr><td>满载</td><td></td><td></td></tr>
<tr><td rowspan="2">高速对接(km/h)</td><td>空载</td><td></td><td></td></tr>
<tr><td>满载</td><td></td><td></td></tr>
<tr><td rowspan="2">对接路面Ⅱ(高附着系数路面到低附着系数路面)</td><td rowspan="2">50km/h车速制动</td><td>空载</td><td rowspan="2">车辆的减速度应有明显增加,同时车辆不应偏离原来的行驶路线</td><td></td><td></td></tr>
<tr><td>满载</td><td></td><td></td></tr>
<tr><td rowspan="2">对开路面</td><td rowspan="2">50km/h车速制动</td><td>空载</td><td rowspan="2">由防抱系统直接控制的车轮不应抱死(允许短暂抱死),车辆不应驶出试验通道。修正方向盘转角最初2s内不应超过120°,总转角不应超过240°</td><td></td><td></td></tr>
<tr><td>满载</td><td></td><td></td></tr>
<tr><td colspan="2">Ⅰ类ABS系统车辆对开制动强度(50km/h)</td><td>满载</td><td>$Z_{MALS} \geq 0.75(4K_L+K_H)/5$
且 $Z_{MALS} \geq K_L$</td><td>K_H:______
K_L:______
Z_{MALS}:______</td><td></td></tr>
</table>

制动反应时间、协调时间、滞后时间记录表(列车)　　表 4-11

项　　目	测试结果	
	1	2
牵引车制动反应时间(s)		
挂车制动反应时间(s)		
列车制动协调时间(s)		
列车制动滞后时间 75%(s)		

六、质量与性能类项目

(1)按照《道路甩挂运输车辆技术要求　第 1 部分:半挂牵引车》(JT/T 886.1—2014)、《道路甩挂运输车辆技术要求　第 2 部分:半挂车》(JT/T 886.2—2014)的规定,对车辆运输货车、中置轴挂车的电连接器接线顺序进行测试,测试记录表格详见表 4-12。

电连接器接线顺序记录表(牵引车/挂车)　　表 4-12

芯　　线	车辆运输货车	中置轴挂车
1		
2		
3		
4		
5		
6		
7		

(2)按照《汽车最高车速试验方法》(GB/T 12544—2012)的规定,对车辆运输货车和中置轴车辆运输列车开展最高车速的测量,测试记录表格详见表 4-13。

(3)按照《汽车滑行试验方法》(GB/T 12536—1990)的规定,对车辆运输货车和中置轴车辆运输列车开展最低稳定车速的测量,测试记录表格详见表 4-14。

最高车速试验记录表(牵引车/列车)　　表4-13

序号	行驶方向	使用挡位	测量路段长(m)	通过时间(s)	通过速度(km/h)	最高车速(km/h)
1						
2						

滑行试验记录表(牵引车/列车)　　表4-14

滑行方向					
往			返		
实际初速度 v_0'(m/s)	实测滑行距离 S'(m)	v_0' = 50km/h 时滑行距离 S(m)	实际初速度 v_0'(m/s)	实测滑行距离 S'(m)	v_0' = 50km/h 时滑行距离 S(m)
S 算术平均值 S_1 =　　m			S 算术平均值 S_2 =　　m		
初速度 v_0 = 50km/h 往返两个方向滑行距离的平均值为:$S=\frac{S_1+S_2}{2}=$　　m					

(4)按照《汽车加速性能试验方法》(GB/T 12543—2009)的规定,对车辆运输货车和中置轴车辆运输列车开展全油门起步加速性能试验、全油门超越加速性能试验的测量,测试记录表格详见表4-15。

加速性能试验记录表(牵引车/列车)　　表4-15

项目	第1组		第2组		第3组		……
	往	返	往	返	往	返	
	T_1	T_2	T_1	T_2	T_1	T_2	
算术平均值 μ(s)							
标准偏差 SD(s)							
变化系数 k(%)							

(5)按照《汽车最低稳定车速试验方法》(GB/T 12547—2009)的规定,对车辆运输货车和中置轴车辆运输列车开展最低稳定车速的测试,测试记录表格详见表4-16。

最低稳定车速试验记录表(牵引车/列车)　　表4-16

序号	行驶方向	行驶距离(m)	行驶时间(s)	平均车速(km/h)	变速器挡位	分动器档位	发动机转速(r/min)
1							
2							
最低稳定车速(km/h)							

(6)按照《汽车平顺性试验方法》(GB/T 4970—2009)的规定,对车辆运输货车和中置轴车辆运输列车在脉冲输入行驶工况下的平顺性进行测试,测试记录表格详见表4-17。

平顺性试验记录表(牵引车/列车)　　表4-17

项目	测量位置	车速(km/h)					
		10	20	30	40	50	60
$\ddot{Z}_{max}$ (m/s^2)	驾驶员座椅座垫上方						
	驾驶员座椅靠背						
	驾驶员座椅底部地板						
	与驾驶员同侧最后排座椅座垫上方						
	与驾驶员同侧最后排座椅靠背						
	与驾驶员同侧最后排座椅底部地板						
	车厢地板中心						
	距车厢边板、车厢后板各300mm的车厢地板						

(7)参照《机动车运行安全技术条件》(GB 7258—2012)的限值要求,参照《汽车静侧翻稳定性台架试验方法》(GB/T 14172—2009)的规定,开展中置轴车辆运输列车静侧翻稳定性的测试,测试记录表格详见表4-18。

静侧翻稳定性试验记录表(列车)　　表4-18

项　目	左侧				右侧			
	1	2	3	均值	1	2	3	均值
最大侧翻稳定角								

（8）参照《营运货车燃料消耗量限值及测量方法》（JT/T 719—2016）的规定和限值要求，开展中置轴车辆运输列车燃料消耗量的测试，测试记录表格详见表4-19～表4-22。

燃料消耗量记录——满载等速工况燃料消耗量记录表（列车）　　表4-19

行驶方向	挡位	名义车速（km/h）	实际车速（km/h）	距离（m）	时间（s）	燃料消耗量测量值（mL）	燃料消耗量平均值（L/100km）	燃料消耗量修正值（L/100km）
往		40		500				
返		40		500				
往		40		500				
返		40		500				
往		50		500				
返		50		500				
往		50		500				
返		50		500				
往		60		500				
返		60		500				
往		60		500				
返		60		500				
往		70		500				
返		70		500				
往		70		500				
返		70		500				
往		80		500				
返		80		500				
往		80		500				
返		80		500				
等速燃料消耗量（L/100km）：								
燃料消耗量修正系数： C_1 =　　，C_2 =　　，C_3 =								

燃料消耗量记录——满载起步连续换挡加速工况燃料消耗量记录表(列车)　　表 4-20

行驶方向	加速时间(s)	加速距离(m)	燃料消耗量(mL)	燃料消耗量算术平均值(L/100km)	燃料消耗量校正值(L/100km)	加速燃料消耗量(L/100km)
往						
返						
往						
返						

燃料消耗量记录——满载最高挡加速工况燃料消耗量记录表(列车)　　表 4-21

行驶方向	加速时间(s)	加速距离(m)	燃料消耗量(mL)	燃料消耗量算术平均值(L/100km)	燃料消耗量校正值(L/100km)	加速燃料消耗量(L/100km)
往						
返						
往						
返						

燃料消耗量记录——怠速工况燃料消耗量记录表(列车)　　表 4-22

测量次数	怠速时间(s)	发动机转速(r/min)	燃料消耗量(mL)	燃料消耗量算术平均值(L/100km)	燃料消耗量校正值(L/100km)	怠速燃料消耗量(L/100km)
1						
2						
3						
4						

(9)按照《道路车辆　重型商用汽车列车和铰接客车横向稳定性试验方法》(GB/T 25979—2010)第7.5条款“单车道变换”的规定，开展中置轴车辆运输列车横向稳定性的测试，测试记录表格详见表4-23。

(10)参照《汽车加速行驶车外噪声限值及测量方法》(GB 1495—2002)的规定，进行中置轴车辆运输列车加速行驶车外噪声测试，测试记录表格详见表4-24。

横向稳定性试验记录表(列车)　　表 4-23

序　　号	侧向加速度			横摆角速度		
	后部放大系数	置信区间		后部放大系数	置信区间	
		最小值	最大值		最小值	最大值
1						
2						
3						
4	……					

加速行驶车外噪声测试记录表(列车)　　表 4-24

选用挡位或车速	位置	次数	发动机转速或车速(r/min,km/h)		测量结果 dB(A)	各侧平均值 dB(A)	中间结果 dB(A)	备注
			入线	出线				
	左侧	1						
		2						
		3						
		4						
	右侧	1						
		2						
		3						
		4						

(11)参照《汽车可靠性行驶试验方法》(GB/T 12678—1990)和《专用汽车定型试验规程》(QC/T 252—1998)的规定,进行中置轴车辆运输列车 5000km 可靠性行驶测试。

第二节　车辆运输车匹配试验条件及过程

一、试验样车简介

试验样车由上汽依维柯红岩商用车有限公司和天津劳尔工业有限公司负责提供,其满载状态如图 4-1 所示。样车总长为 22.06m,结构尺寸参数测试结果如表4-25所示。样车的空载质量为19.24t,其质量参数测试结果如表4-26所示。列车采用ABS系统,连接器采用的是德国RINGFEDER C50-X型,样车的匹配连接参数如表4-27所示。

图4-1　测试样车满载状态

样车结构尺寸参数　　表4-25

车辆运输货车	测　量　值
整车外廓尺寸(mm×mm×mm)	11460×2550×3690
轴距(mm)	6845
轮距(前/后)(mm)	2006/1830
前悬(mm)	1425
后悬(mm)	3190
最小离地间隙(mm)	290
离去角(°)	11
接近角(°)	6
后轴中心到销中心(mm)	2910
销中心到主车后端(mm)	280
空载车尾车架高度(mm)	980
车辆运输中置轴挂车	测　量　值
整车外廓尺寸(mm×mm×mm)	10800×2550×3890
轴距(1轴/2轴)(mm)	5230/6630
轮距(前/后)(mm)	1960/1960
前悬(mm)	5230
后悬(mm)	4250
最小离地间隙(mm)	280
离去角(°)	4

续上表

车辆运输货车	测　量　值
牵引杆挂环中心线至中置轴挂车第一轴左右轮中心线距离差(mm)	0
中置轴挂车相邻车轴之间的距离差(左/右)(mm)	16
连接货台与地面之间的过渡跳板的宽度(mm)	420/310(内)
空载货台高度(mm)	970
车辆运输中置轴挂车列车	测　量　值
列车总长(mm)	22060
连接器底至地面高度(mm)	420
车架和销中心高度(mm)	570

样车质量参数　　表4-26

车辆运输货车	测　量　值
整备质量(kg)	11360
空载轴荷(前/后)(kg)	5400/5960
满载质量(kg)	18360
满载轴荷(前/后)(kg)	7600/10760
中置轴挂车	测　量　值
整备质量(kg)	7880
空载轴荷(kg)	7880
满载质量(kg)	16680
中置轴车辆运输列车	测　量　值
空载牵引杆连接器处分配质量(kg)	320
满载牵引杆连接器处分配质量(kg)	60
空载列车各轴组轴荷(kg)	5140/7540/7560
满载列车各轴组轴荷(kg)	7340/11080/16620

样车匹配连接参数　　表4-27

车辆运输货车	测　量　值
牵引杆连接器型号规格	50号
车辆运输货车后回转半径(左/右)(mm)	1260/1280

续上表

车辆运输货车		测　量　值
牵引杆连接器空间位置(车辆水平位置时测量,空载)(mm)	牵引销中心距地面距离	420
	牵引销中心距牵引车最后端的距离(厢体/保险杠)	280
	牵引销中心距牵引车左右两侧车体外沿的距离	1260/1280
中置轴挂车		测　量　值
牵引杆挂环型号规格		50 号
牵引杆挂环空间位置(车辆水平位置时测量,空载)(mm)	挂环中心距地面的高度	420
	挂环中心距挂车厢体最前端的距离	850
	挂环中心与挂车左右两侧车厢最外侧延长线的距离	1550/1510
中置轴车辆运输列车		测　量　值
货车与挂车间的间距(左/右)(mm)		560/595
货车与挂车气、电、ABS 连接器间距离(mm)		2650

二、测试场地简介

国家汽车质量监督检验中心(襄阳)暨襄阳达安汽车检测中心,成立于 1995 年 10 月,是经中国合格评定国家认可委员会认可,工业与信息化部、环境保护部、国家质量监督检验检疫总局,交通运输部、国家认证认可监督管理委员会等政府主管部门授权,具有独立法律地位的第三方综合性汽车检测及技术服务机构。

中心地处华中历史文化名城湖北襄阳,占地 2.6km^2,拥有一个综合性汽车试验场和 13 个专业试验室,匹配 360 余人的专业技术队伍、1700 余台套先进的仪器设备。能够承担乘用车、商用车、农用车、摩托车、发动机、底盘、零部件、机动车仪表、灯光、电器、非金属制品等各种产品的检测和检查;汽车专用测试仪器的校准;汽车、摩托车及其零部件产品的 CCC 工厂检查。在汽车研究性试验及技术服务上有所专长,其测试场地情况如图 4-2 所示。

经过 18 年的发展,中心已成为国内检测设施及功能最完善、测试技术最先进、测试环境最优越的国际化汽车测试基地。目前,中心具备 77 大类汽车及零部件产品，共计690项标准的国家授权的检测能力，13项汽车专用测试仪器的校准能力及16项汽车产品工厂审查能力，还具有90项欧盟法规、66项欧盟指令、20项美国联邦机动车安全标准。拥有41项国家专利，荣获"高新技术企业"认定。

图4-2 襄阳中心测试场地

三、样车试验过程

2016年6月29日至7月1日，交通运输部公路科学研究院针对上汽依维柯红岩商用车有限公司研发的中置轴车辆运输列车进行了调查研究（图4-3）。在调研过程中，双方就《中置轴车辆运输列车关键性能测试方案》进行了研讨，并针对其研发的车辆运输挂车列车进行了《车辆运输货车通用技术条件》（GB/T 26774—2016）、《道路车辆　牵引杆连接器的互换性》（GB/T 32860—2016）等标准的技术要求和通过性的测试工作。

图4-3 重庆技术交流与测试

2016 年 7 月 15 日，交通运输部公路科学研究院在襄阳召开车辆运输挂车列车测试交流会，上汽依维柯红岩商用车有限公司、国家汽车质量监督检验中心（襄阳）、国家机动车质量监督检验中心（重庆）等代表参加了此次会议（图4-4）。此次交流明确了《中置轴车辆运输列车关键性能测试方案》的内容，并制订了详细的测试时间和测试计划，为中置轴车辆运输列车测试工作的开展奠定了基础。

图 4-4　襄阳技术交流

2017 年 7 月 16 日至 19 日，针对上汽依维柯红岩商用车有限公司和江苏海鹏特种车有限公司联合生产的中置轴车辆运输列车开展了第一轮的测试工作（图 4-5）。完成了基本外廓尺寸、质量参数、连接与匹配性能的测试，并针对车辆运输货车进行了 ABS 性能和制动性能的测试。

图 4-5　2016 年 7 月样车测试

2016 年 12 月 23 日至 30 日，针对上汽依维柯红岩商用车有限公司和天津劳尔工业有限公司联合生产的中置轴车辆运输列车开展了第二轮第一期的测试工作（图 4-6）。主要开展了列车外廓尺寸、质量参数、通道圆、直角弯测试、静态制动参数测量、动力性、经济性、牵引车和挂车 ABS 试验等。

图 4-6　2016 年 12 月样车测试

2017 年 1 月 9 日至 19 日,针对上汽依维柯红岩商用车有限公司和天津劳尔工业有限公司联合生产的中置轴车辆运输列车开展了第二轮第二期的测试工作(图 4-7)。主要开展了列车外廓尺寸、质量参数、通道圆、直角弯、静态制动参数测量、车速表校正、噪声测量、列车后视野、挂车制动性能、列车制动性能、操纵稳定性、平顺性的测试。

图 4-7　2017 年 1 月样车测试

第三节　车辆运输车匹配试验评价实例

车辆运输货车的动力性、燃油经济性、制动性、行驶稳定性以及通过安全性等相关性能对安全行驶、高效运输具有重要的现实意义。中置轴车辆运输列车是车辆运输货车与中置轴挂车的组合,与车辆运输半挂列车相比装载量更大,具有更大的运输优势，应用前景更为广泛。中置轴车辆运输列车由于是《汽车、挂车及汽车列车外廓尺寸、轴荷及质量限值》（GB 1589—2016）中新增的车型，其匹配连接和现有的半挂汽车列车不同，很多性能亟待验证，因此其性能测试十分重要。

一、动力性匹配试验

汽车的动力性是指汽车在良好路面上直线行驶时，由汽车受到的纵向外力决定的所能达到的平均行驶速度。汽车是一种高效率的运输工具，运输效率高低在很大程度上取决于汽车的动力性。所以，动力性是汽车各种性能中最基本且重要的性能。动力性评价指标主要包括最高车速、加速性能（全油门起步加速时间、全油门超越加速时间）、最低稳定车速、最大爬坡度、比功率等。由于国内汽车试验场地暂无适用于汽车列车测试要求的标准坡道且可操作性较差，最大爬坡度在汽车列车检测评价领域应用较少。在此，结合实际运输过程对中置轴车辆运输列车的具体要求和试验场地的实际情况，确定最高车速、加速性能（全油门起步加速时间、全油门超越加速时间）、最低稳定车速三个主要指标，进行动力性匹配分析。

1. 最高车速测试方法

最高车速是指在水平良好的路面上车辆所能达到的最高行驶速度，常用单位为 km/h 或 m/s。最高车速是描述车辆动力性能最常用的评价指标，是车辆动力性能的集中体现，尤其对于从事道路运输的列车更是如此。《汽车最高车速试验方法》（GB/T 12544—2012）规定了直线道路和环形道路两种最高车速的测试方法，两种情况下均要求汽车列车满载。其中，直线道路测试方法又可以分为双方向试验和单方向试验两种，是最常用的测试方法之一。在直线道路测试方法中，为减少道路坡度和方向（风速）等因素造成的影响，一次从试验道路的两个方向进行试验，试验道路为不应小于 200m 的固定道路。试验中车辆行驶速度变化不应超过 2%，每个方向至少进行 1 次试验，双方向单次所有时间的变化不应超过 3%。试验车速可根据式（4-1）计算：

$$V = \frac{L \times 3.6}{t} \tag{4-1}$$

式中：V——速度，km/h；

t——往返方向试验所测时间的平均值，s；

L——试验道路长度，m。

单方向试验是指由于试验道路的特殊性，车辆不能从两个方向达到最高车速或不允许从两个方向行驶时，只能从一个方向进行试验；试验要求连续进行5次重复试验，风速在水平方向的分量不超过±2m/s。考虑到风速的影响，最高车速可根据式(4-2)进行如下修正：

$$V_i = v_i \times 3.6 + \frac{L \times 3.6 \times f}{t} \tag{4-2}$$

式中：V_i——每次测量修正后的最高速度，km/h；

v_i——所测量的风速行驶方向水平分量，m/s；

L——测量道路长度，m；

t——单次试验所测时间，s；

f——修正因数，取值为0.6。

实测车辆的最高行驶车速为5次计算结果去掉V_i最大值和最小值之后的平均值。

环形道路上的最高车速试验因试验条件要求较高，且操作和计算相对复杂，在实际测试中应用较少。试验要求试验时空气密度与标准环境中的空气密度变化不应超过7.5%，环形道路的总长度不应小于2000m，环形部分的曲线半径不应小于200m，且需要测试出环形道路的修正系数。车辆以最高车速行驶至少3次，且不对转向盘进行修正，每次测试的时间差不得超过3%。在此情况下根据式(4-3)计算最高车速：

$$V = \frac{L \times 3.6}{t} \times k \tag{4-3}$$

式中：V——测量修正后的最高速度，km/h；

t——三次试验测试时间的均值，s；

L——车辆实际行驶的环形道路长度,m;

k——修正系数,根据直线道路行驶车速和环形道路车速的比值进行确定。

2. 加速性能测试方法

加速性能是指汽车从较低车速到较高车速时所用最短时间的能力,主要由加速时间来衡量,常用的指标有全油门起步加速时间与全油门超越加速时间。全油门起步加速时间(全油门起步加速性能指标)是指车辆由一挡起步并以最大加速度逐步换至最高挡后达到规定的距离或车速时所需要的时间,单位为 s。全油门超越加速时间(全油门超越加速性能指标)是指车辆用最高挡或次高挡从某一车速全力加速至某一高速时所需要的时间,单位为 s。全油门起步加速时间与全油门超越加速时间反映了车辆从较低车速到加速到较高车速的快慢程度。

《汽车加速性能试验方法》(GB/T 12543—2009)规定了两种试验方法。全油门起步加速时间测试方法为车辆由静止状态全油门加速至 100km/h(如果最高车速的 90% 达不到 100km/h,应取最高车速的 90% 向下圆整到 5 的整数倍作为试验截止车速)或车辆由静止状态全油门加速通过 400m 的距离,记录行驶时间;试验应往返进行,每个方向至少进行 3 次。当车辆配备手动变速器时,车辆起步加速应在车轮滑转最小的情况下时车辆达到最大加速性能;离合器的操纵及换挡时刻的选择应使加速性能发挥到最大但不应超过发动机的额定转速。当车辆配备自动变速器时,变速器应一直处于 D 挡,但允许车辆在变速器控制器的控制下进行换挡。

全油门超越加速时间测试方法为车辆由 60km/h 全油门加速至 100km/h(如果最高车速的 90% 达不到 100km/h,应取最高车速的 90% 向下圆整到 5 的整数倍作为试验截止车速)的行驶时间;试验应往返进行,每个方向至少进行 3 次。当车辆配备手动变速器时,车辆应分别至于最高挡和次高挡进行。当车辆配备自动变速器时,变速器应一直处于 D 挡,但允许车辆在变速器控制器的控制下进行换挡。

根据式(4-4)计算有效试验数据的变化系数,且全油门起步加速时间的变化系数不应大于3%;全油门超越加速时间的变化系数K不应大于6%。

$$K = \frac{\sqrt{\frac{\sum_{i=1}^{6}\left(\frac{\sum_{i=1}^{6} t_i}{6} - t_i\right)}{5}}}{\frac{\sum_{i=1}^{6} t_i}{6}} \tag{4-4}$$

式中:t_i——第i次测得的时间,s;

K——变化系数。

3. 最低稳定车速测试方法

最低稳定车速是指最低能稳定行驶的车速,该车速能保证汽车在急速踩下加速踏板时,发动机不应熄火、传动系不应抖动、汽车能够平稳不停顿地加速,且对应的发动机转速不得下降。最低稳定车速是确保汽车安全稳定运行的一个重要的指标。

《汽车最低稳定车速试验方法》(GB/T 12547—2009)规定了最低稳定车速的试验方法,试验时将试验车辆的变速器置于所要求的挡位,从发动机怠速转速开始,使汽车保持一个较低的能稳定行驶的车速行驶并通过试验路段。通过测速仪或车速行程测量装置观察车速,并测定汽车通过100m试验路段时的实际平均车速。在汽车驶出试验路段时,立即急速踩下加速踏板,发动机不应熄火、传动系不应抖动、汽车能够平稳不停顿地加速,且对应的发动机转速不得下降。如果不满足上述要求,提高汽车的稳定车速,重复试验,直到满足试验要求为止。试验应往返进行,至少各1次。在试验过程中,不允许为保持汽车稳定行驶而切断离合器或使离合器打滑,并且不得换挡。

4. 试验结果

针对车辆运输货车和中置轴车辆运输列车,分别开展上述试验,得到的试验结果如表4-28所示。

二、燃油经济性匹配试验

在保证动力性的条件下,汽车以尽量少的燃油消耗量经济行驶的能力,称作汽车的燃油经济性。燃油经济性好,可以降低汽车的使用费用、减少国家对进口石油的依赖性、节省石油资源;同时,也降低了发动机产生的温室效应气体 CO_2 等的排放量,起到防止地球变暖的作用。能源问题和环境问题是全球关注的热点。因此,各国政府、汽车制造业与汽车使用者十分重视汽车的燃油经济性。

动力性试验测试结果　　表 4-28

序号	试 验 项 目	试 验 结 果	
		车辆运输货车	中置轴车辆运输列车
1	最高车速(km/h)	96.0	95.4
2	全油门起步加速时间(s)(0～80km/h)	34.3	66.9
3	全油门超越加速时间(s)(直接挡,60～80km/h)	14.7	36.4
4	直接挡最低稳定车速(km/h)	31.6	31.0

燃油经济性评价指标主要有等速行驶百公里燃油消耗量、多工况燃油消耗量、直接挡全油门加速燃油消耗量、限定条件下的平均使用燃油消耗量等。《营运货车燃料消耗量限值及测量方法》(JT/T 719—2016)给出了等速工况、加速工况、怠速工况下的燃油消耗量测试方法,并给出了不同工况下的权重系数,将综合燃料消耗量作为经济性的评价指标。

样车的装载情况如图 4-1 所示,共装载了 8 台乘用车,并在乘用车内部和行李舱分别装载了沙桶进行配载,列车的满载总质量为 35.04t。

1. 等速工况

车辆满载,手动变速器车辆应置于最高挡或次高挡,当最高挡不能满足试验车速需要时采用次高挡,自动变速器车辆应置于 D 挡。在各试验车速下,保持车辆平稳行驶至少 100m 后,等速通过 500m 的测试路段,测量车辆通过该路段的时间和燃料消耗量。

车辆运输货车的试验车速均分别为 40km/h、50km/h、60km/h、70km/h、80km/h;每次试验的平均速度与规定试验速度之差不超过 1km/h;试验过程中瞬时速度与规定试验速度之差不超过 2km/h;每个试验车速需在测试路段上往返测量各两次;试验结果需按《商用车辆燃料消耗量试验方法》(GB/T 12545.2)的规定进行重复性检验。

2. 加速工况

车辆最高设计车速不大于100km/h时,起始速度50km/h全油门加速到终速度70km/h作为车速的测量区间。车辆满载,手动变速器车辆需置于最高挡或次高挡(选取速比为1的挡位,如无该挡位,则选取速比最接近于1的挡位),自动变速器车辆应置于D挡。加速前,车速控制在48~50km/h内保持匀速行驶至少5s,快速将加速踏板踩到底,同时开始测量,车速达到70km/h测量结束,记录加速燃料消耗量、加速时间和距离、起始和终止速度等测量结果。车辆最高设计车速大于100km/h时,起始速度60km/h全油门加速到终速度80km/h作为车速的测量区间。车辆满载,手动变速器车辆需置于最高挡或次高挡(选取速比为1的挡位,如无该挡位,则选取速比最接近于1的挡位),自动变速器车辆应置于D挡。加速前,车速需控制在58~60km/h内保持匀速行驶至少5s,快速将加速踏板踩到底,同时开始测量,车速达到80km/h测量结束,记录加速燃料消耗量、加速时间和距离、起始和终止速度等测量结果。试验过程中,起始速度和终速度与规定速度之差应分别在-2~0km/h和0~2km/h。加速试验需在测试路段上往返测量各2次,试验结果需按《商用车辆燃料消耗量试验方法》(GB/T 12545.2)的规定进行重复性检验。

3. 怠速工况

怠速燃料消耗量测量需在等速工况和加速工况试验结束后立即进行。测量时,车辆应静止,离合器处于接合位置,手动变速器处于空挡位置,自动变速器的车辆挡位处于停车或P挡位;加速踏板处于完全松开位置,发动机转速保持在车辆制造厂规定的怠速转速,转速偏差为±50r/min。怠速燃料消耗量在怠速300s后开始测量,测量三次,每次测量时间为300s。记录怠速燃料消耗量和发动机转速,取第二次至第四次测量结果的平均值。

4. 试验结果

车辆运输货车的等速、加速、怠速行驶燃料消耗量检测结果,如表4-29~表4-31所示。车辆运输货车的综合燃料消耗量为25.90L/100km(表4-32),满足交通运输部第三阶段燃油消耗量限值(26.10L/100km)的要求。《营运货车燃料消耗量限值及测量方法》(JT/T 719—2016)发布实施的日期为2016年4月1日,该样车测试时间为2016年12月底,测试结果仅作为样车的摸底试验参考,不作为申报燃料消耗量达标车型的最终依据。

车辆运输货车等速行驶燃料消耗量检验结果 表4-29

行驶方向	挡位	名义车速(km/h)	实际车速(km/h)	距离(m)	时间(s)	燃料消耗量测量值(mL)	燃料消耗量平均值(L/100km)	燃料消耗量修正值(L/100km)
满载								
往	10	40	39.9	500	45.1	77.6	15.30	14.60
返			40.1	500	44.9	74.1		
往			40.1	500	45.8	75.2		
返			39.5	500	45.6	79.0		
往	10	50	50.6	500	35.3	85.9	17.14	16.30
返			50.5	500	35.3	85.8		
往			50.7	500	35.4	83.5		
返			50.1	500	35.6	87.6		
往	10	60	59.6	500	30.0	96.0	19.03	18.10
返			60.5	500	29.6	93.7		
往			59.5	500	29.7	97.0		
返			60.0	500	29.6	93.8		
往	10	70	70.4	500	25.6	100.9	20.64	19.70
返			70.5	500	25.6	102.4		
往			70.3	500	25.7	105.5		
返			69.4	500	25.8	103.9		
往	10	80	80.5	500	22.6	109.6	22.51	21.50
返			79.9	500	22.7	110.5		
往			80.3	500	22.5	114.5		
返			80.0	500	22.5	115.6		
综合燃料消耗量(L/100km):20.23								
燃料消耗量修正系数:$C_1=1.0450$、$C_2=1.0034$、$C_3=1.0000$								

车辆运输货车加速行驶燃料消耗量检验结果 表 4-30

最高挡加速（60～80km/h）	往	燃料消耗量（mL）	187.4	188.9
		加速距离（m）	281.9	288.6
		加速时间（s）	14.4	14.7
	返	燃料消耗量（mL）	193.1	193.6
		加速距离（m）	291.6	292.8
		加速时间（s）	14.9	14.9
	燃油消耗量（L/100km）		64.61	
次高挡加速（60～80km/h）	往	燃料消耗量（mL）	187.0	189.0
		加速距离（m）	332.4	333.1
		加速时间（s）	17.1	17.2
	返	燃料消耗量（mL）	180.2	188.6
		加速距离（m）	326.3	333.9
		加速时间（s）	16.8	17.2
	燃油消耗量（L/100km）		53.58	

车辆运输货车怠速燃料消耗量检验结果 表 4-31

试验次数	怠速时间（s）	燃料消耗量（mL）	燃油消耗量（L/h）
1	300	121.1	1.40
2	300	122.7	
3	300	124.2	

牵引货车综合燃料消耗量检验结果 表 4-32

检验项目	限值（L/100km）	检验结果				符合性判定
营运货车综合燃料消耗量	26.1	行驶工况	等速工况（L/100km）	加速工况（L/100km）	怠速工况（L/h）	符合（第三阶段限值）
		油耗修正值	20.23	53.58	1.40	
		综合燃料消耗量（L/100km）	25.90			

中置轴车辆运输列车的等速、加速、怠速行驶燃料消耗量检测结果，如表4-33～表4-35所示。车辆运输货车的综合燃料消耗量为37.70L/100km（表4-36），满足交通运输部第三阶段燃油消耗量限值（40.10L/100km）的要求。

中置轴车辆运输列车等速行驶燃料消耗量检验结果　　表4-33

行驶方向	挡位	名义车速（km/h）	实际车速（km/h）	距离（m）	时间（s）	燃料消耗量测量值（mL）	燃料消耗量平均值（L/100km）	燃料消耗量修正值（L/100km）
满　载								
往	10	40	39.8	500	45.2	135.4	27.07	25.9
返			39.6	500	45.5	137.7		
往			40.1	500	44.9	133.6		
返			39.6	500	45.5	134.7		
往	10	50	49.6	500	36.3	150.1	30.19	28.9
返			50.0	500	36.0	149.1		
往			50.0	500	36.0	153.2		
返			50.4	500	35.7	151.3		
往	10	60	60.0	500	30.0	155.1	31.41	30.1
返			60.0	500	30.0	158.1		
往			60.0	500	30.0	158.8		
返			60.0	500	30.0	156.1		
往	10	70	69.8	500	25.8	168.9	34.09	32.7
返			70.0	500	25.7	171.8		
往			70.0	500	25.7	170.4		
返			70.3	500	25.6	170.6		
往	10	80	79.6	500	22.6	109.7	38.07	36.5
返			79.6	500	22.6	187.9		
往			79.3	500	22.7	190.7		
返			80.0	500	22.5	192.0		
综合燃料消耗量（L/100km）：34.15								
燃料消耗量修正系数： $C_1=1.0400$、$C_2=1.0038$、$C_3=1.0000$								

中置轴车辆运输列车加速行驶燃料消耗量检验结果 表 4-34

<table>
<tr><td rowspan="7">最高挡加速
(60～80km/h)</td><td rowspan="3">往</td><td>燃料消耗量(mL)</td><td>526.3</td><td>534.6</td></tr>
<tr><td>加速距离(m)</td><td>778.5</td><td>791.5</td></tr>
<tr><td>加速时间(s)</td><td>40.1</td><td>40.8</td></tr>
<tr><td rowspan="3">返</td><td>燃料消耗量(mL)</td><td>530.3</td><td>535.4</td></tr>
<tr><td>加速距离(m)</td><td>784.7</td><td>792.6</td></tr>
<tr><td>加速时间(s)</td><td>40.4</td><td>40.8</td></tr>
<tr><td colspan="2">燃油消耗量(L/100km)</td><td colspan="2">64.73</td></tr>
<tr><td rowspan="7">次高挡加速
(60～80km/h)</td><td rowspan="3">往</td><td>燃料消耗量(mL)</td><td>512.4</td><td>518.2</td></tr>
<tr><td>加速距离(m)</td><td>633.0</td><td>640.7</td></tr>
<tr><td>加速时间(s)</td><td>32.1</td><td>32.6</td></tr>
<tr><td rowspan="3">返</td><td>燃料消耗量(mL)</td><td>538.8</td><td>516.4</td></tr>
<tr><td>加速距离(m)</td><td>668.2</td><td>516.4</td></tr>
<tr><td>加速时间(s)</td><td>33.9</td><td>32.5</td></tr>
<tr><td colspan="2">燃油消耗量(L/100km)</td><td colspan="2">77.46</td></tr>
</table>

中置轴车辆运输列车怠速燃料消耗量检验结果 表 4-35

<table>
<tr><th>试验次数</th><th>怠速时间(s)</th><th>燃料消耗量(mL)</th><th>燃油消耗量(L/h)</th></tr>
<tr><td>1</td><td>300</td><td>121.1</td><td rowspan="3">1.41</td></tr>
<tr><td>2</td><td>300</td><td>122.7</td></tr>
<tr><td>3</td><td>300</td><td>124.2</td></tr>
</table>

中置轴车辆运输列车综合燃料消耗量检验结果 表 4-36

<table>
<tr><th>检验项目</th><th>限值
(L/100km)</th><th colspan="4">检验结果</th><th>符合性判定</th></tr>
<tr><td rowspan="3">营运货车综合燃料消耗量</td><td rowspan="3">40.1</td><td>行驶工况</td><td>等速工况
(L/100km)</td><td>加速工况
(L/100km)</td><td>怠速工况
(L/h)</td><td rowspan="3">符合
(第三阶段限值)</td></tr>
<tr><td>油耗修正值</td><td>34.15</td><td>64.73</td><td>1.41</td></tr>
<tr><td>综合燃料消耗量
(L/100km)</td><td colspan="3">37.7</td></tr>
</table>

三、制动协调性匹配试验

汽车行驶时，能在短距离内停车且维持行驶方向稳定性和在下长坡时能维持一定车速的能力，称为汽车的制动性。汽车的制动性是汽车的主要性能之一。制动性直接关系到交通安全，重大交通事故往往与制动距离太长、紧急制动时发生侧滑等情况有关。改善汽车的制动性，始终是汽车设计制造和使用部门的重要任务。

汽车列车制动协调性，是指挂车的制动力随牵引车辆制动力的变化而变化，并保证牵引车辆和挂车各车轴制动力有正确的分配，以确保汽车列车具有良好的制动稳定性。与载货汽车单车不同，中置轴车辆运输列车是由车辆运输货车和中置轴挂车组成的一个有机整体，中置轴挂车必须与车辆运输货车连接在一起才能实现制动性能。由于中置轴车辆运输列车总质量大，且通过连接器连接，车辆运输货车与中置轴挂车制动时在连接点存在力的相互作用，导致列车易发生制动折叠、制动甩尾以及制动跑偏等失稳现象。评价制动协调性的指标有制动响应时间、制动协调时间、制动滞后时间等。

1. 制动响应时间

《商用车辆和挂车制动系统技术要求及试验方法》(GB 12676—2014)规定装有气制动系统的牵引车辆必须满足：在 0.2s 内急踩制动时，从开始促动制动系统控制装置到最不利的制动气室内压力达到其稳态值的 75% 时所经历的时间不得超过 0.6s；且从促动制动踏板开始，在气压控制管理接头处测得的压力达到目标值 10% 的时间不超过 0.2s，达到 75% 的时间不超过 0.4s。其测试方法为：响应时间是在静态车辆上、位置最不利的制动器制动气室进口处进行压力测量；试验开始时，储能装置压力或者牵引车辆供给管路的储能装置压力应是调节阀开始供气时的最低压力；在不装调压阀的系统中，储能装置的压力应是制造厂规定压力的 90%。对于装有感载阀的车辆，一般在感载阀处于满载位置进行试验。将制动传感器踏板力计安装在制动踏板上，从促动制动踏板开始，在压力增长最慢的制动气室进口处测得，制动气室进口处安装符合《汽车和挂车 气压制动装置压力测试连接器要求》(GB/T 5922—2008)要求的压力测试连接器

（在此处安装应变式压力传感器）。试验过程中，各轴制动气室的行程必须按制造厂规定调整。对装有挂车制动接头的气制动系车辆，响应时间在与挂车控制管路接头相接的长 2.5m、内径为 13mm 的管端部测量。

对于挂车，从模拟装置向控制管路提供压力达到 0.065MPa 时起至挂车制动气室中的压力达到其稳态值的 75% 时所经历的时间不得超过 0.4s。其测试方法为：挂车响应时间应在与牵引车脱开的情况下测量，但应安装一个代替牵引车辆的模拟装置接到挂车的控制管路和供能管路接头。模拟装置应有一个容积为 30L 的储气筒，每次试验前，储气筒压力为 0.65MPa，试验中，不得再充气。在制动控制装置的输出端，模拟装置应有一个直径为 4 ~ 4.3mm 的阻尼孔，从阻尼孔到挂车接头并包括该接头在内的一段管路的容积为（385 ± 5）mL。模拟装置的安装应确保压力从 0.065MPa 上升到 0.49MPa 所需时间为（0.2 ± 0.01）s；当用容积为（1155 ± 15）mL 的储气筒代替上述储气筒，在不做任何调整的前提下，压力从 0.065MPa 上升到 0.49MPa 所需时间为 0.38s ± 0.02s。此压力增长的过程近似于线性。测量方法为：先将模拟装置接在试验挂车上，供能管路压力为 0.65MPa，确定挂车制动气室内压力的稳态值。之后，测量控制管路压力达到0.065MPa时起至挂车制动气室内压力达到其稳态值的 75% 时所需要时间。

2. 制动协调时间

《机动车运行安全技术条件》（GB 7258—2012）规定了在急踩制动踏板时，从脚接触制动踏板时起至减速度达到空载状态 $3.75m/s^2$ 或满载状态 $3.375m/s^2$ 时所需时间，对于汽车列车制动协调时间不应大于 0.80s。《汽车列车性能要求及试验方法》（GB/T 26778—2011）规定的测试方法为路试检验制动性能应在平坦（坡度不应大于 1%）、干燥和清洁的硬路面（轮胎与路面之间的附着系数不应小于 0.7）上进行，被测汽车列车沿着试验车道直线行驶至高于规定的初速度后，置变速器于空挡（自动变速器机动车可置变速器于 D 挡），当滑行到 30km/h 时，急踩制动踏板，使机动车停止。用充分发出的平均减速度检验行车制动性能时，采用能够测取充分发出的平均减速度（MFDD）和制动协调时间的仪器测量机动车充分发出的平均减速度和制动协调时间。

3. 制动滞后时间

《机动车运行安全技术条件》(GB 7258—2012)规定,制动滞后时间是指汽车列车制动系的设计和制造应保证挂车后轴制动动作滞后于牵引车前轴制动动作的时间。《汽车列车性能要求及试验方法》(GB/T 26778—2011)规定的试验方法为:试验时,关闭发动机,车辆空载停在场地上,将机械式微动开关或管路压力开关分别安装在牵引车前轴和挂车最后轴的制动气室推杆处,并与电秒表组成封闭回路。在车辆制动系统正常工作压力下,稳速踩下制动踏板后缓慢松开,记录电秒表的时间显示值,试验进行 3 次。在实际测试中常以制动气室压力达到最大压力 75% 的时间差作为制动滞后时间,其测试方法与制动滞后时间基本相同。

4. 试验测试结果

车辆运输货车和中置轴车辆运输列车制动协调测试结果如表 4-37 所示,测试结果均满足相应标准的限值要求。

制动协调性检验结果　　表 4-37

测试项目	测试结果	标准符合性
货车制动反应时间(s)	0.26	符合
挂车制动反应时间(s)	0.4	符合
列车制动协调时间(s)	0.2	符合
列车制动滞后时间 75%(s)	0.2	符合

四、操纵稳定性匹配

汽车的操纵稳定性是指在驾驶员不感到过分紧张疲劳的条件下,汽车能遵循驾驶员通过转向系及转向车轮给定的方向行驶,且当遭遇外界干扰时,汽车能抵抗干扰而保持稳定行驶的能力。汽车的操纵稳定性不仅影响到汽车驾驶的操纵方便程度,而且也是决定高速汽车安全行驶的一个主要性能,所以人们称之为"高速车辆的生命线"。

汽车列车的行驶安全性在很大程度上取决于它们的操纵性能。由于各个单元间的力和运动的相互影响,汽车列车的操纵性能比单体汽车的操纵性能要复杂得多。

国内有关汽车列车操纵稳定性等方面的评价项目和测试方法主要是对国际标准的转化,依据的标准是《汽车操纵稳定性试验方法》(GB/T 6323—2014)。该标准给出了蛇行试验、转向瞬态响应试验(转向盘转角阶跃输入)、转向瞬态响应试验(转向盘转角脉冲输入)、转向回正性能试验、转向轻便性试验、稳态回转试验、转向盘中心区操纵稳定性试验共七项试验方法。这里选择蛇行试验、稳态回转试验作为主要的试验方法,对列车的试验进行介绍。

1. 蛇行试验

在试验场地上,以50m为间距布置标桩10根,如图4-8所示。试验驾驶员应具有较丰富的驾驶经验。在正式试验前,按图4-8所示路线,练习五个往返。首次试验时,试验车速应为基准车速(50km/h)二分之一并四舍五入为10的整数倍,以该车速稳定直线行驶,在进入试验区段之前,记录各测量变量的零线,然后按图4-8所示路线蛇行通过试验路段,同时记录各测量变量的时间历程曲线及通过有效标桩区的时间。逐步提高试验车速(车速间隔自行选择),重复上述的过程,共进行10次(撞倒标桩的次数不计在内),最高车速不超过80km/h。

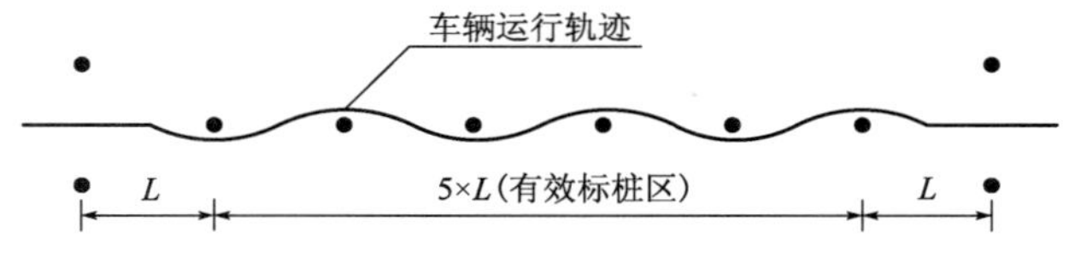

图4-8　标桩布置示意图

2. 稳态回转试验

在试验场上,以醒目的颜色画出半径为20m的圆周。试验开始之前,汽车应以侧向加速度为$3m/s^2$的相应车速沿画定的圆周行驶五圈以使轮胎升温。操纵汽车以最低稳定速度沿所画圆周行驶,待安装于汽车纵向对称面上的车速传感器在半圈内都能对准地面所画圆周时,固定转向盘不动,停车并开始记录,记录各变量的零线。然后,汽车起步,缓慢而均匀地加速(纵向加速度不超过 $0.25m/s^2$),直至汽车的侧向加速度达到 $6.5m/s^2$(或受发动机功率限制而所能达到的最大侧向加速度或汽车出现不稳定状态)为止。试验按向左转和向右转两个方向进行,每个方向试验三次。每次试验开始时,应保证车身纵向对称面处于所画圆周线正中位置。

3. 试验结果

车辆运输货车和中置轴车辆运输列车的蛇形试验结果如表 4-38 和表4-39所示,稳态回转试验结果如表 4-40 和表 4-41 所示。参照《汽车操纵稳定性指标限值与评价方法》(QC/T 480—1999)的限值进行评价,试验结果满足标准要求。

车辆运输货车蛇行试验结果 表 4-38

试验项目		测量值									计分值
蛇行试验	平均速度	30	35	40	45	50	55	60	65	70	—
	$\theta(°)$	96.3	93.8	87.5	79.8	71.0	82.5	77.8	79.8	—	86.3
	$r(°/s)$	4.5	4.9	4.9	4.8	4.6	5.5	5.6	5.0	—	86.0
	$\Phi(°)$	0.7	0.8	0.9	0.9	1.0	1.9	1.4	1.5	—	—
	$a_y(m/s^2)$	1.1	1.2	1.3	1.4	1.6	1.9	1.9	2.0	—	—
	蛇行试验综合计分 N_s										86.2

中置轴车辆运输列车蛇行试验结果 表 4-39

试验项目		测量值									计分值
车辆运输货车	平均速度	30	35	40	45	50	55	60	65	70	—
	$\theta(°)$	69.8	68.5	70.1	72.3	73.3	76.3	89.4	63.0	55.0	85.6
	$r(°/s)$	3.4	3.7	4.1	4.7	5.4	7.8	7.0	8.3	7.4	80.7
	$\Phi(°)$	1.0	0.7	0.8	1.1	1.2	1.9	1.9	2.5	2.1	—
	$a_y(m/s^2)$	0.6	1.4	1.5	1.5	1.6	2.1	2.3	2.7	2.9	—
	蛇行试验综合计分 N_s										83.2

续上表

试验项目		测量值									计分值
中置轴挂车	平均速度	30	35	40	45	50	55	60	65	70	—
	θ(°)	69.8	68.5	70.1	72.3	73.3	76.3	89.4	63.0	55.0	85.6
	r(°/s)	2.2	3.1	3.8	4.2	5.4	7.1	8.5	10.7	9.0	80.7
	Φ(°)	0.4	0.5	0.7	0.7	0.8	1.1	1.4	2.9	2.1	—
	$\dot{a}_y$(m/s^2)	1.1	1.5	1.9	2.4	1.9	2.2	2.5	2.8	3.3	—
	蛇行试验综合计分 N_s										83.2

车辆运输货车稳态回转试验结果 表4-40

试验项目		试验结果					
		左转	右转	评价计分		项目计分	
				左转	右转	左转	右转
稳态回转试验	不足转向度 U[°/(m/s^2)]	0.4	0.5	97.2	73.3	93.7	85.8
	中性转向点的 a_n(m/s^2)	6.7	4.0	100	100		
	车厢侧倾度 K[°/(m/s^2)]	0.9	0.9	84.0	84.0		
	稳态回转综合计分 N_W					89.8	

中置轴车辆运输列车稳态回转试验结果 表4-41

试验项目		试验结果					
		左转	右转	评价计分		项目计分	
				左转	右转	左转	右转
车辆运输货车	不足转向度 U[°/(m/s^2)]	0.5	0.7	100	98.6	82.7	87.1
	中性转向点的 a_n(m/s^2)	3.9	4.4	72.0	78.7		
	车厢侧倾度 K[°/(m/s^2)]	1.0	0.9	76.0	84.0		
	稳态回转综合计分 N_W					84.9	
中置轴挂车	不足转向度 U[°/(m/s^2)]	0.5	0.6	100	100	92.0	92.0
	中性转向点的 a_n(m/s^2)	4.2	4.2	76.0	76.0		
	车厢侧倾度 K[°/(m/s^2)]	0.5	0.7	100	100		
	稳态回转综合计分 N_W					92.0	

五、行驶通过性匹配试验

汽车的通过性(越野性)是指它能以足够高的平均车速通过各种坏路和无

路地带(如松软地面、凹凸不平地面等)以及各种障碍(如陡坡、侧坡、壕沟、台阶、灌木丛、水障等)的能力。根据地面对汽车通过性影响的原因,它又分为支承通过性和几何通过性。汽车的通过性主要取决于地面的物理性质及汽车的结构参数和几何参数。同时,它还与汽车的其他性能,如动力性、平顺性、机动性、稳定性、视野性等密切相关。汽车列车行驶通过性评价指标有最小转弯半径、最大转弯通道宽度、外摆值和直角弯占路宽度等。下面以通道圆和弯道通过性为例,介绍列车的行驶通过性。

1. 通道圆

《汽车、挂车及汽车列车外廓尺寸、轴荷及质量限值》(GB 1589—2016)附录B"车辆通道圆与外摆值测量方法"给出了通道圆的测试方法。汽车列车处于空载状态,停于平整地面上。汽车列车起步,进入一个外圆直径 D_1 为25m,内圆直径 D_2 为10.6m的水平同心圆周内行驶,至少在圆周内行驶1周(360°),如图4-9所示。过水平同心圆周的外圆曲线,做一个垂直于地面且向上无限延伸的圆柱形空间,即为车辆通道圆的外圆垂直空间。过水平同心圆周的内圆曲线,做一个垂直于地面且向上无限延伸的圆柱形空间,即为车辆通道圆的内圆垂直空间。上述过程顺时针及逆时针各进行一次。

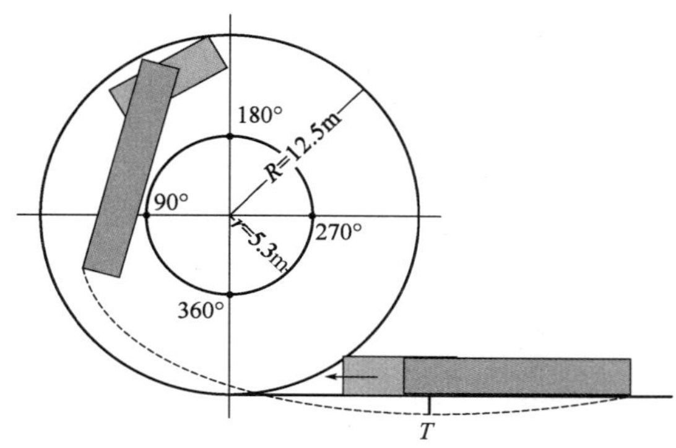

图4-9　通道圆测试示意图

2. 弯道通过性

《半挂牵引车与半挂车匹配技术要求》(QC/T 912—2013)的规定和限值要求,进行弯道通过性测试。试验路面应为平坦、干燥、整洁、无障碍物的铺装路面,轮胎和路面的接触表面的摩擦系数应不大于0.80。试验规定的路线由三部分组成:直线驶入路段、半径为12.5m的90°圆弧路段以及直线驶出路段,两直线路段分别在与圆弧路段的交点处与圆弧相切,如图4-10所示。车辆水平静止在弯道前,前外侧转向车轮轮胎在地面上的参考点在直线驶入路段上,车身在地面的投影与直线驶入路段平行。记录外侧车身在地面的垂直投影,作为测量后摆值的基准线。试验车辆起动并按规定的路线行驶,车速应不超过5km/h。在驶入、转弯和驶出过程中,应保证车辆前外侧转向车轮轮胎在地面上的参考点与规定路线一致,轨迹偏差不应超过50mm。转弯结束后,试验车辆应沿直线驶出路段继续行驶一段距离,以保证试验能够测得车辆的转弯通道最大宽度。

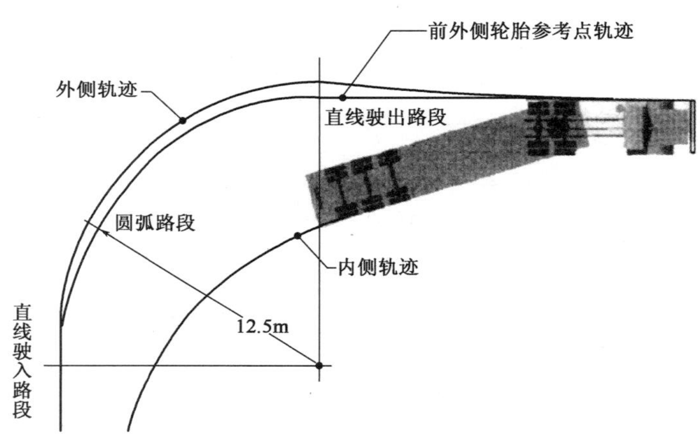

图4-10　直角弯测试示意图

3. 试验结果

中置轴车辆运输列车的通道圆和弯道行驶通过性测试结果如表4-42所示,测试结果均满足相应标准的限值要求。

通道圆和弯道通过性测试结果　　表4-42

项　目		测量值(mm)			
通道圆各测量点尺寸	左转	90°	6180	180°	5640
		270°	5550	360°	5495
		外摆值	690		

续上表

项　　目		测 量 值（mm）			
通道圆各测量点尺寸	右转	90°	6120	180°	5540
		270°	5380	360°	5330
		外摆值	520		
弯道通过性各测量点尺寸	左转	45°	6800	60°	6870
		外摆值	690		
	右转	45°	6920	60°	6750
		外摆值	690		

第四节　车辆运输车匹配试验评价建议

2016 年 7 月—2017 年 1 月，对上汽依维柯红岩商用车有限公司研发的车辆运输货车样车共计开展了 32 项关键性能测试，其中满载项目 23 项、空载项目 9 项。样车测试结果基本满足我国现有标准要求，为中置轴车辆运输列车在我国的推广应用提供了良好的技术支撑。《汽车、挂车及汽车列车外廓尺寸、轴荷及质量限值》（GB 1589—2016）对车辆运输列车的长度限值要求为 22.00m，是目前能够正常上路行驶的车型中最长的，由于我国试验测试场地主要针对乘用车进行设计，导致部分测试场地无法满足该车型的测试要求，现将部分问题和建议整理如下：

一、试验载荷问题及建议

试验过程中，样车参照实际运输过程中的车位数进行加载，并辅以沙袋按照《汽车、挂车及汽车列车外廓尺寸、轴荷及质量限值》（GB 1589—2016）中规定的最大质量进行加载，如图 4-1 所示。加载之后，对列车的最大总质量进行了测量，虽然列车的最大总质量为 35.04t，但列车的前轴轴荷为 7.34t（表 4-26），超过了 GB 1589—2016 中单轴每车单胎不超过 7t 的规定。为保证中置轴车辆运输列车合理装载，交通运输部汽车运输节能技术服务中心于 2017 年 1 月 18 日发布了《关于对营运“车辆运输货车”进行燃料消耗量管理的补充要求(修订)》(交汽节能〔2017〕4 号),该要求对汽车列车状态下的试验载荷提出了三点具体的要求:

(1)实际车辆(应符合满载规定)。

(2)可有效模拟实际车辆载荷分布与风阻的载荷(需提供模拟载荷加装后试验样车的尺寸参数,整车质量及轴荷分布应满足其设计要求)。

(3)车辆运输货车(单车)上层须加装实际车辆或可有效模拟实际车辆载荷分布与风阻的载荷,其下层第一车位也须加装实际车辆或可有效模拟实际车辆载荷分布与风阻的载荷。中置轴挂车上层第一车位须加装实际车辆或可有效模拟实际车辆载荷分布与风阻的载荷。如加载可有效模拟实际车辆载荷分布与风阻的载荷,则需提供模拟载荷加载后试验样车的尺寸参数,整车质量及轴荷分布应满足其设计要求。

以上三种加载方法,基本上就能够避免列车在试验过程中前轴轴荷超重的问题。

在列车的实际运行过中,为了避免前轴轴荷超重,建议上层车辆在装载时,其安装发动机的一侧与车辆运输货车的行驶方向相反,这样不仅减小了驾驶室上方的质量,同时增大了车辆运输货车后轴的质量,减少了前轴的载荷转移。

二、试验场地问题及建议

由于中置轴车辆运输列车是目前我国最长的汽车列车,因此其整车道路试验对测试场地的要求更高,在试验过程中主要存在以下问题:

1. 称重台

按照《汽车质量(重量)参数测定方法》(GB/T 12674—1990)的要求,在使用地秤时,秤台面积应能容纳全部被测汽车车轴,秤台出入口地面应与台面保持同一水平,在使用地秤测量时,汽车先从一个方向低速驶上秤台,依次测量各轴轴载质量(重量)、整车质量(重量);然后汽车掉头,从相反方向驶上秤台,依次测量前述几个参数。

目前,国内试验场的地秤长度以及出入口平面的长度不能够满足列车从不同的方向进行测试的要求，因此建议对称重台进行改造升级。

2. 侧翻试验台

参照《汽车静侧翻稳定性台架试验方法》（GB/T 14172—2009）的方法，开展中置车辆运输列车静侧翻稳定性的测试时，发现侧倾试验台的长度小于中置轴车辆运输列车的轴距，因此建议对侧翻试验台进行改造，其长度至少超过目前中置轴车辆运输列车的轴距。

3. 长直线性能路

按照《道路车辆　重型商用汽车列车和铰接客车　横向稳定性试验方法》（GB/T 25979—2010）的规定，开展中置车辆运输列车横向稳定性的测试时，推荐满载时根据车辆的用途，全部试验都应在 80km/h、90km/h 或 100km/h 车速下进行，对最高车速低于 80km/h 的车辆以最高车速作为试验车速，鼓励在更高车速下进行试验。由于列车满载时加速过程较为缓慢，目前国内的长直线性能路长度大都在 2km 左右，80km/h 的试验勉强可以完成（GB/T 26774—2016 标准建议，列车的侧向加速度后部放大系数测量时的车速为 80km/h），更高车速的试验很难保障，因此建议修建长度为 2.5km 左右的长直线性能路或者辅以较高车速掉头环道，有效增加车辆的加速及制动距离，提高车辆的试验车速。

4. 操稳广场

按照《营运车辆抗侧翻稳定性试验方法　稳态圆周试验》（JT/T 884—2014）的规定，开展车辆运输货车和中置车辆运输列车抗侧翻稳定性的测试时，有两种可选工况。

（1）定半径变车速试验：试验车辆以稳定的车速沿固定转弯半径的路线行驶，测量车辆转向时的稳态响应参数。在同一转弯半径路线条件下，由低到高选取不同车速进行试验，然后改变转弯半径重复试验，从而测得试验车辆的全部稳态转向响应特性。试验路线可以选取圆形路线或适当曲率的曲线段。试验路线应包含转弯半径为 100m 的标准路线，其他试验路线应包含转弯半径尽可能大的路线。完整的试验应包括至少三种不同转弯半径的试验路线。

（2）定车速变转角试验：试验车辆以稳定的车速和固定的转向盘转角行驶，

测量车辆转向时的稳态响应参数。在同一车速条件下，由小到大选取不同转向盘转角进行试验，然后改变车速重复试验，从而测得试验车辆的全部稳态转向响应特性。试验应包括速度为50km/h的车速，其他试验车速宜采用尽可能高的车速。完整的试验应包括至少三种不同的车速。试验应以较低车速开始。

无论采用上述哪种试验方法，均对试验场地提出了更高的要求，因此建议在进行该试验至少需要一个半径为100m以上的广场，以保障试验的顺利进行。

5. ABS路面

参照《机动车和挂车防抱制动性能和试验方法》（GB/T 13594—2003）的规定，开展中置车辆运输列车ABS性能测试时，由于列车长度较长，存在部分试验中列车冲出ABS试验路面的现象。目前，国内ABS试验路面的长度均为200m左右，建议至少修建300m的ABS试验路面，以满足列车试验的要求。

三、列车匹配问题及建议

中置轴车辆运输列车的匹配连接问题主要存在ABS系统上，由于目前主挂ABS类型不一致、挂车储气筒安装位置不合理，导致列车的制动性不满足标准的要求，因此要合理地匹配主挂ABS系统。同时，连接器作为主挂连接的核心部件，其可操作性和便捷性对于列车的使用至关重要。

1. ABS匹配

在进行列车ABS试验时，车辆运输货车和中置轴挂车的ABS类型协调一致很重要。目前，车辆运输货车主要安装的是1类防抱系统、中置轴挂车主要安装的是B类防抱系统（GB/T 13594—2003中5.2.3.5条款不做要求），由于ABS的类型和厂家不一致，导致组成列车状态时部分ABS试验结果不能满足标准要求，因此建议车辆运输货车和中置轴挂车采用同一厂家的ABS系统，同时车辆运输货车安装1类防抱系统，中置轴挂车安装A类防抱系统，以满足列车ABS性能的要求。

2. 中置轴挂车储气筒安装位置

部分中置轴挂车储气筒安装位置在挂车车轴的后面，这样无形增加了挂车制动管路的长度，影响了挂车的制动响应时间。因此，建议中置轴挂车的储气筒尽量安装在靠近车轴的位置的前方。

3. 连接器的结构形式、安装布置与性能

连接器作为车辆运输货车和中置轴挂车连接的核心部件，其合理的选型与装配以及操作便捷性直接影响了列车的摘挂效率。目前国际上常用的连接器包括球销/摩擦环式、柱销/喇叭口式等结构形式，各有特点和适用车型范围，对牵引车、挂车的安装使用也有不同的限制。我国标准体系仅包含了柱销/喇叭口式连接器的相关要求，建议企业、检测机构应根据国内外的标准，严格规范开展设计、安装与检测。同时，必须要保证连接器操作简洁、摘挂方便，以提高该装置的使用效率。

第五章　车辆运输车应用指南

第一节　车辆运输车选型

一、车辆运输车选型的目的与意义

在我国，乘用车市场占整个汽车市场的半壁江山，车辆的运输则是保证乘用车市场稳定运行的重要前提。目前，汽车整车的运输多种方式并存，主要为公路运输、铁路运输和水路运输三种。数据表明，近十年来，在多种运输方式中公路运输是最主要的运输方式，运输乘用车的车辆运输车在整个车辆运输中发挥至关重要的作用。车辆运输车是汽车及其他机动车厂家与经销商和用户之间联系的纽带，也是专用汽车行业中技术含量高的车型。如何最大限度地提高车辆的输送效率、充分降低车辆的输送成本，以及提高车辆的输送安全，实现门到门的输送，以满足用户对车辆零公里和崭新的诉求，是推动整车物流发展的源泉和动力。

因此，车辆运输车的质量、效率、性能等都显得十分重要，对车辆运输车辆选型的分析研究十分关键。目前，国内没有对车辆运输车选型进行分析，具体内容还需进一步研究。各大物流企业承担着整车运输的主要工作，车辆运输过程中对运输车的各方面的要求、对车辆运输车的选型，物流企业有着更大的发言权。

车辆运输车的改革是一项长远的工作，还需要在实践中一步一步不断进行摸索，通过实践再去推动中置轴车辆运输车的改革与车辆更新。随着我国汽车需求的不断增长和汽车行业的发展，需要越来越多的车辆运输车来运送商品车。但最近几年超限治理未取得实效，导致超载超限运输成为车辆物流行业的恶疾。

为了使车辆运输车标准既符合汽车整车物流行业发展需求，又能满足管理部门对于超限超载的管理要求，车辆运输车选型的分析研究十分必要，这对整个汽车整车物流行业的规范发展有着重要的意义。

二、影响物流企业车辆运输车选型因素

车辆运输车目前有车辆运输半挂车和中置轴车辆运输车供物流企业进行选择（表 5-1）。企业在选取车型时，均会对市场销售的车辆进行对比，如何更好地选择适用于企业管理、运输服务的车辆，是行业共性的话题。

影响物流企业购置车辆运输车的因素很多，包括技术性能因素、互换性因素、操作性因素等等。

1. 技术性能因素

车辆运输车的技术性能直接影响车辆的使用，其中车辆动力、安全装备配置、车辆油耗、自重载重、车辆尺寸等一系列车辆的技术指标，是车辆使用者的选择重点。

（1）车辆动力：国内乘用车运输市场存在多种不同的载重吨位要求，这就需要在车辆运输的过程中根据吨位情况的不同，选择与之相匹配的车辆动力系统，以达到最优效果。发动机功率较高的动力系统可承担在山路、高原等特殊路段的运输任务；发动机功率较低的动力系统可在一般环境中完成运输任务且油耗较低。

（2）安全装备配置：车辆的一系列装备配置直接影响车辆的使用性能，例如是否具有 ABS 制动系统、ESC（ESP 或具有等效功能）等车辆电子稳定系统。车辆安全技术水平越高，对车辆驾驶员及车辆的安全保护性越强，乘用车是高附加值产品，对运输途中的安全性要求较高。

（3）车辆油耗：车辆油耗是指汽车行驶时的燃油经济性指标，燃料费用是汽车整车物流企业运输成本中的重要组成部分，车辆油耗高低直接影响运输成本。

（4）自重载重：对于乘用车来说，按照合规装载基本不会出现超重的现象，目前由于超限运输，导致整车超重。但车辆运输车自重载重与油耗、行驶稳定性、安全性均有很大的关系，需要在企业采购时加以重视。

表 5-1

物流企业可选择的车辆运输车类型

车辆类型		基本构成	总体长度	装载量数	图示
车辆运输半挂列车	长头铰接	牵引车 + 半挂车	≤18.1m	6 ~ 7 辆	
	平头铰接	牵引车 + 半挂车	≤17.1m	6 ~ 7 辆	
中置轴车辆运输列车		车辆运输货车	≤12m	4 ~ 5 辆	
		车辆运输中置轴挂车	≤12m	4 ~ 5 辆	
		中置轴车辆运输轴列车	≤22m	8 ~ 9 辆	

(5)车辆尺寸:车辆外廓尺寸由国家强制性标准进行要求,所以物流企业均要选择符合国家标准,并已经完成公告的车辆,但还要注意选择能够满足装载后符合国家运输要求的车辆。装载后车货总高不得超过 4m、宽度不得超过 2.55m。尽可能选择低底盘的车辆,以便有效降低车货总高。

2. 互换性因素

车辆运输车新旧挂车置换、甩挂运输作业,都要求牵引车和挂车之间可实现互换,车辆互换性包括牵引车与挂车之间的机械连接、电连接、气连接等方面的互换。

企业在选择牵引车、半挂车、车辆运输货车、中置轴挂车时要充分考虑不同品牌、不同型号车辆之间的互换性,保证车辆可更新替换、运营过程中可以实现甩挂模式,提高运输周转效率。

3. 操作性因素

随着社会的进步,驾驶员作为车辆运输车的使用者也关注车辆驾驶过程的舒适度、装卸乘用车的便捷度以及操作过程的安全性。

(1)舒适度:货运驾驶员作为一线工作者,总体来说,工作时间长、劳动强度较大、工作环境相对恶劣,尽可能地提高驾驶员驾驶过程中的舒适度是十分重要的。驾驶室环境、驾驶操作便捷性都会影响驾驶员的舒适度。

(2)便捷度:车辆运输车大多是双层运输,乘用车装卸过程需要使用车辆起降装置,并且乘用车装车后,需要进行装载加固,这些工作均由驾驶员完成,故而车辆起降装置的设计、液压装置的设计、操作手柄的位置、绑带固定的位置等一系列影响车辆运输车装载的因素,均要以便捷、安全、方便为前提。

(3)安全性:安全性包括两个方面,一是驾驶员的安全,二是乘用车的安全。要充分考虑在装卸、驾驶过程中,驾驶员的个人安全,同时在装卸车辆、运输车辆时要保护乘用车的安全,车辆运输车要设置安全设施。

在对车辆进行选型的过程中,还需考虑到价格、售后、维护、悬架、底盘等诸多因素。总体来说,车辆运输车的选型不仅仅要为物流企业进行运输服务,还要从安全性、经济效益、社会效益等诸多方面进行综合考虑。

三、车辆运输车选型参考指标

物流企业在进行选型时,可参考表 5-2 的指标进行选择。

物流企业车辆运输车选型参考指标　　表 5-2

选型因素	主要指标含义	参考指标值	建议选取内容
技术性能因素	牵引车功率	≥230kW	—
	油耗	≤28.0L/km	—
	ABS	2S/2M 和 4S/2M	中置轴挂车 4S/2M
	ESC(ESP 或具有等效功能)	有	有
	载质量	6670/7270kg	—
	底盘高度(上下承载面离地高度)	2670mm(驾驶室上承载面高)/966mm(下承载面离地高)	最好在 2600mm 以下
	上平台举升机构	液压油缸	带自锁功能,降低劳动强度
	轮胎规格	底盘 315/70R22.5、挂车 245/70R19.5 和 265/70R19.5	—
互换性因素	牵引连接器的互换性	符合 GB/T 26774 要求	—
	牵引车与挂车之间机械连接的互换性	螺栓连接可更换,操作简单方便快捷	符合 JT/T 886 要求
操作性因素	驾驶室环境	比较舒适	—
	驾驶操作	转向助力装置	—
	装卸过程中升降装置位置	操作手柄均在右侧	—
	装卸过程中升降装置操作难度	手柄操作,简单实用	后期可选用电磁换向阀,遥控操作
	栓固便捷性	—	操纵简单,防误操作措施齐全
	驾驶员装卸安全性	安全可靠	—
其他部分	车辆购置价格	—	—
	售后服务体系	售后网点覆盖全面	—
	车辆维护成本	较低,配件兼容性好	—

第二节　车辆运输车装卸作业

车辆运输车在运输过程中的装车、运输、卸车环节是重中之重，每个货运企业需要根据车型的具体特点制定详细的技术要求，并制定相关实施与检查方案，以便驾驶员与引导员在实际操作运行中有据可寻。

一、装车作业

1. 装卸作业的基本原则

车辆运输车在装载时，需要按照以下基本原则进行：

（1）装载时，优先装上层，后装下层，按照先卸车辆后装的原则进行。

（2）乘用车前后及顶部间隙不得小于100mm，车辆运输车和挂车连接处，乘用车与前车/后车之间的间隙不少于200mm。

（3）厢式挂车的后门打开后，需将左右厢门固定在车厢外侧，装卸车时都需照此原则执行。

（4）装车时，应保证牵引销或连接器处的轴荷满足挂车设计要求，不能超载。

2. 基本装卸流程

车辆运输车装载乘用车时，参照以下流程进行作业：

（1）将乘用车前轮的轮挡器放置在适当的位置，有轮挡线的按划线位置进行放置。

（2）发动乘用车，并将乘用车开到过渡跳板前停稳。

（3）确认车辆前保险杠和过渡跳板之间的角度合适后，继续开车前进，避免前保险杠与过渡跳板产生摩擦。

（4）乘用车通过过渡跳板和货台时，需缓慢行驶，行驶速度不高于5km/h。装车时通常需两人协同工作，一人负责在前侧方进行引导，驾驶员不得将头探出，引导员注意与乘用车的距离，并禁止在乘用车正前方或正后方站立，防止其碰撞引导员。

(5)乘用车行驶到轮挡位置后需适当前行，在乘用车前轮适当悬空后，拉起驻车制动器手柄，自动变速器车辆的挡位放在P挡，引导员从侧面将后轮挡放置在合适位置，驾驶员将乘用车适当倒车，使乘用车卡在前后轮挡中间。

(6)停车熄火，拉起驻车制动器手柄，自动变速器车辆挡位放在P挡，手动变速器车辆挡位放在空挡，引导员对车辆轮胎进行栓固作业。

(7)驾驶员从乘用车下车时要手扶门边，小心操作，必要时在车辆运输车侧壁贴上海绵垫，防止碰到周围物体，使乘用车的车门受损。

3. 上层货台操作

上层货台放下作业需按以下步骤进行：

(1)货台放下前，需将下层货台上的车辆清空。

(2)将上层货台下方的机械锁紧装置拔出，并置于其他固定宜取位置。取下机械锁紧装置时，可通过液压装置将上层货台进行适当举升操作，人工取机械锁紧装置前，宜在车辆外侧进行操作，避免上层货台突然落下对人员造成伤害。

(3)起动发动机，操作液压控制手柄，缓慢将货台进行整体下移，后部可适当向下倾斜。

(4)车辆运输车的后上层货台也进行适当下移、倾斜。

(5)将上层货台前后两侧的过渡跳板进行延伸。

(6)将上层货台过渡跳板的末端延伸至水平地面，同时对上层货台倾斜角度进行适当调节，确保过渡跳板能与货台完全接触。

上层货台升起作业需按照以下步骤进行：

(1)检查车辆是否已固定牢靠。

(2)起动发动机，操作液压控制手柄，收起上层货台前后两侧的过渡跳板。

(3)需两人配合操作：一人操纵液压控制手柄，另一人站在车后负责瞭望指挥。

(4)缓缓调整上层货台到最高位置，从车辆外侧使用机械锁紧装置对上层货台进行限位。

(5)下层车辆进行乘用车装车作业。

(6)装载完成后，将机械锁紧装置取出，将上层货台进行整体下落，确保货台底层与乘用车之间的最小距离不小于100mm。

(7)从车厢靠近车头方向开始渐次将机械锁紧装置进行限位固定,该操作宜在车辆外侧进行操作;切忌从车厢尾部开始固定,避免机械失灵等故障导致人员伤亡。

(8)操作液压控制手柄,将上层货台轻微下落,确保上层货台与机械锁紧装置接触。

4. 下层货台操作

下层货台的操作方法与上层货台操作要求基本一致,需保证牵引车和挂车连接处,乘用车之间至少200mm的安全距离,位于该位置的乘用车,必须采用至少两个轮挡、两条捆绑器进行对角线栓固。

5. 装车后需进行以下操作和检查

(1)收起左右两侧的装车过渡跳板,过渡跳板应安全稳固地放置,确保行车过程中不滑落。

(2)对于厢式挂车,确认尾部乘用车与挂车后门之间具有一定的安全距离;对于框架式挂车,要保证尾部乘用车的后部保险杠与地面具有不小于800mm的安全距离。

(3)厢式挂车关闭左、右后门,插上固定栓,确认其牢靠;框架式挂车,必须确定后部承载过渡跳板的安全销插好。

(4)检查乘用车的固定捆绑情况,注意捆绑的方式是否正确。

(5)检查乘用车间的安全距离、乘用车与车辆运输车四壁以及顶棚间的距离是否满足限值要求。

(6)检查上层过渡跳板的安全销的牢固性。

6. 车辆装车作业实例

以上汽红岩的车辆运输车和中置轴挂车为例(车辆运输货车的结构如图3-11、中置轴挂车的结构如图5-1所示),对车辆装车作业进行具体说明。

具体操作步骤如下:

(1)将车辆停好,检查车辆运输车、挂车制动管路、电线以及油管等连接正确。

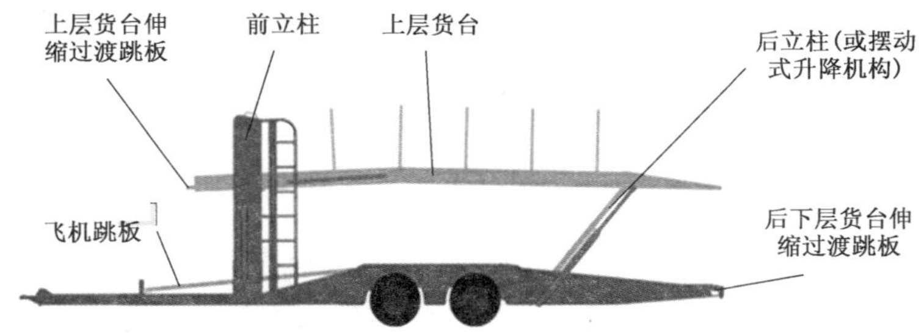

图 5-1　某型车辆运输中置轴挂车

(2)抽出挂车后部过渡跳板并调整到合适的宽度,锁上安全销(图 5-2)。

图 5-2　展开后的过渡跳板

(3)取下车辆运输车、挂车安全销,或松开棘齿等机械锁紧装置,开启取力器,操作车辆运输车、挂车液压控制手柄,将挂车上平台后端降到最低位置,并降低车辆运输车、挂车上层货台到合适角度,挂车前端升缩过渡跳板伸出使车辆运输车与挂车连接在一起,形成装车状态(图 5-3、图 5-4)。

图 5-3　上层货台连接在一起

图 5-4　装车状态下的车辆

(4)按顺序开始在车辆运输车、挂车上层货台装车,装车完毕后按要求对乘用车进行捆绑固定,如图 5-5 所示。

图 5-5　上层货台装车

(5)上层货台装车完毕,操作液压控制手柄,将挂车上层货台前伸缩过渡跳板收回,再将车辆运输车、挂车上层货台升至高点,为下层货台留出足够空间,如图 5-6 所示。

图 5-6　上层货台举升为下层货台留出空间

(6)操作液压控制手柄,将车辆运输车、挂车下层货台过渡跳板连接在一起,如图 5-7 所示。

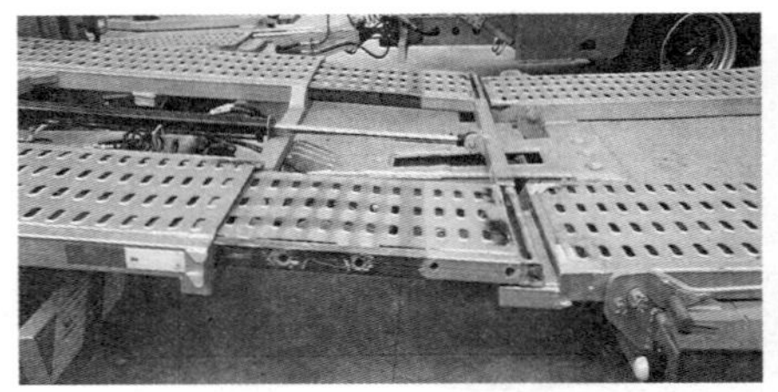

图 5-7　下层货台连接在一起

(7)按顺序在车辆运输车下层货台进行装车作业。

(8)车辆运输车下层货台装车完毕后,将车辆运输车、挂车下层货台过渡跳板分开,准备挂车下层货台装车作业。

(9)若挂车下层叠装 3 台车,需将飞机跳板前端锁止,后端松开,操作液压控制手柄将飞机跳板翻起,如图 5-8、图 5-9 所示。

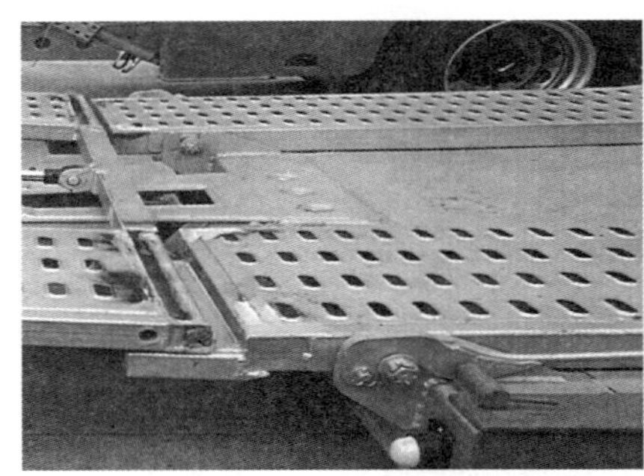

图 5-8　飞机跳板前端固定

图 5-9　车辆叠装

(10)装车完毕,将车辆运输车、挂车上层货台调整到合适高度并用安全销或棘齿等机械锁紧装置锁止(图 5-10),将乘用车车轮栓固好。

图 5-10　上层货台用机械锁紧装置锁止

二、装车过程中捆扎固定的注意事项

乘用车开到车辆运输车的货台，调整到对应停车位置之后，需要对乘用车进行栓固，乘用车的栓固应在其停稳后马上进行。

1. 栓紧装置规格的选择

目前，国内较为常用的栓紧装置是符合《乘用车公路运输栓紧带式固定技术要求》(GB/T 31083—2014)的固定器具，固定器具由捆绑器和轮挡器两部分组成。捆绑器又分为抱轮式(图5-11)和钉板式(图5-12)两种，轮挡器按结构类型又可分为齿条式(图5-13)和钢管式(图5-14)两种，齿条式轮挡器可在前后方向进行一定距离的调节，而钢管式则为间距固定式，只能通过改变其在货台上的位置实现距离调节，行业较为常用的是抱轮式捆绑器和齿条式轮挡器。

a)

b)

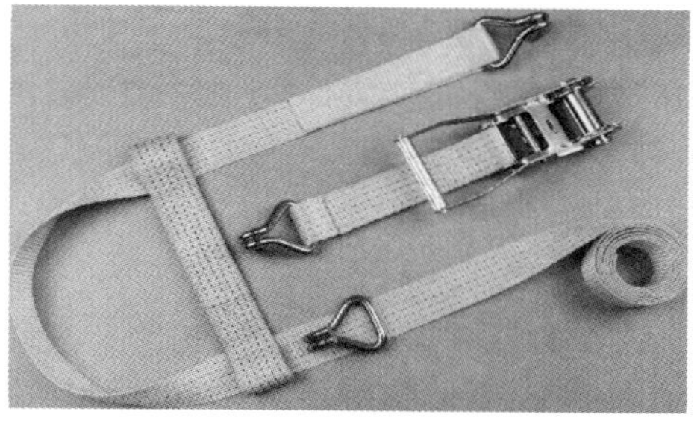

c)

图5-11 抱轮式捆绑器

图 5-12　钉板式捆绑器

图 5-13　齿条式轮挡器

图 5-14　钢管式轮挡器

2. 栓紧装置数量选择

应根据《乘用车公路运输栓紧带式固定技术要求》(GB/T 31083—2014)5.2条选择相应数量、规格的固定器，推荐随车携带的捆绑器、轮挡器的数量为所装载乘用车数量的3.5倍，且破断力为30kN、40kN和50kN的捆绑器比例近似为4:4:2(可根据实际承运车辆整备质量进行调整)。

3. 栓固作业

(1)不同车型的固定方式以及捆绑器类型选用。

运输整备质量较小(≤1200kg)的乘用车时，推荐使用两绑(30kN捆绑器)三挡的方式进行栓紧；运输中、高档4座乘用车时，推荐使用三绑(40kN捆绑器)三挡的方式进行栓紧；运输SUV、MPV等自重较大的车型时，推荐使用四绑(50kN捆绑器)三挡的方式进行栓紧，推荐布局如图5-15～图5-17所示。

若车辆装载时，使用倒挡将乘用车开到车辆运输车上，阻挡的位置以及布局保持不变。

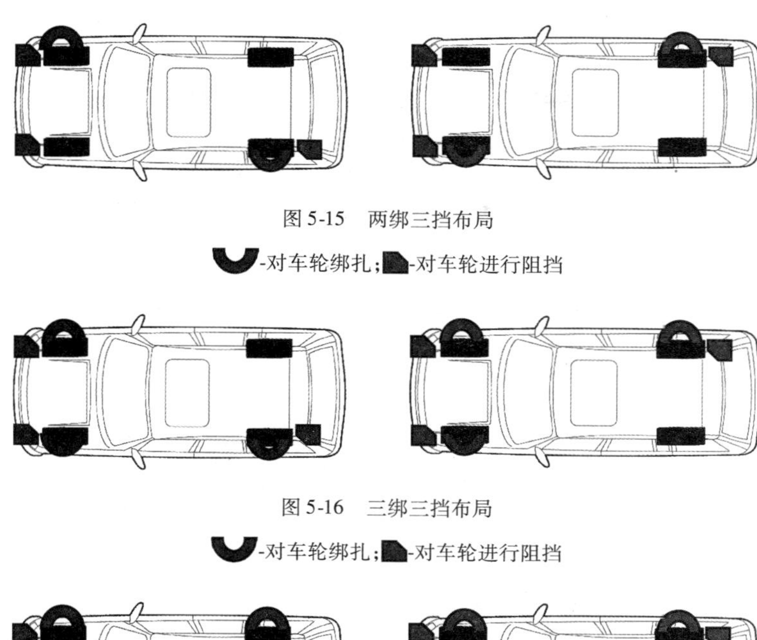

图 5-15　两绑三挡布局

-对车轮绑扎；-对车轮进行阻挡

图 5-16　三绑三挡布局

-对车轮绑扎；-对车轮进行阻挡

图 5-17　四绑三挡布局

-对车轮绑扎；-对车轮进行阻挡

(2)栓固操作。

首先需要在轮胎的前/后方放置轮挡器，并调节其与轮胎间的相对位置，确保其可局部施加作用力，钢管式轮挡器宜每个轮胎成对布置，如图 5-18 所示。前轮轮挡需要放在乘用车前轮前面，后轮轮挡需要放在乘用车后轮后面。

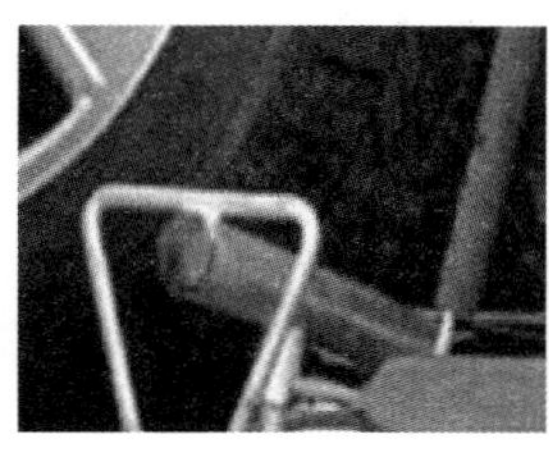

图 5-18　乘用车栓固示意图

①使用钉板式捆绑器（图 5-12）的操作步骤如下：

将捆绑带的第一个钢钩固定到车辆运输车货台的椭圆形孔上，钩子的放置位置应垂直于轮胎边缘。

将捆绑带按径向绕过轮胎，带增摩片的部分需将其与轮胎表面完全接触。

然后将第二个钢钩也垂直固定到货台上，并将捆绑器的拉紧器钢钩固定到货台上。

将捆绑带末端穿过拉紧器，用力拉动拉紧器，直至捆绑带完全张紧抱住轮胎，栓固效果如图 5-19 所示。

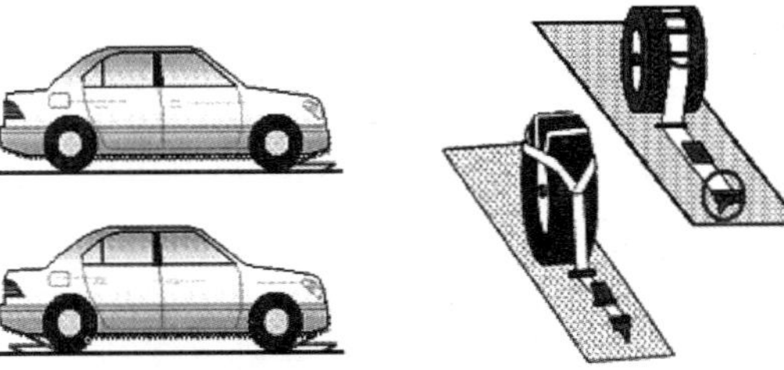

图 5-19　钉板式捆绑器、抱轮式捆绑器捆绑效果图

②使用旁拉式抱轮捆绑器［图 5-11c）］操作步骤如下：

将捆绑带的第一个钢钩固定到车辆运输车的货台上，钢钩的位置宜与轮胎垂线边缘在纵向或横向上保持不低于 200mm 的间距。

图 5-20　旁拉式抱轮捆绑器固定轮胎示意图

将捆绑带套住轮胎，尽量避免捆绑带与金属接触。

然后将第二个钢钩也固定到货台上，钢钩的位置宜与轮胎垂线边缘在纵向或横向上保持不低于 200mm 的间距，并将捆绑器上拉紧器的钢钩固定到货台上。

将捆绑带末端穿过拉紧器，用力拉动拉紧器，直至捆绑带完全张紧抱住轮胎，栓固效果如图 5-20 所示。

(3)栓固注意事项。

①应使用相应规格的栓紧带,并合理地选用轮挡器,将轮挡器固定牢靠后,进行后续的栓固作业。

②捆绑器的织带如果出现下列任一情况,应停用并更换:

A. 织带有化学灼伤、变皱、磨制、熔化烧蚀或焊接溅点。

B. 织带受力部位穿孔或受损面积在横截面上的长度超过织带宽度的4%。

C. 织带受力部位切口长度超过织带宽度的3%。

D. 端配件处织带撕裂长度超过织带宽度的8%。

E. 织带受力部位打结,不能解开。

F. 与织带相配的钉板有老化、变质等。

③捆绑器端配件和(或)拉紧装置有变形、裂纹、磨损和腐蚀,应停用并更换。

④轮挡器如果出现扭曲变形或断裂、焊接处出现脱焊或裂纹,应停用并更换。

⑤捆绑过程中,捆绑带不要拧曲,且栓固完成后的捆绑带不应松弛。

⑥乘用车在运输过程中晃动时,应保证车身不会与捆绑带相接触,如图5-21所示。

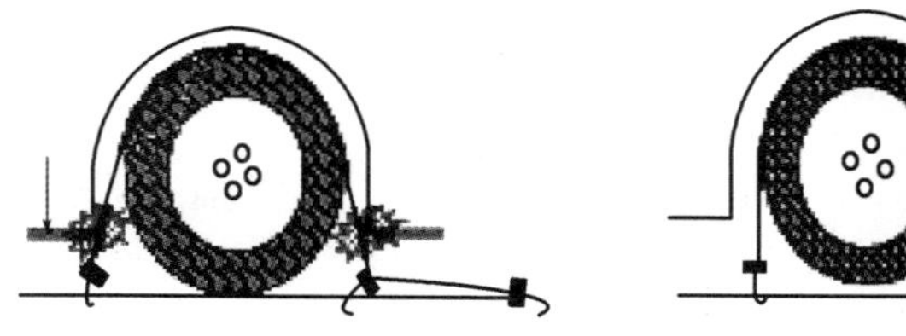

图5-21　捆绑带应避免与车身相接触

⑦不允许将挂钩挂在禁止与车体接触的地方。

⑧捆绑器的拉紧器在工作状态时,需处于锁止状态。

⑨钉板式捆绑器、直线式抱轮捆绑器在固定时,第一、第二个钢钩的位置应尽可能地与轮胎垂线点保持一致,增大受力效果的同时,也避免与车身干涉。

三、行驶途中检查

装载后的车辆运输车在行驶途中的检查要求主要包括：

(1)首次行驶途中检查应当在行驶80km左右时进行，检查栓紧装置的牢固情况，如有松动，及时纠正，防止捆绑器钢钩脱落、轮挡器松动；随后每连续行驶240km(或每行驶3h)，应再次进行复检。

(2)连续行车超过4h应停车休息至少20min，停车休息时须对车辆进行检查，重点检查栓紧情况及挂车的运行状况。

(3)检查挂车后下层货台收起后伸缩过渡跳板边缘与地面是否有摩擦。

(4)天气炎热时，注意对车辆轮胎进行检查。

四、卸车作业

按照乘用车的卸车顺序，至少两人协作，一人驾驶一人观望及引导。需将列车停放好，牵引车与挂车调整为直线形，列车为驻车制动状态，卸车时需控制车速，按照乘用车的装载逆序，先卸下层，后卸上层。

车辆运输车卸载乘用车时，下层卸车通常按照以下流程进行作业：

(1)抽出挂车尾部跳板并调整到合适的宽度，锁上安全销。

(2)操作控制手柄，将车辆运输车、挂车上层货台升至高点，给下层卸车留出足够空间。

(3)拆除挂车所运输乘用车的捆绑器和轮挡器，注意捆绑器的钢钩和轮挡器不能碰到乘用车漆面和轮胎钢圈，避免损伤乘用车。

(4)将捆绑器和轮挡器放置在适当位置，不能影响乘用车在挂车内通行。

(5)驾驶员手扶乘用车门边，侧身进入乘用车，注意车门与挂车车厢的安全距离，避免损伤乘用车。

(6)起动乘用车，将乘用车通过过渡跳板缓慢驶下，要求卸车速度不大于5km/h，通过过渡跳板时注意乘用车底盘与过渡跳板的角度，驾驶员不得将头伸出驾驶室外进行前后观望，引导员应对倒车过程进行指挥和引导。

(7)将乘用车停放在距挂车5m外，拉起乘用车驻车制动器手柄，防止溜车；

在非专门卸车场地卸车时，每台卸完的乘用车必须拔下钥匙并由专人看管。

(8)挂车下层货台上的车辆卸载完毕后，操作液压控制手柄，将其车辆运输车的过渡跳板伸出并与挂车连接在一起。

(9)拆除车辆运输车下层货台所运输乘用车的捆绑器和轮挡器，按照操作步骤(4)～(7)，依次将乘用车卸下即可。

(10)将下层装车平台上的捆绑器和轮挡器等物品放入工具箱，避免影响上层乘用车的卸载。

(11)卸货完成后，需操作液压控制手柄，将过渡跳板进行复位。

上层货台的卸车操作按以下步骤进行：

(1)操作液压控制手柄，将上层货台轻度举升。

(2)从车辆侧面逐一取出机械锁紧装置，如在车厢内作业时，须从车厢尾部开始依次撤掉机械锁紧装置。

(3)操作液压控制手柄，将上层货台末端降至贴近下层货台，上层货台下方不得站人；对车辆运输车需尽可能地向下倾斜，如不能达到卸车要求，则分次卸车(即将挂车上的乘用车卸载完毕后，将挂车上层货台重新升起，将乘用车开到挂车上，重新栓紧后，再次进行此步骤操作)。

(4)将过渡跳板向前延伸至车辆运输车上层平台边缘，向后延伸至地面，确保整个货台无尖锐的突起。

(5)按照从后往前的顺序，逐一拆除乘用车的捆绑器和轮挡器，拆除要求与下层卸车要求一致。

(6)每拆除完一辆乘用车的捆绑器和轮挡器，便起动乘用车，使其缓慢驶下车厢，卸车速度不大于5km/h。

(7)清点整理好捆绑器和轮挡器，将其放入工具箱。

(8)操作液压控制手柄，升起上层货台，收起过渡跳板，插上安全销，并用机械锁紧装置从货台下方进行限位，调整车辆至行驶状态。

(9)关闭车门并检查车辆周边情况。

第六章　车辆运输车专项治理

近年来，随着我国经济社会与汽车工业的快速发展，人们对乘用车的需求不断增加，汽车整车物流业规模持续扩大，车辆运输车保有量逐年增长，为支撑我国汽车制造业的持续快速发展作出了巨大贡献。但与此同时，车辆运输车非法改装、超限运输现象屡禁不止，不仅扰乱了汽车制造业和汽车整车物流业两个行业的市场秩序，更给人民群众生命财产安全造成了极大的安全隐患，必须坚决予以治理。为规范车辆运输车的使用和管理，维护市场经济秩序，减少道路交通安全事故，保护人民群众生命财产安全，促进汽车制造业和汽车整车物流业健康发展，本章着重介绍有关车辆运输车专项治理工作的文件要求、实施情况，并结合研究和实践针对车辆运输车生产企业、整车物流企业、乘用车生产企业以及汽车生产制造、道路交通安全和道路运输管理部门等不同性质单位，提出下一步车辆运输车治理工作的意见和建议。

第一节　车辆运输车治理工作基本情况

一、货车非法改装和超限超载治理

2004年以来，全国各地、各有关部门全面贯彻落实国家有关法律法规和国务院决策部署，深入推进车辆超限超载治理工作，取得了积极成效。但在局部地区，货车超限超载现象还依然存在，尤其是车辆运输车、集装箱运输车以及低平板半挂车的超限超载现象尤为突出，对交通安全带来了很大的隐患，并且导致了一些重大事故的发生，给人民的生命和财产造成了严重损失。为进一步加强货车非法改装和超限超载治理工作，切实保护广大人民群众生命财产安全，提高车辆装备技术水平，促进我国经济社会持续健康发展，根据国家有关法律法规和国务院关于加强治理货车超限超载工作的有关要求，交通运输部联合工业和信息化部、公安部、工商总局、质检总局等于 2016 年 7 月 12 日发布了《关于进一步做好货车非法改装和超限超载治理工作的意见》（交公路发〔2016〕124 号），从加强车辆生产和改装监管、加强货物装载源头和路面执法监督、健全完善道路运输市场发展机制和健全完善治超工作机制四个方面提出具体要求，在全国范围内开始了新一轮的货车非法改装和超限超载治理工作。为贯彻落实《关于进一步做好货车非法改装和超限超载治理工作的意见》（交公路发〔2016〕124 号），加大对货车非法改装与超限超载行为的打击力度，规范车辆运输车的使用和管理，着力从源头预防和遏制货车违法超限超载行为，切实保护广大人民群众生命财产安全，针对此次货车非法改装与超限超载治理的三个重要方面，交通运输部办公厅、国家发展和改革委员会办公厅、工业和信息化部办公厅、公安部办公厅、国家质量监督检验检疫总局办公厅于 2016 年 8 月 10 日联合发布了《关于印发〈车辆运输车治理工作方案〉的通知》（交运办〔2016〕107 号），交通运输部办公厅和公安部办公厅于 2016 年 8 月 18 日联合发布了《关于印发整治公路货车违法超限超载行为专项行动方案的通知》（交办公路〔2016〕109 号），工业和信息化部办公厅、公安部办公厅、交通运输部办公厅、工商总局办公厅、质检总局办公厅于 2017 年 1 月 13 日联合发布了《关于开展货车非法改装专项整治行动的通知》（工信厅装函〔2017〕21 号），六部委局联合组织开展 3 个治超专项行动，按照职能分工有计划地组织落实，在全国范围内对货运车辆非法改装和超限超载行为集中开展专项治理工作，在专项行动期间，各地公路管理机构与公安交通管理部门依托超限检测站开展联合执法、分工明确，统一了车辆超限超载执法标准并回归至《汽车、挂车及汽车列车外廓尺寸、轴荷及质量限值》（GB 1589—2016），为货运车辆超限超载治理工作的顺利开展与稳步推进奠定了坚实的基础。图 6-1 为货车非法改装和超限超载治理相关文件。

中华人民共和国国家标准

GB 1589—2016

汽车、挂车及汽车列车外廓尺寸、轴荷及质量限值

Limits of dimensions, axle load and masses for motor vehicles, trailers and combination vehicles

2016-07-26 发布　　2016-07-26 实施

中华人民共和国国家质量监督检验检疫总局
中国国家标准化管理委员会　发布

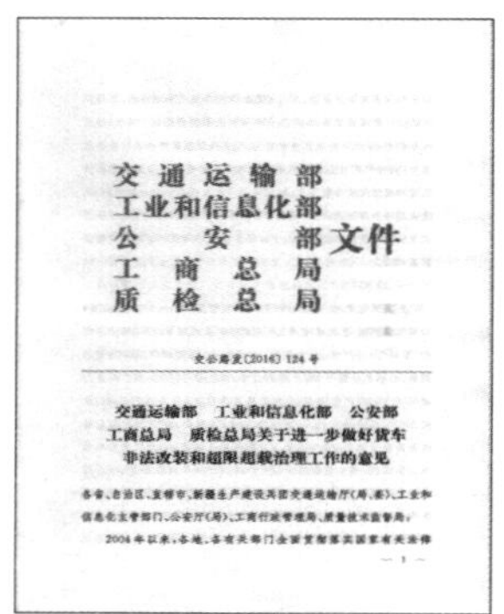
交通运输部
工业和信息化部
公安部
工商总局
质检总局
文件

交公路发〔2016〕124号

交通运输部　工业和信息化部　公安部
工商总局　质检总局关于进一步做好货车
非法改装和超限超载治理工作的意见

各省、自治区、直辖市、新疆生产建设兵团交通运输厅(局、委)、工业和信息化主管部门、公安厅(局)、工商行政管理局、质量技术监督局：

2004年以来，各地、各有关部门全面贯彻落实国家有关法律

— 1 —

交通运输部办公厅
公安部办公厅
文件

交办公路〔2016〕109号

关于印发整治公路货车违法超限超载行为
专项行动方案的通知

各省、自治区、直辖市、新疆生产建设兵团交通运输厅(局、委)、公安厅(局)：

为进一步加强公路货车超限超载治理工作，更好地保护广大人民群众生命财产和道路交通安全，经交通运输部、公安部同意，现将《整治公路货车违法超限超载行为专项行动方案》印发给你们，请结合本地实际，认真组织实施。

— 1 —

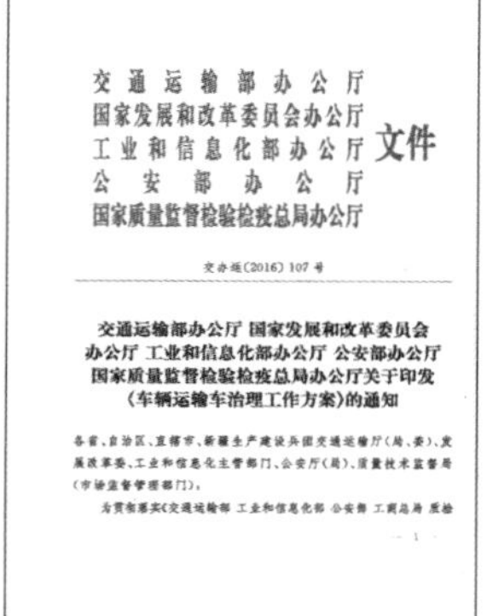
交通运输部办公厅
国家发展和改革委员会办公厅
工业和信息化部办公厅
公安部办公厅
国家质量监督检验检疫总局办公厅
文件

交办运〔2016〕107号

交通运输部办公厅 国家发展和改革委员会
办公厅 工业和信息化部办公厅 公安部办公厅
国家质量监督检验检疫总局办公厅关于印发
《车辆运输车治理工作方案》的通知

各省、自治区、直辖市、新疆生产建设兵团交通运输厅(局、委)、发展改革委、工业和信息化主管部门、公安厅(局)、质量技术监督局(市场监督管理部门)：

为贯彻落实《交通运输部 工业和信息化部 公安部 工商总局 质检

— 1 —

图6-1　货车非法改装和超限超载治理相关文件

二、车辆运输车专项治理工作取得初步成效

车辆运输车专项治理是违法改装与超限超载治理工作的重要组成部分，违规车辆运输车也是违法改装与超限超载运输的典型车辆类型，对该车型的成功治理将为其他违规集装箱与低平板半挂车治理工作的开展提供经验借鉴。因此，为全面部署车辆运输车治理工作，规范车辆运输车的使用和管理，保障道路交通安全，推进汽车整车物流行业健康发展，针对车辆运输车的违法改装与超限超载行为并结合《汽车、挂车及汽车列车外廓尺寸、轴荷及质量限值》(GB 1589—2016)、《车辆运输车通用技术条件》(GB/T 26774—2016)等标准的发布实施，交通运输部牵头组织进行了相关政策与技术研究，联合相关部委局发布了

《车辆运输车治理工作方案》(交运办〔2016〕107号)。针对车辆运输车普遍违规的客观情况和全国统一联合治超的目标要求,《车辆运输车治理工作方案》明确了治理工作的总体要求是以保安全、促转型、稳增长为目标,以解决行业突出矛盾和问题为导向,以保障人民群众生命财产安全为底线,坚持"标准引领、循序渐进、疏堵结合、协同推进"原则,综合采取法律、行政、市场等手段,加强对车辆运输车生产、改装、销售和使用的全过程监管,通过综合治理,基本消除车辆运输车违规运营现象,标准车型在汽车整车物流行业得到普遍应用,道路交通安全水平明显提升,企业运输效率明显提升,乘用车采用铁路、水路运输的比重明显提升,主要运输通道通行条件明显改善,从业人员队伍保持稳定、工作环境持续改善,我国汽车整车物流业进入规范、有序、健康的发展轨道。同时,制定了做好标准贯彻实施、严格新增车辆市场准入、综合施策消化存量、强化源头管控、加强路面执法检查、发展多式联运提高综合运能六方面具体举措。明确了任务分工与时间安排。《车辆运输车治理工作方案》以《汽车、挂车及汽车列车外廓尺寸、轴荷及质量限值》(GB 1589—2016)、《车辆运输车通用技术条件》(GB/T 26774—2016)等标准为技术依据,综合考虑治理工作可能导致的运力下降,提出了发展多式联运以及更大装载能力的中置轴车辆运输列车的技术路线。为降低和减轻社会矛盾,在保障市场相对运力的情况下,开展车辆运输的分阶段治理工作,对违规车辆设置了一定的过渡期并确定了过渡期的工作目标,2016年9月21日起,对于超载严重的"双排车"严禁进入高速公路。2016年9月21日至2018年6月30日为不合规车辆运输车的整改期,在此期间暂时允许本方案发布之日前注册登记的"单排车"过渡运行。为便于执法人员与运输从业人员对治理方案与过渡期车型的准确理解,针对"双排车"和"单排车"分别给出了定义和图例。

"双排车"是指上下两层均双排装载或上层双排装载下层单排装载,且不符合国家标准的车辆运输车,车型如图6-2所示。

"单排车"是指上下单排装载,以及尾部装载的乘用车至少有一轴装载于车辆运输车车厢后立柱以内的,不符合国家标准的车辆运输车。暂时允许过渡运行的"单排车"单排装载方式,如图6-3所示。

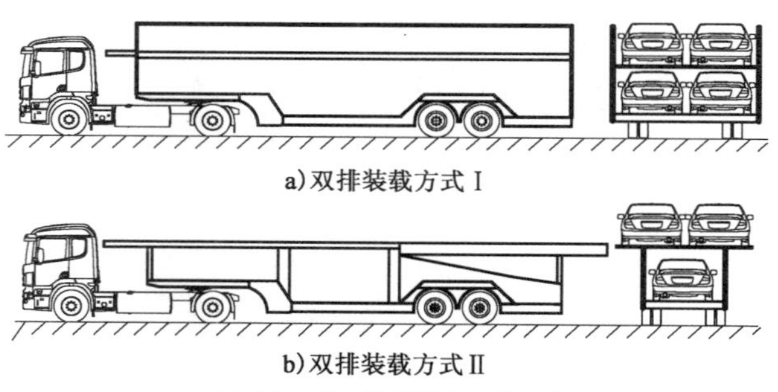

a)双排装载方式Ⅰ

b)双排装载方式Ⅱ

图 6-2　禁止通行的"双排车"

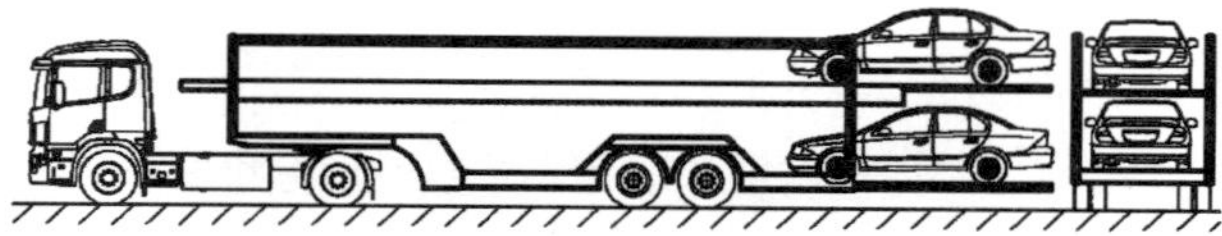

图 6-3　暂时允许过渡运行的单排装载

为避免对于"单排车"装载形式的不同理解，给执法人员带来的不便，避免运输从业人员钻法律的空白，针对不符合要求的"单排车"的装载形式进行了举例说明。暂时允许过渡运行的单排装载方式不得斜向装载、横向装载、三层装载，也不允许乘用车双轴装载于车辆运输车车厢后立柱外侧，如图 6-4 所示。计划通过车辆运输车的专项治理工作，自 2018 年 7 月 1 日开始在道路行驶的车辆运输车均为标准化的车辆运输车（图 6-5）。

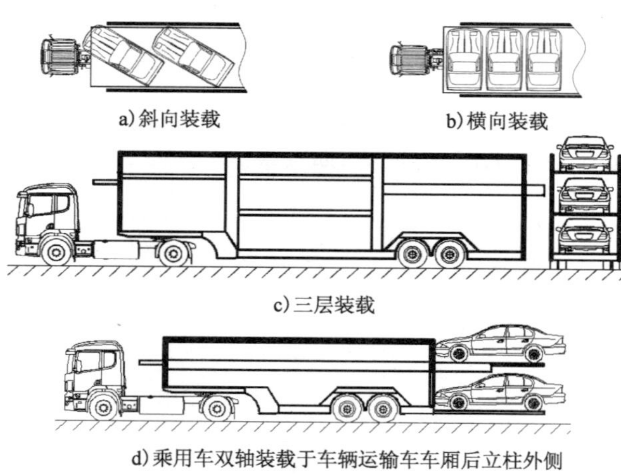

a)斜向装载

b)横向装载

c)三层装载

d)乘用车双轴装载于车辆运输车车厢后立柱外侧

图 6-4　禁止过渡运行的单排装载

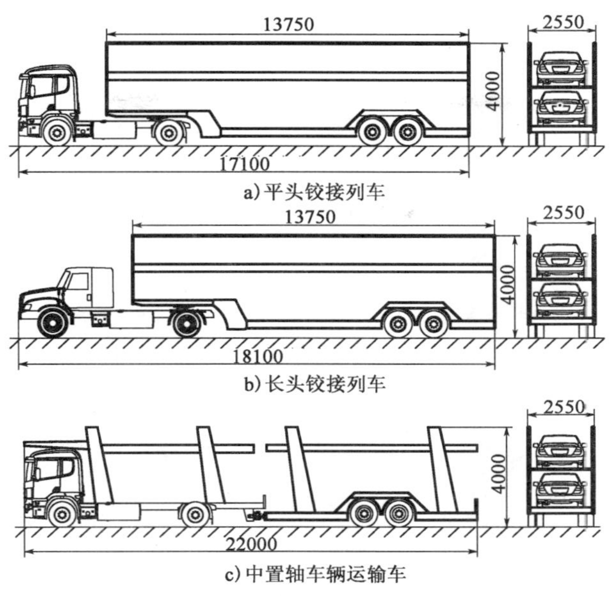

图 6-5　标准车型

在车辆运输车生产与使用单位、乘用车生产单位的大力支持下,在广大执法人员严格执法的情况下,车辆运输车治理工作取得了显著的成效。为全面掌握车辆运输车治理工作方案的落实情况,及时了解和掌握车辆运输车治理中存在的问题,交通运输部于 2016 年 9 月下旬对吉林、广西、河北、山东、北京、天津等省、自治区、直辖市乘用车生产单位及其周边物流企业车辆运输车的装载情况、高速公路入口等进行了实地调研,除极个别情况外,"双排车"已经从高速公路上消失,车辆运输车治理工作取得了初期效果。

三、车辆运输车专项治理工作持续深入开展

在车辆运输车专项治理工作开展的同时,为加强超限运输车辆行驶公路管理,保障公路设施和人民生命财产安全,交通运输部针对超限运输车辆发布实施了《超限运输车辆行驶公路管理规定》(交通运输部令 2016 年第 62 号)(图 6-6),对超限运输车辆的车辆类型、外廓尺寸以及总质量进行了明确,并对超限运输车辆进行许可管理。对于违法超限运输的车辆,由公路管理机构根据违法行为的

性质、情节和危害程度，按规定给予处罚。可以说，《超限运输车辆行驶公路管理规定》是交通运输部单独执法时对超限运输车辆进行管理的依据。然而，《关于印发整治公路货车违法超限超载行为专项行动方案的通知》和《车辆运输车治理工作方案》是交通运输部与公安部联合执法标准，在执法初期，对于车辆运输车的治理仅为从“双排车”改为“单排车”，且车货总质量不超过该车型最大允许总质量，在过渡期内具体执法时不涉及车辆外廓尺寸。由于部分执法人员对该内容的理解不够准确，在执法过程中对在整改期内的超长车辆运输车以外廓尺寸超限和违法改装为由进行执法，导致部分车辆不能上路行驶。为进一步规范专项行动期间有关执法工作，交通运输部办公厅和公安部办公厅于 2016 年 10 月 14 日发布了《关于规范治理超限超载专项行动有关执法工作的通知》（交办公路〔2016〕130 号）（图 6-6），通知再次明确，对于车辆运输车治理要严格执行《车辆运输车治理工作方案》（交办运〔2016〕107 号）要求，按照过渡期政策分期治理、逐步到位，目前重点治理双排装载的车辆运输车，对未到整改期的单排装载车辆运输车，不得以车辆超长、非法改装等理由禁止驶入高速公路或者进行处罚。该文件的发布与实施，在车辆运输车超限超载治理初期，避免了由于对执法标准理解不到位而导致车辆运输车受罚的现象，保障了治理初期新车型未上市的情况下市场有相对充足的运力。

中华人民共和国交通运输部令

2016 年第 62 号

《超限运输车辆行驶公路管理规定》已于 2016 年 8 月 18 日经第 18 次部务会议通过，现予公布，自 2016 年 9 月 21 日起施行。

部长 杨传堂

2016 年 8 月 19 日

— 1 —

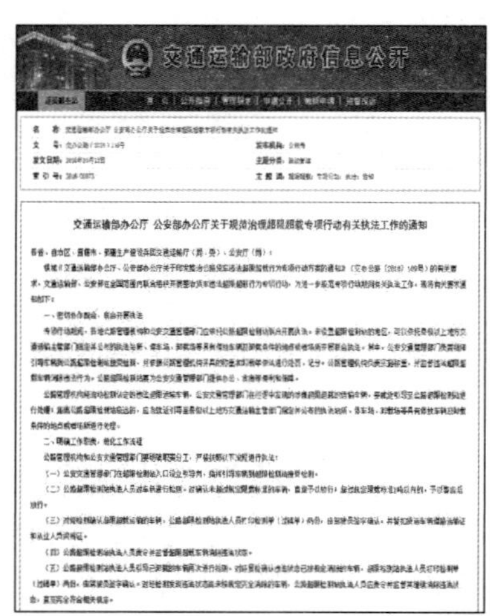

交通运输部政府信息公开

交通运输部办公厅 公安部办公厅关于规范治理超限超载专项行动有关执法工作的通知

图 6-6 交通运输部令 2016 年第 62 号与交办公路〔2016〕130 号文

随着车辆运输车超限超载治理工作的深入，在基本杜绝“双排车”上路运行、严格执行“单排车”过渡运行政策下，在继续巩固已取得治理成效的基础上，治理工作将转入在用不合规车辆运输车分期退出阶段。为此，交通运输部办公厅于2016年11月21日发布了《关于做好在用不合规车辆运输车信息申报工作的通知》（交办运函〔2016〕1359号）（图6-7），自11月28日起开展在用不合规车辆运输车信息申报工作。通知要求，汽车整车物流企业12月9日前，登录“在用不合规车辆运输车申报录入系统”（图6-7）完成本企业所属不合规车辆运输车信息申报录入工作；各县级道路运输管理机构12月23日前完成车辆运输车申报信息审查核工作；各汽车整车物流企业于12月30日前在申报系统中填报不合规车辆运输挂车退出计划。对于退出计划，根据整车物流企业拥有的不合规车辆运输挂车数量按比例进行确定，具体要求如下：拥有5辆以上（含5辆）不合规车辆运输挂车的汽车整车物流企业，2017年6月30日前完成不合规车辆运输挂车总数20%的退出任务，2017年12月31日前完成不合规车辆运输挂车总数60%的退出任务，2018年6月30日完成所有不合规车辆运输挂车的退出任务；拥有5辆以下（不含5辆）不合规车辆运输挂车的汽车整车物流企业，2017年12月31日前完成所有不合规车辆运输挂车的退出任务。

交通运输部政府信息公开

交通运输部办公厅关于做好在用不合规车辆运输车信息申报工作的通知

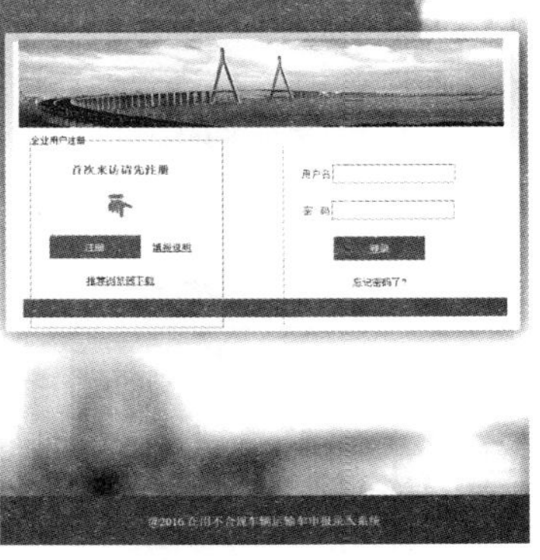

图6-7　交办运函〔2016〕1359号与在用不合规车辆运输车申报录入系统

为依法依规运用信用约束手段治理公路违法超限超载现象，进一步提升公路超限超载治理成效，交通运输部办公厅发布了《关于界定严重违法失信超限超载运输行为和相关责任主体有关事项的通知》（交办公路〔2017〕8号）（图6-8），明确了货运车辆驾驶员 1 年内违法超限运输超过 3 次等十大情形，应当列入严重违法超限超载运输失信当事人名单。交通运输部定期将失信当事人名单提供给签署备忘录的各部门，由各相关部门按照《关于对严重违法失信超限超载运输车辆相关责任主体实施联合惩戒的合作备忘录》（发改财金〔2017〕274 号）约定内容，依法依规对失信当事人实施联合惩戒。

交通运输部政府信息公开

名　　称：交通运输部办公厅关于界定严重违法失信超限超载运输行为和相关责任主体有关事项的通知

文　　号：交办公路〔2017〕8号　　发布机构：公路局

发文日期：2017年02月07日　　主题分类：超限运输管理

索 引 号：2017-00072　　主 题 词：超限;超载;主体;通知

交通运输部办公厅关于界定严重违法失信超限超载运输行为和相关责任主体有关事项的通知

各省、自治区、直辖市、新疆生产建设兵团交通运输厅（局、委）：

为深入贯彻党的十八大和十八届三中、四中、五中、六中全会精神，落实《国务院关于建立并完善守信联合激励和失信联合惩戒制度加快推进社会诚信建设的指导意见》（国发〔2016〕33号），依法依规运用信用约束手段治理公路违法超限超载现象，进一步提升公路超限超载治理成效，经交通运输部同意，决定对严重违法失信超限超载运输行为和相关责任主体予以界定，现将有关事项通知如下：

一、严格界定严重违法失信超限超载运输行为和相关责任主体

有下列情形之一的，应当列入严重违法超限超载运输失信当事人名单：

（一）货运车辆1年内违法超限运输超过3次的；

（二）货运车辆驾驶人1年内违法超限运输超过3次的；

（三）道路运输企业1年内违法超限运输的货运车辆超过本单位货运车辆总数10%，被道路运输管理机构责令停业整顿的；

（四）机动车维修经营者擅自改装机动车，情节严重，被吊销经营许可的；

（五）指使、强令车辆驾驶人超限运输货物，被道路运输管理机构处以2万元以上罚款，或者1年内被给予3次以上行政处罚的；

（六）隐瞒有关情况或者提供虚假材料申请超限运输行政许可，或者以欺骗、贿赂等不正当手段取得行政许可的；

（七）超限超载运输车辆驾驶人、源头单位、大件运输企业无正当理由拒绝有关部门监督检查或者提供虚假情况的；

（八）因堵塞交通、强行冲卡、暴力抗法、破坏相关设施设备，被公安机关依法给予行政处罚的；

（九）因违法超限超载造成重大责任事故且负同等责任以上的；

（十）暴力抗法致人死亡或伤害的。

上述各项中的“超过”“以上”包含本数。“1年”从初次领取道路运输证、道路运输从业人员从业资格证、道路运输经营许可证之日算起，可跨自然年度。

二、切实加强严重失信行为信息统计汇总

（一）各省（区、市）交通运输主管部门要组织所属道路运输管理机构、公路管理机构，严格按照本通知要求界定严重失信情形，并将失信行为涉

图 6-8　交办公路〔2017〕8 号文

各地交通运输、公安、工信等部门联合行动，强化治理，各乘用车制造企业和汽车整车物流企业积极支持配合，在顺利完成了第一阶段“双排车”变“单排车”的治理目标以及在用不合规车辆运输车申报的基础上，为确保在用不合规车辆运输车按期退出，全面完成“单排车”变“标准车”的工作目标，交通运输部办公厅、公安部办公厅、工业和信息化部办公厅于 2017 年 4 月 24 日发布了《关于做好车辆运输车第二阶段治理工作的通知》（交办运函〔2017〕546 号）（图 6-9）。通知要求各地整车物流企业要进一步细化退出计划，在现有 20%、60% 退出计划的基础上，细化制订 2017 年 9 月 30 日前完成 40%、2018 年 3 月 31 日前完成 80% 的不合规车辆运输挂车的退出计划，并将上述计划在“在用不合规车辆运输车信息申报录入系统”中填报；在此基础上布置督促落实退出计划，确保不合规车辆按时退出；做好车辆更新购置，确保运力均衡稳定；强化源头管控，防

止不合规车辆出场；加强路面执法检查，严禁不合规车辆上路行驶；实施联合惩戒，增加违规失信成本等方面重点任务，确保不合规车辆按时退出。

交通运输部政府信息公开

首　页 | 公开指南 | 管理规定 | 申请公开 | 维护申请 | 监督投诉

名　　称：交通运输部办公厅 公安部办公厅 工业和信息化部办公厅关于做好车辆运输车第二阶段治理工作的通知

文　　号：交办运函〔2017〕546号　　发布机构：运输服务司

发文日期：2017年04月28日　　主题分类：道路货物运输

索 引 号：2017-00287　　主 题 词：车辆运输车;治理;通知

交通运输部办公厅　公安部办公厅　工业和信息化部办公厅关于做好车辆运输车第二阶段治理工作的通知

各省、自治区、直辖市、新疆生产建设兵团交通运输厅（局、委）、公安厅（局）、工业和信息化主管部门：

按照交通运输部、公安部、工业和信息化部等五部委办公厅2016年联合印发的《车辆运输车治理工作方案》（交办运〔2016〕107号，以下简称《工作方案》）的部署，各地交通运输、公安、工信等部门联合行动，强化治理，各乘用车制造企业和汽车整车物流企业积极支持配合，顺利完成了第一阶段“双排车”变“单排车”的治理目标，整车物流市场环境明显改善，运输安全、效率显著提高。根据《工作方案》治理进度安排，第二阶段治理工作的重点是分期退出在用不合规车辆运输车，全面完成“单排车”变“标准车”的工作目标。为确保在用不合规车辆运输车按期退出，现就做好车辆运输车第二阶段治理有关工作通知如下：

一、工作目标

2018年6月30日前，全面完成所有不合规车辆运输车的更新改造。其中，2017年6月30日前完成总数的20%，9月30日前完成40%，12月31日前完成60%，2018年3月31日前完成80%。

2018年7月1日起，全面禁止不合规车辆运输车通行，符合《汽车、挂车及汽车列车外廓尺寸、轴荷及质量限值》（GB1589-2016）要求的标准化车辆运输车比重达到100%，中置轴车辆运输列车等先进车型得到广泛应用。

通过综合治理，道路交通安全水平明显提升，运输效率明显提高，运价合理回归，重塑整车物流市场优胜劣汰、公平竞争的市场机制，行业进入规范、有序、健康发展的轨道。

二、重点任务

（一）督促落实退出计划，确保不合规车辆按时退出。

各地整车物流企业要进一步细化退出计划，在现有20%、60%退出计划的基础上，细化制定2017年9月30日前完成40%、2018年3月31日前完成80%的不合规车辆运输挂车的计划，并于5月2日前在“在用不合规车辆运输车信息申报录入系统”（以下简称申报系统）中填报，逾期不填报的，申报系统将自动分配退出计划。

各地道路运输管理机构要根据企业申报信息对本辖区车辆运输挂车信息及退出计划逐一进行核查，并及时将退出计划通报经营业户，抄送公安机关交通管理部门。核查过程中发现信息不准确的，于5月31日前反馈至交通运输部通信信息中心。公安机关交通管理部门要将需退出车辆的详细信息录入公

图 6-9　交办运函〔2017〕546 号文

为了解和掌握实际车辆运输车的退出情况，交通运输部于 2017 年 7 月上旬派出工作组对山东和湖北等部分地区的车辆运输车实际运行与退出情况进行了查访。车辆运输车治理工作整体情况良好，但也发现仍有少量不合规车辆未纳入“在用不合规车辆运输车信息申报录入系统”并违规运营；已纳入该系统的违规车辆存在一定比例未按计划退出且正常运营的情况。此外，在暗访中还发现未按照规定执行将乘用车双轴装载于车辆运输车车厢后立柱外侧、超长车辆运输货车上下双层装载 14 辆乘用车以及极个别采用农用车和低速电动车双排装载的违规现象。

第二节　车辆运输车治理工作建议

《车辆运输车治理工作方案》发布实施近一年时间，上文也对落实情况作了简要介绍。总体来看，全国各地、各相关领域都在积极推进，取得了较为显著的成效，但在某些具体指标落实、相关要求的落地执行等方面还有不足。针对《车

辆运输车治理工作方案》的目标要求、结合相关研究工作基础，提出以下几方面工作建议，供相关方在实际工作中参考。

一、车辆运输车生产企业工作建议

车辆运输车生产企业是整车物流企业的供货方，提供了车辆运输的重要载体，是车辆产品技术优化升级的责任主体。在车辆运输车治理过程中，车辆运输车生产企业应努力做到以下三点：

（1）制造合规车辆运输车，拒绝非法改装。

目前，我国车辆运输车以超长、超宽、超高的违规产品为主，这些车型严重影响了交通安全和道路通行效率。车辆运输车生产企业应提高认识，通过车辆运输车治理活动进一步提高车辆的技术水平与本质安全，促进汽车行业良性发展。车辆运输生产企业应根据《车辆运输车通用技术条件》（GB/T 26774—2016）标准要求，设计、制造符合标准要求的车辆运输车，确保新生产的车辆运输车外廓尺寸、质量参数符合《汽车、挂车及汽车列车外廓尺寸、轴荷及质量限值》（GB 1589—2016）的规定；务必加强质量管控，保证车辆产品的生产一致性，不迎合超限运输的需求，不制造违规车型，不参与非法改装。

（2）加强科研与生产合作，提高产品开发能力。

《汽车、挂车及汽车列车外廓尺寸、轴荷及质量限值》（GB 1589—2016）规定了中置轴车辆运输车的长度为22m，相对于铰接列车17.1m的长度（长头铰接列车18.1m），具有装载能力强、通过性好的优点。《车辆运输车通用技术条件》（GB/T 26774—2016）规定了车辆结构设计、装备配置、性能质量以及列车匹配等方面的具体要求。车辆运输车生产企业应结合自身技术特点和市场需求，通过引进国外先进技术、加强自主创新等途径研发符合我国国情的中置轴车辆运输车、车辆运输半挂车及列车等产品；严格规范开展新车型的试验验证，按照新标准要求申报产品公告并组织生产，逐步形成中置轴车辆运输车规模产能。

特别需要注意的是，务必高度重视牵引车和挂车的联合设计与匹配验证，这是确保列车满足《汽车、挂车及汽车列车外廓尺寸、轴荷及质量限值》（GB 1589—2016）、《车辆运输车通用技术条件》（GB/T 26774—2016）及相关标准规定，确保实际运行安全的前提，也是当前车辆管理体制机制中的薄弱环节。企业在产品设计和使用说明书中，应关注有关主、挂车辆的挂接与分离操作要求，明确商品车装卸与固定的操作要求等等，以方便使用、保证运输生产安全。

（3）坚持技术创新，提高车辆运输车自动化程度。

目前，车辆运输车配置简单、技术落后，车辆运输半挂车普遍采用上层平面布置、下层机械调节“跳跳板”叠拼式布置的双层装载结构，装载空间未得到充分利用。升降装置主要使用人工手拉葫芦式机构，装车效率低。车辆运输车生产企业应加大科技研发投入，设计使用叠拼布置的新结构以增加装载量，采用高强度材料以降低车辆自重，采用液压控制装置以提高装卸自动化程度。车辆运输车生产企业应大胆创新、严谨求证、专注细节，推动车辆运输车向大型化、专业化、自动化、轻量化方向发展。

二、整车物流企业工作建议

整车物流企业是车辆运输车治理工作的主要对象，也是车辆运输车更新置换的主体承担者，在治理工作开展期间承担了重要的角色。针对治理工作提出以下建议与意见。

（1）高度理解国家政策为行业带来的积极意义。

此次治理工作与以往有很大的区别。通过多部门联合执法，分阶段实施治理，采取疏堵结合，源头管控等多项举措，将车辆运输车治理工作细化到位，落在实处。方案内容在21个月的时间内逐步过渡，梯次淘汰违规车辆，方案可操作性强。行业相关的汽车整车物流企业充分学习理解本次治理工作的具体步骤和细节，避免消极观望，加强与地方交通运输、公安机关、工业和信息化等管理部门的沟通协调，积极配合地方管理部门进行车辆运输车基础信息摸底调查、监督检查、路面执法等工作。

（2）积极制订方案落实计划，实现合规经营。

按照《车辆运输车治理工作方案》的总体部署，第一阶段治理工作已经取得了实质的成效，全面禁止“双排车”通行。2017年6月30日、9月30日、2017年底和2018年3月31日、6月30号分阶段按照20%、40%、60%、80%、100%的比例淘汰在用不合规车辆运输车，物流企业要按照国家部委的要求规范使用过渡期内的车辆运输车，按照装载要求进行装载，保障治理期间汽车整车物流市场运行稳定。对于未按规定要求报备过渡期车型信息、未按时执行违规车退出计划的运输企业及其营运驾驶员，企业主要负责人应提高认识、承担责任、尽快整改。

(3)合理制订购车计划，新增合规运力。

各整车物流企业已经按照第二阶段治理工作的安排，上报了不合规车辆运输车信息及退出计划，各企业应该加快推进不合规车辆运输车的退出工作，细化落实每一辆“单排车”的退出时间表，确保在不合规车辆运输车退出时间节点前完成任务，避免由于前期准备不足、车辆集中退出造成运能紧张。同时，要积极与乘用车制造企业、车辆运输车生产企业进行沟通协调，分期分批制订中置轴车辆运输车等标准车型的采购计划。整车物流总包企业要组织下属承运商积极购置新车型，引导其使用具有低底盘、空气悬架、自动升降等先进装置的中置轴车辆运输车，适当提供融资渠道，帮助承运商做好车辆更新置换工作，保障运力充足，维护市场稳定。整车物流企业选购车辆运输车时务必要认真、负责地进行车型选择，要重点考核牵引车、挂车单车技术要求和列车匹配性能的全面合规性，确保列车运行安全可靠、车辆装载满足标准要求。

(4)加强与上下游企业沟通协调，根据实情重新核定公路运输成本价格。

现有车辆运输车全行业普遍超限，成本混乱不清，因此整车物流价格扭曲。治理工作的开展在短期间内势必会导致运输成本和价格一定程度的上涨，第一阶段的治理工作促使运价回归了20% ~30%，汽车整车物流企业下阶段还要根据不同淘汰期间运输成本上涨情况重新计算运价，与乘用车制造企业重新签订运输合同。2016年，中国物流与采购联合会汽车物流分会为推动行业健康发展，推动企业间良好合作，推动行业建立科学定价机制，综合吸取采纳企业经验和专家研究成果，提出整车物流公路运输成本和价格指标体系，可供汽车物流行业重新核定运价参考使用。

(5)积极开展多式联运，发展综合运输。

目前，乘用车运输市场主要以公路运输为主，由于车辆普遍超限超载导致运价机制被破坏，公路运价低，铁路、水路运价优势难以体现。在治理工作开展后，乘用车铁路和水路运量明显增加，2016 年铁路和水路运输量同比增长 28%、30%，综合运输结构更加合理。下一阶段，长途公路干线运输量将会减少，而转化为多式联运的方式，以往从哈尔滨运输整车到广州的业务很可能改变为哈尔滨到大连的短途公路运输业务，再通过水运方式运达广州，即整车运输业务不会减少，但公路将转变为以短途接驳运输为主的运输方式。因此，整车物流企业要积极与铁路、水运企业沟通联系、加强合作，充分发挥铁路和水运运量大、成本低的优势，逐步扩大铁路和水运在整车物流中的比重，减少对公路运输的过度依赖，发展多式联运，提高综合运输比例。

(6)采取多措并举，提高运输组织效率。

整车物流企业要着力优化物流运输组织，强化运力储备，保证运力供应，确保治理期间运力不短缺，乘用车不积压。要优化既有的公路运输网络，积极开发区域间对流运输、循环运输，提高车辆重载率和利用率，提高单车月运载里程，从原来的“多拉”向“快跑”转变，应对运能缩减及成本上升带来的冲击。

三、乘用车生产企业工作建议

作为汽车整车物流行业的上游，乘用车生产企业是运价的承担者，应本着合作共赢的态度，在共同合法经营和高度市场化大环境下，充分担当社会责任，综合考虑社会效益，合理测算、制定自身运输成本。

(1)及时调整运输合同和价格，避免出现乘用车压库、胀库现象。

乘用车生产企业及时全面了解相关整车物流企业制订的车辆更新计划，根据不同时间节点运力结构变化相应地调整运输合同和价格。2016 年“9・21”治理工作开展后，个别乘用车品牌价格调整不及时导致了短暂的压库现象。在不合规车辆运输车逐步退出市场的过程中，乘用车道路运输市场的运力结构相对复杂，车型种类较多，单车运力水平参差不齐，导致运价差异性较大，各乘用车制造企业要从社会整体利益和效益角度出发，合理调整运输价格，保证整车物流企业的正常利润，维护市场运价、运能的总体均衡。决不能只顾自身企业利益，过分压低运价，迫使物流企业超限装载运输，最终导致国家利益受损。

(2)规范物流企业装载和运输行为,确保不合规车辆退出市场。

乘用车制造企业与整车物流企业之间既要相互支持、合作,又要相互监督,规范装载和运输行为。乘用车制造企业要加强对乘用车装载、出厂环节的管理,确保规范使用过渡期内的车辆运输车,同时积极推动、提高合规车辆运输车使用的比例,最终使得标准车型在汽车整车物流行业得到普遍应用。建议在整车发送、运输环节实际运行中加强相关采购与外包服务质量管控,不合规车辆运输车不使用、不合规装载不出厂、不守规运输企业不合作,及时将相关信息向行业管理部门通报。

四、相关管理部门工作建议

目前,我国汽车整车物流行业市场竞争形势严峻,多年来形成的普遍超限运输格局要在规定时间内彻底改变难度很大。车辆运输车治理工作事关重大、意义非凡,关键还要车辆运输车生产、使用全过程各相关管理部门凝聚共识、各司其职、协调联动、严抓落实,注重社会宣传、加强过程管控、维护市场秩序推动公平竞争,促进我国汽车整车物流行业回归到健康、科学的良性发展轨道上来。

(1)进一步做好标准贯彻实施。

工业和信息化部、国家标准化管理委员会会同公安部、交通运输部开展新修订《汽车、挂车及汽车列车外廓尺寸、轴荷及质量限值》(GB 1589—2016)、《车辆运输车通用技术条件》(GB/T 26774—2016)等车辆运输车相关标准的贯彻实施工作。各地要及时做好新标准宣贯实施工作,以新标准引领中置轴车辆运输车等先进车型的推广应用。工业和信息化主管部门将加快推动中置轴车辆运输车等先进车型的生产研发和公告进程,督促车辆运输车制造企业加强技术及产能储备、按照新标准申报公告和组织生产,尽快形成符合新标准要求的车辆运输车规模产能。

各车辆制造企业、试验检测机构应严格按照标准要求进行列车的结构性能匹配与测试评价工作,出具真实、有效的检验报告;建议公告、认证管理部门对此类车辆新产品要加强相关列车匹配性能的合规性查验,防止以往只注重牵引车、挂车单独测试评价结果,实际列车质量安全无保证情况的再现。另外,相关部门还应加强对驾驶员特殊驾驶技能、车辆摘挂、装卸等业务培训,明确驾驶、专项操作的考核要求。

(2)严格新增车辆市场准入。

工业和信息化部门、认证认可监督管理部门要强化车辆产品生产一致性监管,对生产不合规车辆运输车的企业要依法严肃处理。各地公安机关交通管理部门、道路运输管理机构要加强对车辆注册登记、市场准入的监管,强化对新增车辆运输车外廓尺寸的实车检测,凡不符合国家标准的车辆,各地机动车安全技术检验机构不予通过检验,公安机关交通管理部门不予注册登记,道路运输管理机构不予配发道路运输证。

建议汽车行业主管部门、产品认证与质量监管部门切实加强产品一致性管理工作,把好车辆运输车出厂质量关,质量性能不达标、配置不合规的车辆不能流入市场;车辆注册、道路运输证管理部门严格核验车辆结构、参数、配置和主要性能,尤其是涉及列车匹配的关键参数应重点关注。

(3)综合施策消化存量。

各地交通运输主管部门要会同公安机关交通管理部门摸清本地区汽车整车物流企业自有和合同服务的车辆运输车号牌、注册时间、车型和保有量等基础信息,乘用车制造企业要向交通运输主管部门提供承运商有关信息。各地交通运输主管部门要会同公安机关交通管理部门、工业和信息化主管部门督促汽车整车物流企业制订不合规车辆分阶段改造淘汰计划并监督落实。

各地交通运输主管部门要会同工业和信息化主管部门、公安机关交通管理部门督促各乘用车制造企业、汽车整车物流企业根据治理工作要求重新核定车辆装载量、修订运输计划、商定运价并调整运输合同。汽车整车物流企业要尽快淘汰不合规车辆或改造恢复为符合标准的车辆,科学制订车辆更新购置计划,并加强对驾驶员的教育与管理,切实落实安全生产主体责任。

建议各地车辆、公安、运输管理部门应对本地区整车物流企业的相关计划制订情况、计划执行情况以及实际运输经营情况进行监督检查,及时了解掌握治超工作出现的新问题并做好解释说明、汇总分析、纠正处理和信息沟通等工作。

(4)强化源头管控。

各地交通运输主管部门要会同工业和信息化主管部门、公安机关交通管理部门、认证认可监督管理部门督促乘用车制造企业采取有效措施,防止不符合载运标准未获强制性产品认证的车辆运输车出场(厂)上路;对于强迫、指使、暗示汽车整车物流企业违法超限运输的乘用车制造企业,依法追究其法律责任。各地道路运输管理机构要加强对乘用车运输场站的监督检查,严格按照《公路安全保护条例》规范企业运输行为,制止不合载运标准的车辆出场(厂);对违法超限运输的车辆运输车及驾驶员、物流企业等,依照《公路安全保护条例》等法律法规予以处罚。交通运输部、国家发展和改革委员会、公安部、工业和信息化部、国家质量监督检验检疫总局将建立健全信用信息共享交换和联合惩戒机制,对三次以上违法违规的乘用车制造企业、汽车整车物流企业,纳入联合惩戒备忘录,予以曝光、约谈,并依法追究法律责任。

对于未按要求进行申报过渡期车辆信息的运输企业、未按计划进行违规车辆退出且实际运营的运输企业和营运驾驶员、未按规定装载车辆运营行车的运输企业及其驾驶员和相关乘用车制造企业,建议各地方汽车、公安、运输管理部门应严格查处责任单位和人员,并列为重点监控对象。

(5)加强路面执法检查。

2016 年 9 月 21 日起,严禁“双排车”进入高速公路。2016 年 9 月 21 日至 2018 年 6 月 30 日为不合规车辆运输车的整改期,在此期间暂时允许本方案发布之前注册登记的“单排车”过渡运行。各地公安机关交通管理部门、公路管理机构要加强路面联合执法,严把高速公路入口,对拟进入高速公路的“双排车”一律劝返;拒不听从劝返的,依法处罚并强制卸载。各地高速公路经营管理单位应拒绝“双排车”车辆驶入,并及时报告当地公安机关交通管理部门和公路管理机构。各地公安机关交通管理部门要加大对车辆运输车伪造、变造机动车号牌或使用其他机动车号牌等违法行为的查处力度,严格按照《道路交通安全法》相关规定进行处罚。

建议相关执法部门对于《车辆运输车治理工作方案》中未明确的有关超限超载车辆运输行为也应按照治超相关要求加强查处,如三轮农用车、低速电动车等的超限运输,超长上下双层运输多辆乘用车的单体货车等等。

(6)发展多式联运提高综合运能。

各地相关部门要引导汽车整车物流企业积极拓展新的运输方式、探索多式联运等先进运输组织模式,不断提升铁路、水路运输能力,提高乘用车长途运输中的铁路、水路运输比例,充分发挥综合运输体系中各种运输方式的比较优势,保障治理期间铁路、水路运输价格的平稳。

建议相关部门在国家或行业有关多式联运试点示范工作中将商品车辆运输业务及企业纳入其中,精心组织策划、重点监督落实、科学分析评估,为今后制定相关政策和标准积累经验。

附录 A

交通运输部　工业和信息化部　公安部　工商总局质检总局关于进一步做好货车非法改装和超限超载治理工作的意见

（交公路发〔2016〕124 号）

各省、自治区、直辖市、新疆生产建设兵团交通运输厅（局、委）、工业和信息化主管部门、公安厅（局）、工商行政管理局、质量技术监督局：

2004 年以来，各地、各有关部门全面贯彻落实国家有关法律法规和国务院决策部署，深入推进车辆超限超载治理工作，取得积极成效。但近期在局部地区，货车超限超载现象还较为突出，造成安全隐患，导致一些重大事故发生；特别是重型货车非法改装未能有效遏止，严重干扰道路运输市场秩序。为进一步加强货车非法改装和超限超载治理工作，切实保护广大人民群众生命财产安全，提高车辆装备技术水平，促进我国经济社会持续健康发展，根据国家有关法律法规和国务院关于加强治理货车超限超载工作的有关要求，提出如下意见：

一、总体要求

深入贯彻党的十八大和十八届三中、四中、五中全会精神，认真落实国务院决策部署，牢固树立“以人为本、安全发展”理念，坚持“依法严管、标本兼治、立足源头、长效治理”原则，健全完善“全国统一领导、地方政府负责、部门指导协调、各方联合行动”工作机制，严格落实地方政府主体责任，综合运用法律、行政、经济、技术等手段，加强对货车生产、改装、销售和道路货物运输的全过程监管，通过深入持续的综合治理，基本杜绝货车非法改装现象，基本消除高速公路和国省干线公路超限超载，农村公路超限超载得到有效遏制，公路网整体安全保障水平进一步提升，初步建立法规完备、权责清晰、运行顺畅、执行有力、科学长效的治超工作体系。

二、加强车辆生产和改装监管

（一）组织开展货车生产改装、销售企业及产品集中清理。对货车生产和改装企业不执行国家安全技术标准或者不严格进行机动车成品质量检验、致使质量不合格机动车出厂销售的，以及未获强制性产品认证出厂、销售、货证不符的，由工业和信息化部门暂停或者撤销所许可的《车辆生产企业及产品公告》，质检部门严格按照《中华人民共和国产品质量法》和《中华人民共和国认证认可条例》的规定予以处罚。对擅自生产、销售未经国家机动车产品主管部门许可生产的机动车型的，生产、销售拼装的机动车或者生产、销售擅自改装的机动车的，依法严厉处理。构成犯罪的，依法追究刑事责任。（工业和信息化、质检、工商部门按照职责分工负责）

（二）健全完善车辆生产监管制度。工业和信息化部门、质检部门应当按照职责完善机动车生产企业及产品许可管理制度和机动车强制性产品认证制度，建立机动车型参数共享机制，督促车辆生产企业落实危险化学品运输罐式车辆出厂检验制度。建立货车整车生产企业厢式车、自卸车等车型委托改装相关制度，规范委托改装业务。完善合格证发放管理制度，对违规生产、销售底盘或买卖合格证的，撤销或暂停产品许可，暂停企业申报新产品或相关产品合格证信息上传。建立货车产品一致性评价与信息反馈机制，加强待售货车检测。建立健全车辆违规生产责任追究制度。加强强制性产品认证的监督管理，严厉打击无证出厂及货证不符行为，暂停或撤销违规车辆的强制性产品认证证书。（工业和信息化、质检部门按照职责分工负责）

（三）加强汽车维修市场监管。落实《关于促进汽车维修业转型升级提升服务质量的指导意见》（交运发〔2014〕186 号）要求，依法查处非法经营、无证经营、超范围经营、违法拼装改装和承修报废车等违法行为。机动车维修企业从事货车非法改装的，由道路运输管理机构会同有关部门依法查处。（交通运输部门牵头负责）

（四）加强货车登记和检验。各地公安交通管理部门严格执行《机动车运行安全技术条件》（GB 7258）等标准规定，严把注册登记关，对不符合国家安全技术标准、与《车辆生产企业及产品公告》不一致的车辆，不得予以注册登记。机动车安全技术检验机构严格执行《机动车安全技术检验项目和方法》(GB 21861)等标准,对检验不合格的车辆,不得出具检验合格报告。对于检验机构不按照机动车国家安全技术标准进行检验,未经检验即出具检验报告等出具虚假检验结果的,由公安交通管理部门依法予以处罚。质量技术监督部门在其职责范围内应加强对检验机构的监督管理工作,并对发现的问题依法进行处理。(公安、质检部门按照职责分工负责)

(五)加强营运车辆准入管理和综合性能检测。各地道路运输管理机构严格执行《道路运输车辆技术管理规定》,严把营运车辆技术关,对不符合相关标准规定的车辆,不得允许进入道路运输市场。加强在用货车营运资质清理,规范普通货物、大件货物和危险货物营运资质分类许可。禁止大件运输专用车辆从事普通货物运输。建立货车使用环节信息采集、分析与处理机制,为改进车辆设计、提高产品质量及缺陷召回提供信息依据。(交通运输部门负责)

(六)加强道路查纠。加强对货车的检查,发现非法改装的,由公安交通管理部门责令恢复原状并依法处罚。能够当场恢复的,当场监督整改到位;不能当场整改的,依法处罚后,录入公安交通管理综合应用平台,在办理申领检验合格标志业务时重点审核,同时通报道路运输管理机构,责令货运企业改正并依法处罚,作为运输企业诚信考核的依据。对拼装或者已经达到报废标准的货车上道路行驶的,由公安交通管理部门依法收缴,强制报废。各地公路超限检测站应配备相应的设备和工具,方便当场整改。(公安、交通运输部门按照职责分工负责)

三、加强货物装载源头和路面执法监督

(七)加强重点货运源头监管。各地道路运输管理机构会同相关部门,加强矿山、水泥厂、港口、物流园区等货物集散地排查,确定重点货运源头单位,报地方政府批准后向社会公布;引导货运源头单位安装使用称重设备,采取执法人员驻点、巡查、视频监控等方式,加强重点货运源头单位货物装载工作的监管,从源头杜绝超限超载车辆上路行驶。清理取缔公路沿线的非法煤场、砂石料场及其他货物分装站场,杜绝货车中途加载。(交通运输部门牵头负责)

(八)完善道路监控网络。各地交通运输部门结合公路网发展变化等情况,调整优化国省干线公路超限检测站点布局,指导完善农村公路限宽限高保护设施;探索在未设置超限检测站点且绕行货车较多的节点位置,安装技术监测设备,研判超限超载多发高发的点段,开展针对性查纠,加强非现场监管。实行高速公路入口检测管理,禁止超限超载车辆进入高速公路行驶。质检部门应当加强公路计量设备检定。(交通运输、公安、质检部门按照职责分工负责)

(九)统一执法标准,加强道路联合执法。严格按照《汽车、挂车及汽车列车外廓尺寸、轴荷及质量限值》(GB 1589)规定的最大允许总质量限值,统一车辆限载标准。取消车货总重超过55吨、平均轴载超过10吨和载货超过车辆出厂标记载质量的超限超载认定标准,各地交通运输部门应当会同公安部门健全完善道路联合执法协作机制,以超限检测站点为依托,开展联合执法,并推动联合执法常态化。其中,公安交通管理部门负责指挥引导车辆到超限检测站接受检测,公路管理机构负责称重。对经检测确认超限超载的车辆,由公路管理机构监督消除违法行为;公安交通管理部门依据公路管理机构开具的称重和卸载单,依法进行处罚、记分后放行。对堵塞交通、强行冲卡、暴力抗法、破坏相关设施设备等违法行为,由公安机关依法及时处理;构成犯罪的,依法追究刑事责任。(交通运输、公安部门按照职责分工负责)

(十)严格实施“一超四罚”。建立健全车辆注册登记、市场准入和路面执法等相关信息的共享机制。各地公安交通管理部门和公路管理机构在执法中发现超限超载车辆,除依法责令卸载并处罚外,应将有关信息抄送道路运输管理机构,由道路运输管理机构按照《公路安全保护条例》的规定,对1年内违法超限运输超过3次的货运车辆和货运车辆驾驶人、1年内违法超限运输的货运车辆超过本单位货运车辆总数10%的运输企业实施处罚,并按照《道路运输条例》的规定,对货运场所经营者实施处罚。对因超限超载发生事故,致人伤亡或者造成公路桥梁垮塌等公私财产遭受重大损失,构成犯罪的,移送司法机关,依法追究刑事责任。(交通运输、公安部门按照职责分工负责)

四、健全完善道路运输市场发展机制

(十一)强化货运企业安全生产主体责任。货运企业应当按照《中华人民共和国安全生产法》《道路运输条例》等法律法规的要求,全面落实安全生产主体责任,建立健全内部安全管理制度,做到守法经营、合法运输。加强货车安全管理，定期进行车辆维护、保养和检测，及时消除安全隐患，杜绝非法改装、安全技术条件达不到要求的货车投入运营。严格从业人员聘用审核把关和日常管理考核，定期组织从业人员教育培训，增强安全意识，提高应急处置能力。加大安全生产经费投入和隐患排查整治力度，有效提升运输企业安全生产风险防控能力。各地道路运输管理机构应当加强监督检查，督促货运企业落实安全生产主体责任。（交通运输部门负责）

（十二）鼓励货运企业集约化经营。各地交通运输主管部门应当会同有关部门，加快推广甩挂运输、无车承运人、物流企业联盟等运输组织方式，促进货运企业规模化经营、网络化发展，提升产业发展水平。充分发挥行业协会作用，加强道路货物运输成本价格信息监测和发布，引导运输价格合理形成、运力合理配置和利用，维护道路运输市场正常竞争秩序。（交通运输部门牵头负责）

（十三）鼓励先进货运车型发展。各地交通运输主管部门应当会同工业和信息化、公安等部门积极推广使用安全高效、技术先进、绿色环保的货车。鼓励厢式化、轻量化货运车型发展。加强标准化车型推广使用的政策引导，重点加大车辆运输车、液体危险货物运输罐车等标准化车型的推进力度。加大对老旧重型货车报废更新的支持力度，鼓励老旧重型货车提前退出运输市场。按照《国务院关于加强道路交通安全工作的意见》（国发〔2012〕30 号）的要求，严格落实重型载货汽车和半挂牵引车安装防抱死制动装置和具有行驶记录功能的卫星定位装置等要求和制度，探索对三轴及三轴以上货车和货运列车安装限载装置，2019 年底前全面实行实时动态监管。（交通运输、工业和信息化、公安部门按照职责分工负责）

（十四）加强道路运输行业诚信体系建设。各地交通运输主管部门应当会同有关部门加快推进运输企业、从业人员、营运车辆的数据库建设，加强数据交换与共享；大力推进道路运输企业信用体系建设，对超限超载行为建立信用记录，将运输企业相关信息，通过国家企业信用信息公示系统进行公示，纳入国家统一的信用信息交换平台和“信用中国”网站，实现有机对接和信息共享，对严重违法超限超载运输当事人实施联合惩戒。探索实行超限超载车辆保险费率上浮制度。（交通运输部门牵头负责）

（十五）清理和规范涉企收费。按照中央和省级人民政府的统一部署，落实降低实体经济企业成本的精神，全面清理涉及道路运输企业和驾驶人的各类收费项目，坚决杜绝乱收费、乱摊派、乱罚款行为。（交通运输部门牵头负责）

五、健全完善治超工作机制

（十六）健全完善地方治超工作领导机制。各省（区、市）要按照国务院对超限超载治理工作的有关要求，健全完善由省级人民政府有关负责人牵头，交通运输、公安、工业和信息化、工商、质检等部门参加的本地区治超工作领导小组和日常工作机构，明确工作职责，强化政府治超主体责任，切实组织实施好本地区治超管理工作。（交通运输部门牵头负责）

（十七）保障治超执法经费。积极协调财政部门，按照预算管理相关法律法规，进一步规范健全交通运输、公安交通管理部门的执法经费保障机制。严禁将罚没收入同部门经费保障挂钩。（交通运输、公安部门牵头负责）

（十八）加强治超责任倒查与追究。各地交通运输主管部门应当会同工业和信息化、公安、工商、质检等部门，在省级人民政府的领导下，建立健全治超工作责任倒查与追究制度，加强治超工作检查和考核。发现非法改装和超限超载的车辆，或者因车辆非法改装和超限超载引发事故的，应认真排查车辆生产、改装、注册登记、市场准入、检验检测、货物装载、路面检测执法等全链条中各个环节的失职、渎职行为，依法追究相关单位和人员的责任。（交通运输、工业和信息化、公安、工商、质检部门按照职责分工负责）

交通运输部　工业和信息化部　公安部

工商总局　质检总局

2016 年 7 月 12 日

附录 B

交通运输部办公厅　国家发展和改革委员会办公厅 工业和信息化部办公厅　公安部办公厅 国家质量监督检验检疫总局办公厅 关于印发《车辆运输车治理工作方案》的通知

（交办运〔2016〕107 号）

各省、自治区、直辖市、新疆生产建设兵团交通运输厅（局、委）、发展改革委、工业和信息化主管部门、公安厅（局）、质量技术监督局（市场监督管理部门）：

为贯彻落实《交通运输部　工业和信息化部　公安部　工商总局　质检总局关于进一步做好货车非法改装和超限超载治理工作的意见》（交公路发〔2016〕124 号）的要求，全面部署车辆运输车治理工作，规范车辆运输车的使用和管理，保障道路交通安全，推进汽车整车物流行业健康发展，交通运输部、国家发展和改革委员会、工业和信息化部、公安部、国家质量监督检验检疫总局联合制定了《车辆运输车治理工作方案》。现将《车辆运输车治理工作方案》印发给你们，请认真贯彻执行。

附件：1. 车辆运输车治理工作重点任务分工及进度安排

2. 车辆运输车治理工作涉及车辆装载图示

交通运输部办公厅

国家发展和改革委员会办公厅

工业和信息化部办公厅

公安部办公厅

国家质量监督检验检疫总局办公厅

2016 年 8 月 10 日

抄送：各省、自治区、直辖市、新疆生产建设兵团道路运输管理局（处）。

车辆运输车治理工作方案

近年来,我国汽车整车物流业规模持续扩大,车辆运输车保有量逐年增长,为支撑我国汽车制造业的持续快速发展做出了巨大贡献。但与此同时,车辆运输车非法改装、超限运输现象屡禁不止,不仅扰乱了汽车制造业和汽车整车物流业两个行业的市场秩序,更给人民群众生命财产安全造成了极大的安全隐患,必须坚决予以治理。为规范车辆运输车的使用和管理,维护市场经济秩序,减少道路交通安全事故,保护人民群众生命财产安全,促进汽车制造业和汽车整车物流业健康发展,根据《交通运输部 工业和信息化部 公安部 工商总局 质检总局关于进一步做好货车非法改装和超限超载治理工作的意见》(交公路发〔2016〕124 号)有关要求部署,特制定本方案。

一、总体要求

以保安全、促转型、稳增长为目标,以解决行业突出矛盾和问题为导向,以保障人民群众生命财产安全为底线,坚持“标准引领、循序渐进、疏堵结合、协同推进”原则,综合采取法律、行政、市场等手段,加强对车辆运输车生产、改装、销售和使用的全过程监管,通过综合治理,基本消除车辆运输车违规运营现象,标准车型在汽车整车物流行业得到普遍应用,道路交通安全水平明显提升,企业运输效率明显提升,乘用车采用铁路、水路运输的比重明显提升,主要运输通道通行条件明显改善,从业人员队伍保持稳定、工作环境持续改善,我国汽车整车物流业进入规范、有序、健康的发展轨道。

二、主要措施

(一)做好标准贯彻实施。

工业和信息化部、国家标准化管理委员会会同公安部、交通运输部开展新修订《汽车、挂车及汽车列车外廓尺寸、轴荷及质量限值》(GB 1589,以下简称新修订 GB 1589)等车辆运输车相关标准的贯彻实施工作。各地要及时做好新标准宣贯实施工作,以新标准引领中置轴车辆运输车等先进车型的推广应用。工业和信息化主管部门将加快推动中置轴车辆运输车等先进车型的生产研发和公告进程，督促车辆运输车制造企业加强技术及产能储备、按照新标准申报公告和组织生产，尽快形成符合新标准要求的车辆运输车规模产能。

（二）严格新增车辆市场准入。

工业和信息化、认证认可监督管理部门要强化车辆产品生产一致性监管，对生产不合规车辆运输车的企业要依法严肃处理。各地公安机关交通管理部门、道路运输管理机构要加强对车辆注册登记、市场准入的监管，强化对新增车辆运输车外廓尺寸的实车检测，凡不符合国家标准的，各地机动车安全技术检验机构不予通过检验，公安机关交通管理部门不予注册登记，道路运输管理机构不予配发道路运输证。

（三）综合施策消化存量。

各省交通运输主管部门要会同公安机关交通管理部门摸清本省域内汽车整车物流企业自有和合同服务的车辆运输车号牌、注册时间、车型和保有量等基础信息，乘用车制造企业要向交通运输主管部门提供承运商有关信息。各省交通运输主管部门要会同公安机关交通管理部门、工业和信息化主管部门督促汽车整车物流企业制定不合规车辆分阶段改造淘汰计划并监督落实。

各省交通运输主管部门要会同工业和信息化主管部门、公安机关交通管理部门督促各乘用车制造企业、汽车整车物流企业根据治理工作要求重新核定车辆装载量、修订运输计划、商定运价并调整运输合同。汽车整车物流企业要尽快淘汰不合规车辆或改造恢复为符合标准的车辆，科学制定车辆更新购置计划，并加强对驾驶员的教育与管理，切实落实安全生产主体责任。

（四）强化源头管控。

各地交通运输主管部门要会同工业和信息化主管部门、公安机关交通管理部门、认证认可监督管理部门督促乘用车制造企业采取有效措施，防止不符合载运标准未获强制性产品认证的车辆运输车出场（厂）上路；对于强迫、指使、暗示汽车整车物流企业违法超限运输的乘用车制造企业，依法追究其法律责任。各地道路运输管理机构要加强对乘用车运输场站的监督检查，严格按照《公路安全保护条例》规范企业运输行为，制止不合载运标准的车辆出场（厂）；对违法超限运输的车辆运输车及驾驶人、物流企业等，依照《公路安全保护条例》等法律法规予以处罚。交通运输部、国家发展改革委、公安部、工业和信息化部、国家质量监督检验检疫总局将建立健全信用信息共享交换和联合惩戒机制，对三次以上违法违规的乘用车制造企业、汽车整车物流企业纳入联合惩戒备忘录，予以曝光、约谈，并依法追究法律责任。

（五）加强路面执法检查。

2016 年 9 月 21 日起，严禁“双排车”（详见附件 2）进入高速公路。2016 年 9 月 21 日至 2018 年 6 月 30 日为不合规车辆运输车的整改期，在此期间暂时允许本方案发布之前注册登记的“单排车”（详见附件 2）过渡运行。各地公安机关交通管理部门、公路管理机构要加强路面联合执法，严把高速公路入口，对拟进入高速公路的“双排车”一律劝返；拒不听从劝返的，依法处罚并强制卸载。各地高速公路经营管理单位应拒绝“双排车”车辆驶入，并及时报告当地公安机关交通管理部门和公路管理机构。各地公安机关交通管理部门要加大对车辆运输车伪造、变造机动车号牌或使用其他机动车号牌等违法行为的查处力度，严格按照《道路交通安全法》相关规定进行处罚。

（六）发展多式联运提高综合运能。

各地相关部门要引导汽车整车物流企业积极拓展新的运输方式、探索多式联运等先进运输组织模式，不断提升铁路、水路运输能力，提高乘用车长途运输中的铁路、水路运输比例，充分发挥综合运输体系中各种运输方式的比较优势，保障治理期间铁路、水路运输价格的平稳。

三、进度安排

2016 年 9 月 21 日起，全面禁止“双排车”通行，并督促汽车整车物流企业更新改造不合规车辆运输车，2017 年 6 月 30 日前完成 20% 不合规车辆运输车的更新改造。

2017 年 7 月 1 日至 2018 年 6 月 30 日，全面完成所有不合规车辆运输车的更新改造，其中 2017 年底前完成 60%。

2018 年 7 月 1 日起，全面禁止不合规车辆运输车通行，符合新修订 GB 1589 要求的标准化车辆运输车比重达 100%，我国汽车整车物流业步入良性发展轨道。

四、保障措施

（一）强化部门协作及分工。车辆运输车治理工作涉及面广，情况复杂，各地相关部门要在地方人民政府的统一领导下，通力合作、精心准备、协调行动，将车辆运输车治理作为一项重要工作内容，进行统一部署，共同推进实施。相关行业协会应配合政府管理部门做好宣传引导工作，疏解矛盾，保障治理工作顺利开展。

（二）强化规范执法与联合督查。各省交通运输主管部门、公安机关交通管理部门要强化基层执法人员的培训和监督考核，完善联合执法及信息交换共享机制，建立违法行为举报及处理机制，组织开展督查检查，对执法不严、滥用职权等现象予以通报查处。各省交通运输、公安机关交通管理、工业和信息化等部门要按季度向上级主管部门上报各阶段工作落实情况。交通运输部将会同公安部、工业和信息化部等部门不定期开展联合督导检查，公布督查结果，通报各省治理工作情况；同时将加强对治理工作任务比较重的重点省（区、市）、重点企业、重点路段的督导、检查。

（三）加强宣传动员营造良好氛围。各级交通运输、公安机关交通管理、工业和信息化、质量监督检验（市场监督管理）等部门及协会组织应在全社会、全行业广泛开展宣传引导工作，普及车辆运输车国家标准，宣传治理政策，使乘用车制造企业、车辆运输车制造企业、汽车整车物流企业及时掌握政策趋势和管理执法相关要求。各省交通运输、工业和信息化等部门要做好与乘用车制造企业的沟通协调，取得企业的理解与配合，引导企业及时做好运输生产调度，并与汽车整车物流企业建立合理运价形成机制。交通运输部将会同国家发展和改革委员会、公安部、工业和信息化部、中国物流与采购联合会在全国组织开展“拒绝非法超限运输，净化汽车整车物流行业”的联合倡议活动，加强与乘用车制造企业、车辆运输车制造企业、汽车整车物流企业的沟通交流，营造良好社会氛围。

各省（区、市）交通运输部门要会同发展改革委、工业和信息化、公安机关交通管理、质量技术监督（市场监督管理）等部门根据本方案的精神，结合本地实际情况，制定具体工作计划。实施方案及治理工作中的重大情况，应及时向各地政府报告，争取政府的支持，确保治理工作健康、有序推进，促进经济社会发展，保障人民生命财产安全。

附件1

车辆运输车治理工作重点任务分工及进度安排

序号	重点任务	具体工作	时间要求	牵头部门	配合部门
1	（一）做好标准贯彻实施	组织《汽车、挂车及汽车列车外廓尺寸、轴荷及质量限值》（GB 1589）宣贯实施。	2016年8月启动	工业和信息化部 国家标准委	公安部 交通运输部
2		组织《车辆运输车通用技术条件》（GB/T 26774）宣贯实施。	2016年8月启动	工业和信息化部 交通运输部 国家标准委	
3		组织中国物流与采购联合会等单位依据新修订GB1589编写《〈汽车、挂车及汽车列车外廓尺寸、轴荷及质量限值〉合规性指南》，指导汽车整车物流企业规范车辆的购置和使用。	2016年10月完成	交通运输部	工业和信息化部 中国物流与 采购联合会
4		加快中置轴车辆运输车的生产研发和公告进程，督促车辆运输车制造企业加强技术及产能储备、按照新标准申报公告和组织生产，尽快形成符合新标准要求的车辆运输车规模产能。	2016年8月启动	工业和信息化部	
5	（二）严控新增车辆市场准入	强化车辆产品生产一致性监管，对生产不合规车辆运输车的企业依法严肃处理。	2016年8月启动	工业和信息化部	国家质检总局
6		指导各地公安机关交通管理部门加强对申请注册登记的车辆运输车外廓尺寸的实车检测，不符合国家标准要求的车辆，一律不予办理机动车注册登记，并将相关信息上报公安部；公安部将信息汇总通报工业和信息化部、交通运输部。	2016年9月启动	公安部	工业和信息化部 交通运输部

续上表

序号	重点任务	具体工作	时间要求	牵头部门	配合部门
7	（二）严控新增车辆市场准入	指导各地道路运输管理机构加强对申请从事道路货物运输经营的车辆运输车外廓尺寸的实车检测，不符合国家标准要求的车辆，一律不予配发道路运输证，将相关信息上报交通运输部；交通运输部将信息汇总通报公安部、工业和信息化部。	2016 年 9 月启动	交通运输部	公安部 工业和信息化部
8	（三）综合施策消化存量	指导各省交通运输主管部门、公安机关交通管理部门开展在用车辆运输车申报录入工作，对已申报录入的本方案发布之前注册登记且按照《车辆运输车治理工作方案》要求装载的“单排车”，允许过渡运行；对未申报或超过更新改造承诺期限的不合规车辆运输车，禁止其上路运行，并责令恢复车辆原状，对道路运输经营者责令整改，并依法处罚。	2016 年 11 月启动	交通运输部 公安部	工业和信息化部
9		指导各省交通运输主管部门督促汽车整车物流企业分阶段将不合规车辆淘汰、改造或更新为符合国家标准要求的车型，2017 年 6 月 30 日前完成 20% 不合规车辆运输车的更新改造，2017 年底前完成 60% 不合规车辆运输车的更新改造，2018 年 6 月 30 日前完成所有不合规车辆运输车的更新改造。	2016 年 9 月启动	交通运输部	公安部 工业和信息化部

续上表

序号	重点任务	具体工作	时间要求	牵头部门	配合部门
10	（三）综合施策消化存量	指导各省交通运输、工业和信息化主管部门督促各乘用车制造企业根据《车辆运输车治理工作方案》要求，调整生产运输计划及运输合同。	2016年9月启动	交通运输部 工业和信息化部	
11		严厉打击乘用车制造企业、汽车整车物流企业阴阳合同等违法违规运输行为，一经查实，交通运输部、工业和信息化部将约谈相关企业，并通报批评。	2016年9月启动	交通运输部 工业和信息化部	公安部
12	（四）强化源头监控	指导各地交通运输主管部门会同工业和信息化主管部门、公安机关交通管理部门、认证认可监督管理部门督促乘用车制造企业采取有效措施，防止不符合载运标准未获强制性产品认证的车辆运输车出场（厂）上路；对于强迫、指使、暗示汽车整车物流企业违法超限运输的乘用车制造企业，依法追究其法律责任。	2016年10月启动	交通运输部	工业和信息化部 公安部 国家质检总局
13		指导各省道路运输管理机构加强对乘用车运输场站的监督检查，严格按照《公路安全保护条例》规范企业运输行为，制止不符合载运标准的车辆运输车出场（厂），对违法超限运输的车辆运输车及驾驶人、物流企业等，依照《公路安全保护条例》等法律法规予以处罚。	2016年10月启动	交通运输部	
14		指导各省交通运输、发展改革委、公安机关交通管理、工业和信息化、质量技术监督（市场监督管理）等部门建立健全信用信息共享交换和联合惩戒机制，对三次以上违法违规的乘用车制造企业、汽车整车物流企业纳入联合惩戒备忘录，予以曝光、约谈，并依法追究法律责任。	2016年10月启动	交通运输部	国家发改委 公安部 工业和信息化部 国家质检总局

续上表

序号	重点任务	具体工作	时间要求	牵头部门	配合部门
15		指导各地公安机关交通管理部门、交通运输主管部门利用全国机动车缉查布控系统和全国道路货运车辆公共监管与服务平台，共同加强对本方案发布之日起注册登记的车辆运输车的检查，严肃查处非法改变车辆外廓尺寸、非法装载及超限运输等行为。	2016年8月启动	公安部 交通运输部	工业和信息化部
16	（五）加强路面执法检查	指导各地公安机关交通管理部门、交通运输主管部门按《车辆运输车治理工作方案》要求开展路面检查执法，2016年9月21日起全面禁止“双排车”进入高速公路。2016年9月21日至2018年6月30日暂时允许本方案公布之日前注册登记的“单排车”过渡运行。指导各地公安机关交通管理部门、公路管理机构加强路面联合执法，严把高速公路入口，对拟进入高速公路的“双排车”一律劝返；拒不听从劝返的，依法处罚并强制卸载。各地高速公路经营管理单位应拒绝“双排车”车辆驶入，并及时报告当地公安机关交通管理部门和公路管理机构。本方案公布之日起注册登记的车辆运输车，必须按照要求合法装载，不执行整改期间的“单排车”过渡运行政策。强化对2016年9–10月、2018年7–8月两个关键时期的执法管控与应急处置，加强对乘用车生产集中、运输需求大的省市的重点督导。	2016年9月启动	公安部 交通运输部	工业和信息化部
17		指导各地公安机关交通管理部门要加大对车辆运输车伪造、变造机动车号牌或使用其他机动车号牌等违法行为的查处力度，严格按照《道路交通安全法》相关规定进行处罚。	2016年9月启动	公安部	

续上表

序号	重点任务	具体工作	时间要求	牵头部门	配合部门
18	（六）优化治理工作环境	利用微信公众号、网络举报平台及12328全国交通运输服务监督电话等渠道，做好车辆运输车治理工作的咨询、投诉及举报工作，指导各省交通运输主管部门调查举报处理；交通运输部会同公安部、工业和信息化部对影响恶劣、集中存在的突出问题开展联合调查，一经查实，严肃查处相关责任人，约谈并通报处理不合规车辆制造企业、乘用车制造企业、汽车整车物流企业。	2016年9月启动	交通运输部	公安部 工业和信息化部
19		组织开展“拒绝非法超限运输、净化汽车整车物流行业”倡议活动，利用新闻媒体强化对车辆运输车治理工作的舆论引导。	2017年8月启动	交通运输部	国家发改委 公安部 工业和信息化部 中国物流与采购联合会

附件 2

车辆运输车治理工作涉及车辆装载图示

一、禁止双排装载

自 2016 年 9 月 21 日起，全面禁止“双排车”通行。“双排车”是指上下两层均双排装载或上层双排装载下层单排装载，且不符合国家标准的车辆运输车，车型如图 1 所示。

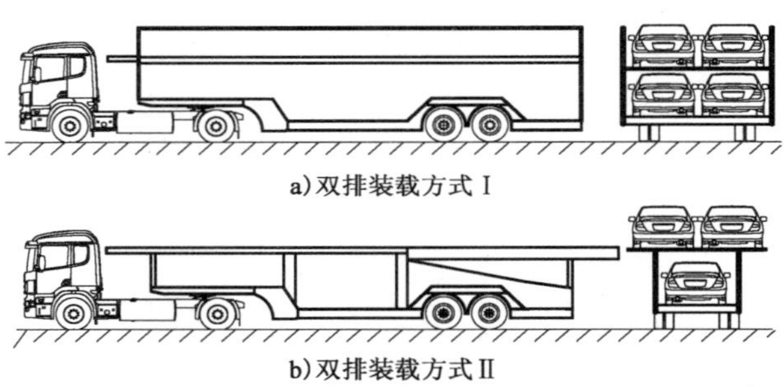

a）双排装载方式 Ⅰ

b）双排装载方式 Ⅱ

图 1　禁止通行的“双排车”

二、暂时允许过渡运行的单排装载

“单排车”是指上下单排装载，以及尾部装载的乘用车至少有一轴装载于车辆运输车车厢后立柱以内的，不符合国家标准的车辆运输车。暂时允许过渡运行的“单排车”单排装载方式如图 2 所示，2016 年 9 月 21 日 –2018 年 6 月 30 日，暂时允许本方案发布之日前注册登记的“单排车”过渡运行。

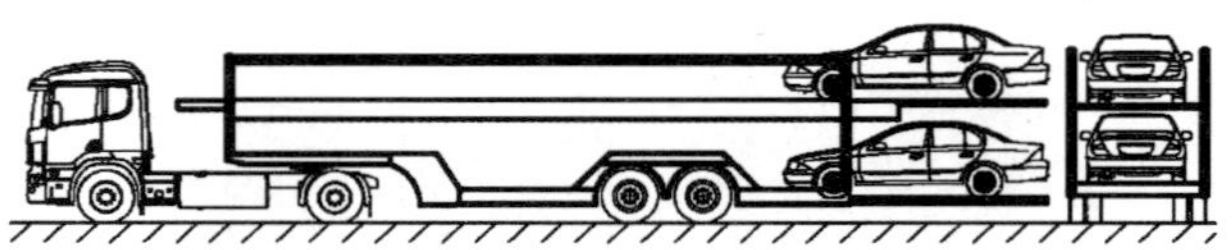

图 2　暂时允许过渡运行的单排装载

暂时允许过渡运行的单排装载方式不得斜向装载、横向装载、三层装载，也不允许乘用车双轴装载于车辆运输车车厢后立柱外侧，如图 3 所示。

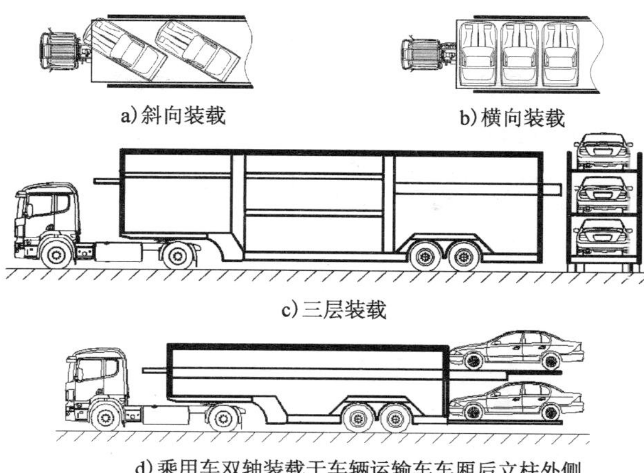

a）斜向装载　　b）横向装载

c）三层装载

d）乘用车双轴装载于车辆运输车车厢后立柱外侧

图 3　禁止过渡运行的单排装载

2018 年 7 月 1 日起，全面禁止不合规车辆运输车上路运行。

三、标准车型

符合新修订《汽车、挂车及汽车列车外廓尺寸、轴荷及质量限值》（GB 1589）要求的平头铰接列车、长头铰接列车及中置轴车辆运输列车车型如图 4 所示。

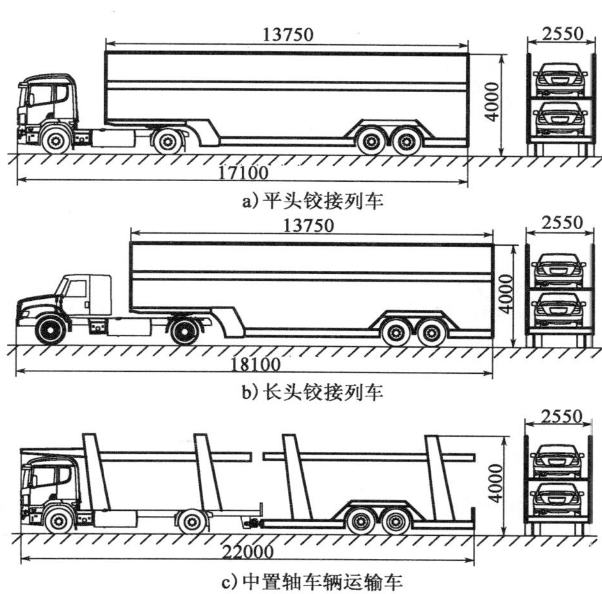

a）平头铰接列车

b）长头铰接列车

c）中置轴车辆运输车

图 4　标准车型（单位：毫米）

附录 C

交通运输部办公厅　公安部办公厅关于印发《整治公路货车违法超限超载行为专项行动方案》的通知

（交办公路〔2016〕109 号）

各省、自治区、直辖市、新疆生产建设兵团交通运输厅（局、委）、公安厅（局）：

为进一步加强公路货车超限超载治理工作，更好地保护广大人民群众生命财产和道路交通安全，经交通运输部、公安部同意，现将《整治公路货车违法超限超载行为专项行动方案》印发给你们。请结合本地实际，认真组织实施。

附件：公路货运车辆超限超载认定标准

交通运输部办公厅　公安部办公厅

2016 年 8 月 18 日

整治公路货车违法超限超载行为专项行动方案

为深入贯彻落实《国务院办公厅关于实施公路安全生命防护工程的意见》（国办发〔2014〕55 号）和《交通运输部　工业和信息化部　公安部　工商总局　质检总局关于进一步做好货车非法改装和超限超载治理工作的意见》（交公路发〔2016〕124 号）等有关规定，进一步加大对违法超限超载行为的打击力度，切实保护广大人民群众生命财产安全，交通运输部、公安部决定在全国范围内联合开展整治公路货车违法超限超载行为专项行动。

一、工作目标

通过开展专项整治行动，进一步健全完善交通运输和公安部门治超执法联动机制，统一超限超载执法标准，严厉打击公路货车违法超限超载、强行冲卡等突出违法行为，有效预防货车道路交通事故，依法保护公路路产路权，为群众出行创造安全畅通的交通环境。

二、整治内容

（一）货车的车货总重超过规定限值的行为。

（二）货车闯卡、拒检、借故堵塞车道、损坏相关设施设备等违法行为。

三、工作安排

专项行动从2016年8月18日开始至2017年8月31日结束，具体分为三个阶段。

（一）动员部署阶段（2016年8月18日至9月20日）。各地交通运输、公安部门要结合本地区实际，制定专项行动实施方案，健全完善联动机制，做好前期准备和动员部署，加强舆论宣传，为专项行动平稳顺利开展营造良好环境。

（二）重点整治阶段（2016年9月21日至2017年7月31日）。各地交通运输、公安部门要组织专门力量，根据实施方案和统一部署，集中开展专项整治，严厉查处货车违法超限超载等违法行为。

（三）总结完善阶段（2017年8月1日至8月31日）。各地交通运输、公安部门要全面梳理专项整治工作情况，系统总结有关经验做法，研究提出相关建议，完善相关政策制度，建立健全长效机制。

四、工作措施

（一）统一车货总重限值认定标准。自2016年9月21日起，对于公路货运车辆，各地交通运输、公安部门要严格按照强制性国家标准《汽车、挂车及汽车列车外廓尺寸、轴荷及质量限值》（GB 1589）规定的最大允许总质量限值，认定车辆车货总重是否超限超载，并据此进行检查和执法（详见附件），其中，二轴货车车货总重还应当不超过行驶证标明的总质量。

（二）建立健全联合执法机制。专项行动期间，各地公路管理机构和公安交通管理部门要依托超限检测站，以三轴及以上货车为重点，开展路面联合执法。

其中,公安交通管理部门负责指挥引导车辆到超限检测站接受检测,公路管理机构负责实施称重。对经检测确认违法超限超载的车辆,由公路管理机构监督消除违法行为;公安交通管理部门依据公路管理机构开具的称重和卸载单,依法进行罚款、记分。公安交通管理部门在进行罚款、记分处罚时,应以附件所列标准计算超载比例。

(三)加强重点货运源头监管。各地道路运输管理机构会同相关部门,加强矿山、水泥厂、港口、物流园区等货物集散地排查,确定重点货运源头单位,报地方政府批准后向社会公布;引导货运源头单位安装使用称重设备,采取执法人员驻点、巡查、视频监控等方式,加强重点货运源头单位货物装载工作的监管,从源头杜绝超限超载车辆上路行驶。清理取缔公路沿线的非法煤场、砂石料场及其他货物分装站场,杜绝货车中途加载。

(四)严格实施“一超四罚”。各地公路管理机构、公安交通管理部门对违法超限超载行为实施处罚后,要将有关信息抄送车籍所在地道路运输管理机构,由道路运输管理机构按照《公路安全保护条例》的规定,对 1 年内违法超限运输超过 3 次的货运车辆和货运车辆驾驶人、1 年内违法超限运输的货运车辆超过本单位货运车辆总数 10% 的运输企业实施处罚,并按照《道路运输条例》的规定,对货运场所经营者实施处罚。同时,将车辆及企业违法信息纳入信用信息系统,依法实施惩戒。

(五)加强高速公路入口检测管理。各地交通运输、公安部门要在省级人民政府统一部署下,积极会同高速公路经营管理单位及有关部门,制定落实加强高速公路入口检测管理工作方案,对拟进入高速公路的货车全面实施重量检测,并实行检测数据和收费站入口发卡系统联动管理,禁止违法超限超载车辆进入高速公路行驶。要积极争取创造条件,逐步完善检测设备,同步实施重量和外廓尺寸检测。

(六)严查冲闯公路站点等违法行为。各地交通运输部门要组织有关单位,对本地区公路站点近期发生的车辆闯卡、拒检、借故堵塞车道、损坏相关设施设备等违法行为进行全面梳理和排查,建立突出违法行为登记台账。在此基础上,要会同公安部门研究制定针对性整治方案,从严查处和打击;对暴力抗法、殴打工作人员、损坏相关设施设备等严重违法行为，公安部门要依法及时追究处理；涉及犯罪的，坚决移送司法机关追究刑事责任。

五、有关要求

（一）加强组织领导，健全工作机制。各地交通运输、公安部门要结合本地区实际，迅速成立由有关负责同志牵头，公路管理机构、道路运输管理机构、收费公路经营管理单位、公安交通管理部门及相关警种负责同志参加的专项整治工作机构，制定具体实施方案，明确职责分工、配合事项和工作流程，迅速开展专项整治。已经开展整治的地区，可在现有工作基础上，根据本方案进一步调整完善本地整治方案，继续巩固并不断扩大整治成果。

（二）严格规范执法，加强检查督导。各地交通运输、公安部门要严肃工作纪律，严格按照本通知规定，调整和统一执法标准，严格规范执法程序，坚决杜绝随意提高或降低治超执法标准以及乱收费乱罚款、只罚款不卸载、内外勾结、徇私枉法等违法违规行为。要加强对整治工作的检查督导，及时解决整治工作中出现的问题，确保整治工作扎实有效开展。对工作不力、问题突出的地区和单位，要按照有关规定进行约谈、通报，责令限期整改。对媒体曝光和群众投诉、举报的违法违规执法问题，要认真进行调查，严肃处理，构成犯罪的，依法追究刑事责任。

（三）固化协作措施，完善长效机制。各地交通运输、公安部门要结合本次专项行动实践情况，进一步深化两部门路警联勤联动机制，健全完善货车超限超载治理长效机制，推动联合执法的制度化、规范化、常态化，不断加强和创新公路执法管理，着力提升公路交通管理和服务水平。

（四）加强舆论宣传，营造良好氛围。各地交通运输、公安部门要精心策划，充分利用报刊、电视、广播、互联网及微博、微信等多种媒体和形式进行集中宣传，营造良好的社会氛围。要重点宣传超限超载的危害，加强统一超限超载认定标准解读，充分认识调整和规范治超标准的重要意义。要利用通报典型事故案例，广泛开展警示教育，集中曝光一批严重超限超载突出违法行为。深入货运企业开展面对面宣传教育，引导货运企业法定代表人、安全管理人员、货车驾驶人，切实增强安全意识、法治意识、红线意识和底线思维，自觉做到依法装载、安全运输。

各省（区、市）交通运输、公安部门要关注本地区工作进展，出现重大情况，应及时向政府报告予以解决，并将有关情况抄报交通运输部和公安部。专项行动期间，要明确专人负责信息报送工作，并于每月5日前分别向交通运输部、公安部报送工作进展情况。专项行动结束后，各地务必于2017年9月10日前分别向交通运输部、公安部报送工作总结。

联系人：

交通运输部：闫卫坡，陶汉祥，010－65292751，65292752，65292781（传真）。

公安部：肖鹏飞，李伟，010－66261722，66263747，66263333（传真）。

信息报送地址：

交通运输部：LWGLC@MOT.GOV.CN；

公安部："FTP://10.1.1.177/公路巡警处/整治公路货车违法超限超载行为专项整治"文件夹。

附录 D

超限运输车辆行驶公路管理规定

（交通运输部令 2016 年第 62 号）

《超限运输车辆行驶公路管理规定》已于 2016 年 8 月 18 日经第 18 次部务会议通过，现予公布，自 2016 年 9 月 21 日起施行。

部长　杨传堂

2016 年 8 月 19 日

超限运输车辆行驶公路管理规定

第一章　总　　则

第一条　为加强超限运输车辆行驶公路管理，保障公路设施和人民生命财产安全，根据《公路法》《公路安全保护条例》等法律、行政法规，制定本规定。

第二条　超限运输车辆通过公路进行货物运输，应当遵守本规定。

第三条　本规定所称超限运输车辆，是指有下列情形之一的货物运输车辆：

（一）车货总高度从地面算起超过 4 米；

（二）车货总宽度超过 2.55 米；

（三）车货总长度超过 18.1 米；

（四）二轴货车，其车货总质量超过 18000 千克；

（五）三轴货车，其车货总质量超过 25000 千克；三轴汽车列车，其车货总质量超过 27000 千克；

（六）四轴货车，其车货总质量超过 31000 千克；四轴汽车列车，其车货总质量超过 36000 千克；

（七）五轴汽车列车，其车货总质量超过 43000 千克；

（八）六轴及六轴以上汽车列车，其车货总质量超过 49000 千克，其中牵引车驱动轴为单轴的，其车货总质量超过 46000 千克。

前款规定的限定标准的认定，还应当遵守下列要求：

（一）二轴组按照二个轴计算，三轴组按照三个轴计算；

（二）除驱动轴外，二轴组、三轴组以及半挂车和全挂车的车轴每侧轮胎按照双轮胎计算，若每轴每侧轮胎为单轮胎，限定标准减少 3000 千克，但安装符合国家有关标准的加宽轮胎的除外；

（三）车辆最大允许总质量不应超过各车轴最大允许轴荷之和；

（四）拖拉机、农用车、低速货车，以行驶证核定的总质量为限定标准；

（五）符合《汽车、挂车及汽车列车外廓尺寸、轴荷及质量限值》（GB 1589）规定的冷藏车、汽车列车、安装空气悬架的车辆，以及专用作业车，不认定为超限运输车辆。

第四条　交通运输部负责全国超限运输车辆行驶公路的管理工作。

县级以上地方人民政府交通运输主管部门负责本行政区域内超限运输车辆行驶公路的管理工作。

公路管理机构具体承担超限运输车辆行驶公路的监督管理。

县级以上人民政府相关主管部门按照职责分工，依法负责或者参与、配合超限运输车辆行驶公路的监督管理。交通运输主管部门应当在本级人民政府统一领导下，与相关主管部门建立治理超限运输联动工作机制。

第五条　各级交通运输主管部门应当组织公路管理机构、道路运输管理机构建立相关管理信息系统，推行车辆超限管理信息系统、道路运政管理信息系统联网，实现数据交换与共享。

第二章　大件运输许可管理

第六条　载运不可解体物品的超限运输（以下称大件运输）车辆，应当依法办理有关许可手续，采取有效措施后，按照指定的时间、路线、速度行驶公路。未经许可,不得擅自行驶公路。

第七条 大件运输的托运人应当委托具有大型物件运输经营资质的道路运输经营者承运,并在运单上如实填写托运货物的名称、规格、重量等相关信息。

第八条 大件运输车辆行驶公路前,承运人应当按下列规定向公路管理机构申请公路超限运输许可:

(一)跨省、自治区、直辖市进行运输的,向起运地省级公路管理机构递交申请书,申请机关需要列明超限运输途经公路沿线各省级公路管理机构,由起运地省级公路管理机构统一受理并组织协调沿线各省级公路管理机构联合审批,必要时可由交通运输部统一组织协调处理;

(二)在省、自治区范围内跨设区的市进行运输,或者在直辖市范围内跨区、县进行运输的,向该省级公路管理机构提出申请,由其受理并审批;

(三)在设区的市范围内跨区、县进行运输的,向该市级公路管理机构提出申请,由其受理并审批;

(四)在区、县范围内进行运输的,向该县级公路管理机构提出申请,由其受理并审批。

第九条 各级交通运输主管部门、公路管理机构应当利用信息化手段,建立公路超限运输许可管理平台,实行网上办理许可手续,并及时公开相关信息。

第十条 申请公路超限运输许可的,承运人应当提交下列材料:

(一)公路超限运输申请表,主要内容包括货物的名称、外廓尺寸和质量,车辆的厂牌型号、整备质量、轴数、轴距和轮胎数,载货时车货总体的外廓尺寸、总质量、各车轴轴荷,拟运输的起讫点、通行路线和行驶时间;

(二)承运人的道路运输经营许可证,经办人的身份证件和授权委托书;

(三)车辆行驶证或者临时行驶车号牌。

车货总高度从地面算起超过 4.5 米,或者总宽度超过 3.75 米,或者总长度超过 28 米,或者总质量超过 100000 千克,以及其他可能严重影响公路完好、安全、畅通情形的,还应当提交记录载货时车货总体外廓尺寸信息的轮廓图和护送方案。

护送方案应当包含护送车辆配置方案、护送人员配备方案、护送路线情况说明、护送操作细则、异常情况处理等相关内容。

第十一条　承运人提出的公路超限运输许可申请有下列情形之一的，公路管理机构不予受理：

（一）货物属于可分载物品的；

（二）承运人所持有的道路运输经营许可证记载的经营资质不包括大件运输的；

（三）承运人被依法限制申请公路超限运输许可未满限制期限的；

（四）法律、行政法规规定的其他情形。

载运单个不可解体物品的大件运输车辆，在不改变原超限情形的前提下，加装多个品种相同的不可解体物品的，视为载运不可解体物品。

第十二条　公路管理机构受理公路超限运输许可申请后，应当对承运人提交的申请材料进行审查。属于第十条第二款规定情形的，公路管理机构应当对车货总体外廓尺寸、总质量、轴荷等数据和护送方案进行核查，并征求同级公安机关交通管理部门意见。

属于统一受理、集中办理跨省、自治区、直辖市进行运输的，由起运地省级公路管理机构负责审查。

第十三条　公路管理机构审批公路超限运输申请，应当根据实际情况组织人员勘测通行路线。需要采取加固、改造措施的，承运人应当按照规定要求采取有效的加固、改造措施。公路管理机构应当对承运人提出的加固、改造措施方案进行审查，并组织验收。

承运人不具备加固、改造措施的条件和能力的，可以通过签订协议的方式，委托公路管理机构制定相应的加固、改造方案，由公路管理机构进行加固、改造，或者由公路管理机构通过市场化方式选择具有相应资质的单位进行加固、改造。

采取加固、改造措施所需的费用由承运人承担。相关收费标准应当公开、透明。

第十四条　采取加固、改造措施应当满足公路设施安全需要，并遵循下列原则：

（一）优先采取临时措施，便于实施、拆除和可回收利用；

（二）采取永久性或者半永久性措施的，可以考虑与公路设施的技术改造同步实施；

（三）对公路设施采取加固、改造措施仍无法满足大件运输车辆通行的，可以考虑采取修建临时便桥或者便道的改造措施；

（四）有多条路线可供选择的，优先选取桥梁技术状况评定等级高和采取加固、改造措施所需费用低的路线通行；

（五）同一时期，不同的超限运输申请，涉及对同一公路设施采取加固、改造措施的，由各承运人按照公平、自愿的原则分担有关费用。

第十五条　公路管理机构应当在下列期限内作出行政许可决定：

（一）车货总高度从地面算起未超过4.2米、总宽度未超过3米、总长度未超过20米且车货总质量、轴荷未超过本规定第三条、第十七条规定标准的，自受理申请之日起2个工作日内作出，属于统一受理、集中办理跨省、自治区、直辖市大件运输的，办理的时间最长不得超过5个工作日；

（二）车货总高度从地面算起未超过4.5米、总宽度未超过3.75米、总长度未超过28米且总质量未超过100000千克的，属于本辖区内大件运输的，自受理申请之日起5个工作日内作出，属于统一受理、集中办理跨省、自治区、直辖市大件运输的，办理的时间最长不得超过10个工作日；

（三）车货总高度从地面算起超过4.5米，或者总宽度超过3.75米，或者总长度超过28米，或者总质量超过100000千克的，属于本辖区内大件运输的，自受理申请之日起15个工作日内作出，属于统一受理、集中办理跨省、自治区、直辖市大件运输的，办理的时间最长不得超过20个工作日。

采取加固、改造措施所需时间不计算在前款规定的期限内。

第十六条　受理跨省、自治区、直辖市公路超限运输申请后，起运地省级公路管理机构应当在2个工作日内向途经公路沿线各省级公路管理机构转送其受理的申请资料。

属于第十五条第一款第二项规定的情形的，途经公路沿线各省级公路管理机构应当在收到转送的申请材料起5个工作日内作出行政许可决定；属于第十五条第一款第三项规定的情形的，应当在收到转送的申请材料起15个工作日内作出行政许可决定，并向起运地省级公路管理机构反馈。需要采取加固、改造措施的，由相关省级公路管理机构按照本规定第十三条执行；上下游省、自治区、直辖市范围内路线或者行驶时间调整的，应当及时告知承运人和起运地省级公路管理机构，由起运地省级公路管理机构组织协调处理。

第十七条　有下列情形之一的，公路管理机构应当依法作出不予行政许可的决定：

（一）采用普通平板车运输，车辆单轴的平均轴荷超过 10000 千克或者最大轴荷超过 13000 千克的；

（二）采用多轴多轮液压平板车运输，车辆每轴线（一线两轴 8 轮胎）的平均轴荷超过 18000 千克或者最大轴荷超过 20000 千克的；

（三）承运人不履行加固、改造义务的；

（四）法律、行政法规规定的其他情形。

第十八条　公路管理机构批准公路超限运输申请的，根据大件运输的具体情况，指定行驶公路的时间、路线和速度，并颁发《超限运输车辆通行证》。其中，批准跨省、自治区、直辖市运输的，由起运地省级公路管理机构颁发。

《超限运输车辆通行证》的式样由交通运输部统一制定，各省级公路管理机构负责印制和管理。申请人可到许可窗口领取或者通过网上自助方式打印。

第十九条　同一大件运输车辆短期内多次通行固定路线，装载方式、装载物品相同，且不需要采取加固、改造措施的，承运人可以根据运输计划向公路管理机构申请办理行驶期限不超过 6 个月的《超限运输车辆通行证》。运输计划发生变化的，需按原许可机关的有关规定办理变更手续。

第二十条　经批准进行大件运输的车辆，行驶公路时应当遵守下列规定：

（一）采取有效措施固定货物，按照有关要求在车辆上悬挂明显标志，保证运输安全；

（二）按照指定的时间、路线和速度行驶；

（三）车货总质量超限的车辆通行公路桥梁，应当匀速居中行驶，避免在桥上制动、变速或者停驶；

（四）需要在公路上临时停车的，除遵守有关道路交通安全规定外，还应当在车辆周边设置警告标志，并采取相应的安全防范措施；需要较长时间停车或者遇有恶劣天气的，应当驶离公路，就近选择安全区域停靠；

（五）通行采取加固、改造措施的公路设施，承运人应当提前通知该公路设施的养护管理单位，由其加强现场管理和指导；

（六）因自然灾害或者其他不可预见因素而出现公路通行状况异常致使大件运输车辆无法继续行驶的，承运人应当服从现场管理并及时告知作出行政许可决定的公路管理机构，由其协调当地公路管理机构采取相关措施后继续行驶。

第二十一条　大件运输车辆应当随车携带有效的《超限运输车辆通行证》，主动接受公路管理机构的监督检查。

大件运输车辆及装载物品的有关情况应当与《超限运输车辆通行证》记载的内容一致。

任何单位和个人不得租借、转让《超限运输车辆通行证》，不得使用伪造、变造的《超限运输车辆通行证》。

第二十二条　对于本规定第十条第二款规定的大件运输车辆，承运人应当按照护送方案组织护送。

承运人无法采取护送措施的，可以委托作出行政许可决定的公路管理机构协调公路沿线的公路管理机构进行护送，并承担所需费用。护送收费标准由省级交通运输主管部门会同同级财政、价格主管部门按规定制定，并予以公示。

第二十三条　行驶过程中，护送车辆应当与大件运输车辆形成整体车队，并保持实时、畅通的通讯联系。

第二十四条　经批准的大件运输车辆途经实行计重收费的收费公路时，对其按照基本费率标准收取车辆通行费，但车辆及装载物品的有关情况与《超限运输车辆通行证》记载的内容不一致的除外。

第二十五条　公路管理机构应当加强与辖区内重大装备制造、运输企业的联系，了解其制造、运输计划，加强服务，为重大装备运输提供便利条件。

大件运输需求量大的地区，可以统筹考虑建设成本、运输需求等因素，适当提高通行路段的技术条件。

第二十六条　公路管理机构、公路经营企业应当按照有关规定，定期对公路、公路桥梁、公路隧道等设施进行检测和评定，并为社会公众查询其技术状况信息提供便利。

公路收费站应当按照有关要求设置超宽车道。

第三章　违法超限运输管理

第二十七条　载运可分载物品的超限运输（以下称违法超限运输）车辆，禁止行驶公路。

在公路上行驶的车辆，其车货总体的外廓尺寸或者总质量未超过本规定第三条规定的限定标准，但超过相关公路、公路桥梁、公路隧道限载、限高、限宽、限长标准的，不得在该公路、公路桥梁或者公路隧道行驶。

第二十八条　煤炭、钢材、水泥、砂石、商品车等货物集散地以及货运站等场所的经营人、管理人（以下统称货运源头单位），应当在货物装运场（站）安装合格的检测设备，对出场（站）货运车辆进行检测，确保出场（站）货运车辆合法装载。

第二十九条　货运源头单位、道路运输企业应当加强对货运车辆驾驶人的教育和管理，督促其合法运输。

道路运输企业是防止违法超限运输的责任主体，应当按照有关规定加强对车辆装载及运行全过程监控，防止驾驶人违法超限运输。

任何单位和个人不得指使、强令货运车辆驾驶人违法超限运输。

第三十条　货运车辆驾驶人不得驾驶违法超限运输车辆。

第三十一条　道路运输管理机构应当加强对政府公布的重点货运源头单位的监督检查。通过巡查、技术监控等方式督促其落实监督车辆合法装载的责任，制止违法超限运输车辆出场（站）。

第三十二条　公路管理机构、道路运输管理机构应当建立执法联动工作机制，将违法超限运输行为纳入道路运输企业质量信誉考核和驾驶人诚信考核，实行违法超限运输“黑名单”管理制度，依法追究违法超限运输的货运车辆、车辆驾驶人、道路运输企业、货运源头单位的责任。

第三十三条　公路管理机构应当对货运车辆进行超限检测。超限检测可以采取固定站点检测、流动检测、技术监控等方式。

第三十四条　采取固定站点检测的，应当在经省级人民政府批准设置的公路超限检测站进行。

第三十五条　公路管理机构可以利用移动检测设备，开展流动检测。经流动检测认定的违法超限运输车辆，应当就近引导至公路超限检测站进行处理。

流动检测点远离公路超限检测站的，应当就近引导至县级以上地方交通运输主管部门指定并公布的执法站所、停车场、卸载场等具有停放车辆及卸载条件的地点或者场所进行处理。

第三十六条　经检测认定违法超限运输的，公路管理机构应当责令当事人自行采取卸载等措施，消除违法状态；当事人自行消除违法状态确有困难的，可以委托第三人或者公路管理机构协助消除违法状态。

属于载运不可解体物品，在接受调查处理完毕后，需要继续行驶公路的，应当依法申请公路超限运输许可。

第三十七条　公路管理机构对车辆进行超限检测，不得收取检测费用。对依法扣留或者停放接受调查处理的超限运输车辆，不得收取停车保管费用。由公路管理机构协助卸载、分装或者保管卸载货物的，超过保管期限经通知当事人仍不领取的，可以按照有关规定予以处理。

第三十八条　公路管理机构应当使用经国家有关部门检定合格的检测设备对车辆进行超限检测；未定期检定或者检定不合格的，其检测数据不得作为执法依据。

第三十九条　收费高速公路入口应当按照规定设置检测设备，对货运车辆进行检测，不得放行违法超限运输车辆驶入高速公路。其他收费公路实行计重收费的，利用检测设备发现违法超限运输车辆时，有权拒绝其通行。收费公路经营管理者应当将违法超限运输车辆及时报告公路管理机构或者公安机关交通管理部门依法处理。

公路管理机构有权查阅和调取公路收费站车辆称重数据、照片、视频监控等有关资料，经确认后可以作为行政处罚的证据。

第四十条　公路管理机构应当根据保护公路的需要，在货物运输主通道、重要桥梁入口处等普通公路以及开放式高速公路的重要路段和节点，设置车辆检测等技术监控设备，依法查处违法超限运输行为。

第四十一条　新建、改建公路时，应当按照规划，将超限检测站点、车辆检测等技术监控设备作为公路附属设施一并列入工程预算，与公路主体工程同步设计、同步建设、同步验收运行。

第四章　法 律 责 任

第四十二条　违反本规定，依照《公路法》《公路安全保护条例》《道路运输条例》和本规定予以处理。

第四十三条　车辆违法超限运输的，由公路管理机构根据违法行为的性质、情节和危害程度，按下列规定给予处罚：

（一）车货总高度从地面算起未超过 4.2 米、总宽度未超过 3 米且总长度未超过 20 米的，可以处 200 元以下罚款；车货总高度从地面算起未超过 4.5 米、总宽度未超过 3.75 米且总长度未超过 28 米的，处 200 元以上 1000 元以下罚款；车货总高度从地面算起超过 4.5 米、总宽度超过 3.75 米或者总长度超过 28 米的，处 1000 元以上 3000 元以下的罚款；

（二）车货总质量超过本规定第三条第一款第四项至第八项规定的限定标准，但未超过 1000 千克的，予以警告；超过 1000 千克的，每超 1000 千克罚款 500 元，最高不得超过 30000 元。

有前款所列多项违法行为的，相应违法行为的罚款数额应当累计，但累计罚款数额最高不得超过 30000 元。

第四十四条　公路管理机构在违法超限运输案件处理完毕后 7 个工作日内，应当将与案件相关的下列信息通过车辆超限管理信息系统抄告车籍所在地道路运输管理机构：

（一）车辆的号牌号码、车型、车辆所属企业、道路运输证号信息；

（二）驾驶人的姓名、驾驶人从业资格证编号、驾驶人所属企业信息；

（三）货运源头单位、货物装载单信息；

（四）行政处罚决定书信息；

（五）与案件相关的其他资料信息。

第四十五条　公路管理机构在监督检查中发现违法超限运输车辆不符合

《汽车、挂车及汽车列车外廓尺寸、轴荷及质量限值》(GB 1589),或者与行驶证记载的登记内容不符的,应当予以记录,定期抄告车籍所在地的公安机关交通管理部门等单位。

第四十六条 对1年内违法超限运输超过3次的货运车辆和驾驶人,以及违法超限运输的货运车辆超过本单位货运车辆总数10%的道路运输企业,由道路运输管理机构依照《公路安全保护条例》第六十六条予以处理。

前款规定的违法超限运输记录累计计算周期,从初次领取《道路运输证》、道路运输从业人员从业资格证、道路运输经营许可证之日算起,可跨自然年度。

第四十七条 大件运输车辆有下列情形之一的,视为违法超限运输:

(一)未经许可擅自行驶公路的;

(二)车辆及装载物品的有关情况与《超限运输车辆通行证》记载的内容不一致的;

(三)未按许可的时间、路线、速度行驶公路的;

(四)未按许可的护送方案采取护送措施的。

第四十八条 承运人隐瞒有关情况或者提供虚假材料申请公路超限运输许可的,除依法给予处理外,并在1年内不准申请公路超限运输许可。

第四十九条 违反本规定,指使、强令车辆驾驶人超限运输货物的,由道路运输管理机构责令改正,处30000元以下罚款。

第五十条 违法行为地或者车籍所在地公路管理机构可以根据技术监控设备记录资料,对违法超限运输车辆依法给予处罚,并提供适当方式,供社会公众查询违法超限运输记录。

第五十一条 公路管理机构、道路运输管理机构工作人员有玩忽职守、徇私舞弊、滥用职权的,依法给予行政处分;涉嫌犯罪的,移送司法机关依法查处。

第五十二条 对违法超限运输车辆行驶公路现象严重,造成公路桥梁垮塌等重大安全事故,或者公路受损严重、通行能力明显下降的,交通运输部、省级交通运输主管部门可以按照职责权限,在1年内停止审批该地区申报的地方性公路工程建设项目。

第五十三条 相关单位和个人拒绝、阻碍公路管理机构、道路运输管理机构工作人员依法执行职务,构成违反治安管理行为的,由公安机关依法给予治安管理处罚;构成犯罪的,依法追究刑事责任。

第五章　附　　则

第五十四条　因军事和国防科研需要,载运保密物品的大件运输车辆确需行驶公路的,参照本规定执行;国家另有规定的,从其规定。

第五十五条　本规定自 2016 年 9 月 21 日起施行。原交通部发布的《超限运输车辆行驶公路管理规定》(交通部令 2000 年第 2 号)同时废止。

附录 E

交通运输部办公厅关于进一步做好车辆运输车治理工作的通知

（交办运函〔2016〕1304 号）

各省、自治区、直辖市，新疆生产建设兵团交通运输厅（局、委）：

为进一步贯彻落实《交通运输部　工业和信息化部　公安部　工商总局　质检总局关于进一步做好货车非法改装和超限超载治理工作的意见》（交公路发〔2016〕124 号）和《交通运输部办公厅　国家发展和改革委员会办公厅　工业和信息化部办公厅　公安部办公厅　国家质量监督检验检疫总局办公厅关于印发〈车辆运输车治理工作方案〉的通知》（交办运〔2016〕107 号）（以下简称《工作方案》）要求，全面推进车辆运输车治理工作，确保治理工作取得成效，现就做好第一阶段治理工作有关事项通知如下：

一、加强政策落实，细化工作部署。一是要做好政策落实。各省级交通运输主管部门要尽快组织地市交通运输主管部门和辖区内大型骨干乘用车制造企业、整车物流企业进行宣贯培训，学习领会《工作方案》，确保辖区内乘用车制造企业、整车物流企业充分理解、掌握治理工作的各项政策措施、重点工作任务和关键时间节点。二是要制定具体实施方案。各省级交通运输主管部门要加强与本地工信、公安等部门的沟通协调，按照《工作方案》要求，结合实际情况制定车辆运输车治理的具体实施方案，细化工作措施，明确时间要求，强化责任分工，确保各项工作落实到位。三是要树立全国一盘棋的思路。各地都要严格执行《工作方案》，保证全国道路运输网络的通畅。

二、细化责任分工，确保“双排车”整改到位。各省级交通运输主管部门要尽快会同本地工信、公安等部门督促辖区内的整车物流企业，立即启动“双排车”改造工作，督促企业尽快制定改造计划、确定时间表，要细化落实到每一台车，每一个人。要及时跟踪企业“双排车”的改造进度，及时协调处理相关问题，确保辖区内整车物流企业的“双排车”在9月21日前全部整改到位，实现向“单排车”的顺利过渡。

三、加强源头管控，确保“双排车”不出场（厂）。一是要强化源头管理。各省级交通运输主管部门要根据本地乘用车制造企业厂区分布及车辆运输车行驶通道实际，有针对性地设置执法检查点。要在乘用车制造企业生产基地、集中装车点、物流场站等地，合理设置执法检查点，在第一时间果断处置不按要求装载的行为，严禁“双排车”出场（厂）上路。二是要加强路面执法检查。要会同公安机关交通管理部门强化高速公路入口、国省干线公路的集中执法管控，坚决杜绝“双排车”上路行驶，对拟进入高速公路的“双排车”一律劝返，拒不听从劝返的，依法处罚并卸载。对于不积极配合治理工作、对抗执法的乘用车制造企业、整车物流企业，要依法严肃处理，同时及时上报相关情况，部将在查实情况后在全国进行通报。

四、尽快做好调查摸底工作。各省级交通运输主管部门要深入辖区内各乘用车制造企业、汽车整车物流企业，做好摸底调查工作，尽快摸清辖区内乘用车制造企业具体产销量、主要运输通道、厂区、场站分布和汽车整车物流企业的车辆数量（包括不合规车辆数量）、年运输规模，运输线路等情况，做好分类统计。部编制了全国主要乘用车产能分布图（见附件1）、全国主要乘用车产能统计表（见附件2）、全国部分汽车整车物流企业名单（见附件3），供参考。

五、要发挥骨干企业引领作用。各省级交通运输主管部门要会同本地工信、公安等部门，建立与辖区内大型骨干乘用车制造企业、汽车整车物流企业重点联系机制，及时跟踪了解，并加强督促检查，切实发挥其示范带头作用，引导行业落实政策要求，保障治理工作顺利进行。

六、加强督导检查，确保工作进度。各省级交通运输主管部门要会同本地工信、公安部门，对辖区内重点乘用车制造企业、整车物流企业进行督导检查。督促乘用车制造企业按照要求及时调整运输价格及运输合同，优化车辆产销网络布局，确保合法装载，依法运输。对于在治理工作期间，强迫、指使、暗示汽车整车物流企业违法超限运输的乘用车制造企业，要依法进行严格处罚。同时要督促汽车整车物流企业尽快完成“双排车”整改,优化运输组织模式,发挥综合运输优势,及时化解运能缩减和运价上涨的影响,督促企业制定不合规车辆运输车更新置换计划,确保企业按要求完成车辆更新置换。

七、加强宣传引导,营造良好氛围。各省级交通运输主管部门要借助报刊、杂志、广播、电视台、网络等多种媒体平台,广泛开展宣传引导,普及车辆运输车国家标准,宣传车辆运输车治理政策,正确引导舆论,争取社会理解与支持。部设计了车辆运输车治理工作宣传海报(见附件4),请自行印制并在高速公路入口、服务区、治超站、执法检查站点等重点区域进行张贴。要积极引导社会大众利用“12328”微信公众号,及时举报违规装载、不规范执法等违法违纪现象,形成社会共治的良好氛围,确保治理工作平稳有序推进。

八、精心组织,统筹协调。各地交通运输主管部门要加强与发改、工信、公安、质检等部门的协调、配合,积极争取地方政府的支持,精心组织,统筹协调,攻坚克难。要坚持疏堵结合的原则,帮助企业解决实际困难,及时应对和积极处理治理中出现的各种问题,确保治理工作有序、健康、规范推进。

各省级交通运输主管部门要在9月30日前,将本地车辆运输车治理具体实施方案、车辆运输车摸底调查情况、“双排车”整改进展情况,源头管控及路面执法等工作开展情况汇总报部。

联系人:部运输服务司　孟文戟、张晋姝,

电话:010－65293432,

传真:010－65292764。

附件:1. 全国主要乘用车产能分布图;

2. 全国主要乘用车产能统计表;

3. 全国部分汽车整车物流企业名单;

4. 车辆运输车治理工作宣传海报。

交通运输部办公厅

2016年9月13日

附录 F

交通运输部办公厅　公安部办公厅关于规范治理超限超载专项行动有关执法工作的通知

（交办公路〔2016〕130 号）

各省、自治区、直辖市、新疆生产建设兵团交通运输厅（局、委）、公安厅（局）：

根据《交通运输部办公厅、公安部办公厅关于印发整治公路货车违法超限超载行为专项行动方案的通知》（交办公路〔2016〕109 号）的有关要求，交通运输部、公安部在全国范围内联合组织开展整治货车违法超限超载行为专项行动，为进一步规范专项行动期间有关执法工作，现将有关要求通知如下：

一、密切协作配合，联合开展执法

专项行动期间，各地公路管理机构和公安交通管理部门应依托公路超限检测站联合开展执法。未设置超限检测站的地区，可以依托县级以上地方交通运输主管部门指定并公布的执法站所、停车场、卸载场等具有停放车辆及卸载条件的地点或者场所开展联合执法。其中，公安交通管理部门负责指挥引导车辆到公路超限检测站接受检测，并依据公路管理机构开具的称重和卸载单依法进行处罚、记分。公路管理机构负责实施称重，并监督违法超限超载车辆消除违法行为。公路超限检测站要为公安交通管理部门提供办公、食宿等便利和保障。

公路管理机构经流动检测认定的违法超限运输车辆，公安交通管理部门在巡逻中发现的涉嫌超限超载的运输车辆，要就近引导至公路超限检测站进行处理；距离公路超限检测站较远的，应当就近引导至县级以上地方交通运输主管部门指定并公布的执法站所、停车场、卸载场等具有停放车辆及卸载条件的地点或者场所进行处理。

二、明确工作职责，细化工作流程

公路管理机构和公安交通管理部门要明确职责分工，严格按照以下流程进

行执法:

(一)公安交通管理部门在超限检测站入口设立引导岗,指挥引导车辆到超限检测站接受检测。

(二)公路超限检测站执法人员对车辆进行检测。对确认未超过规定限载标准的车辆,直接予以放行;超过规定限载标准1吨以内的,予以警告后放行。

(三)对经检测确认超限超载运输的车辆,公路超限检测站执法人员打印检测单(过磅单)两份,由驾驶员签字确认,并暂扣货运车辆道路运输证和从业人员资格证。

(四)公路超限检测站执法人员责令并监督超限超载车辆消除违法状态。

(五)公路超限检测站执法人员引导已卸载的车辆再次进行检测。对经复检确认违法状态已按规定消除的车辆,超限检测站执法人员打印检测单(过磅单)两份,由驾驶员签字确认。对经检测发现违法状态尚未按规定完全消除的车辆,公路超限检测站执法人员应责令并监督其继续消除违法状态,直至完全符合相关规定。

(六)公路超限检测站执法人员填写称重和卸载单,加盖公路超限检测站公章后,将公安交通管理部门留存联交驾驶员。(称重和卸载单式样附后)

(七)交通民警收到驾驶员提供的称重和卸载单后,依据称重和卸载单载明的超载比例,依法作出处罚并制作公安交通管理行政处罚决定书,当场交付被处罚的驾驶员。

(八)公路超限检测站执法人员将驾驶员提供的公安交通管理行政处罚决定书复印留存后,放行已消除违法状态的车辆。

(九)公路管理机构、公安交通管理部门将有关信息抄送车籍所在地道路运输管理机构,严格实施"一超四罚"。

三、突出工作重点,严格规范执法

专项行动中,各地公路管理机构和公安交通管理部门要突出重点,集中查处三轴及以上货运车辆车货总质量超过限载标准的违法行为,确保整治效果,外廓尺寸超过限定标准的,另行部署整治。超限超载的认定,要严格按照交办公路〔2016〕109号文件所附公路货车最大允许总质量,认定货车是否超限超载,并以货车最大允许总质量计算超载比例，公安交通管理部门依照《道路交通安全法》有关规定处罚。

对部分特殊车辆，专项行动期间按照以下要求处理：

（一）危险化学品运输车辆违法超限超载的，由公安机关依据《危险化学品安全管理条例》第八十八条的有关规定进行处罚。

（二）运输鲜活农产品车辆违法超限超载运输的，通行收费公路时，该运次不得给予免收车辆通行费的优惠政策；通行非收费公路时，以批评教育为主，暂不实施处罚。

（三）载运标准集装箱的挂车列车，重点检查其车货总质量是否超过限载标准的行为，专项行动期间暂不对外廓尺寸进行检查。

（四）车辆运输车治理要严格执行《交通运输部办公厅、国家发展和改革委员会办公厅、工业和信息化部办公厅、公安部办公厅、国家质量监督检验检疫总局办公厅关于印发〈车辆运输车治理工作方案〉的通知》（交办运〔2016〕107 号）要求，按照过渡期政策分期治理、逐步到位，目前重点治理双排装载的车辆运输车，对未到整改期的单排装载车辆运输车，不得以车辆超长、非法改装等理由禁止驶入高速公路或者进行处罚。

（五）低平板半挂车运输普通货物的整治工作另行部署，专项行动期间重点查纠其车货总质量超过限载标准和假牌套牌违法行为。

附件：称重和卸载单

交通运输部办公厅　公安部办公厅

2016 年 10 月 14 日

附录 G

关于做好在用不合规车辆运输车信息申报工作的通知

（交办运函〔2016〕1359 号）

各省、自治区、直辖市、新疆生产建设兵团交通运输厅（局、委）：

车辆运输车治理工作开展以来，各地交通运输部门、乘用车制造企业和汽车整车物流企业认真贯彻落实五部委《关于印发〈车辆运输车治理工作方案〉的通知》（交办运〔2016〕107 号，以下简称《工作方案》）要求，严格执行“单排车”过渡运行政策，基本杜绝“双排车”上路运行现象，治理工作取得预期成效。下一阶段，在继续巩固已取得治理成效的基础上，治理工作将转入在用不合规车辆运输车分期退出阶段。为此，经交通运输部同意，决定自 11 月 28 日起，开展在用不合规车辆运输车信息申报工作，现将有关事项通知如下：

一、汽车整车物流企业申报。各地汽车整车物流企业应于 11 月 28 日至 12 月 9 日，登录“在用不合规车辆运输车申报录入系统”（以下简称申报系统）进行申报，申报系统网址：http://202.96.42.106:8091/trans。凡在《工作方案》发布之日（2016 年 8 月 18 日）前注册登记的、不符合《汽车、挂车及汽车列车外廓尺寸、轴荷及质量限值》（GB 1589—2016）等国家相关标准的车辆运输挂车及其牵引车，都应按要求填报有关信息（具体申报要求见申报系统说明）。请各地汽车整车物流企业于 12 月 9 日前，完成本企业所属不合规车辆运输车信息申报录入工作，逾期将不再接受车辆信息申报。

二、运输管理机构审核把关。各县级道路运输管理机构要结合本地注册登记的车辆运输车信息，于 12 月 12 日至 12 月 23 日，登录申报系统，对车辆运输车申报信息进行审查核对（具体申报要求见申报系统说明）。对于审核未通过的车辆信息，汽车整车物流企业应按照要求进行修改，重新填报，并再次提交审核。各级道路运输管理机构申报系统的登录账户密码将于 12 月 9 日前发送至各省级道路运输管理机构，请各省级道路运输管理机构及时组织各县级道路运输管理机构开展审核工作。对于在审核工作中弄虚作假的，经查实，部将予以通报。

三、整车物流企业制定不合规车辆更新退出计划。不合规车辆运输车申报信息经各县级道路运输管理机构审核通过后，各地汽车整车物流企业要根据《工作方案》总体目标，科学制定车辆运输挂车更新退出计划，并于 12 月 26 日至 12 月 30 日在申报系统中填报不合规车辆运输挂车退出计划。

在用不合规车辆运输挂车更新退出目标为：拥有 5 辆以上（含 5 辆）不合规车辆运输挂车的汽车整车物流企业，2017 年 6 月 30 日前完成不合规车辆运输挂车总数 20% 的退出任务，2017 年 12 月 31 日前完成不合规车辆运输挂车总数 60% 的退出任务，2018 年 6 月 30 日完成所有不合规车辆运输挂车的退出任务；拥有 5 辆以下（不含 5 辆）不合规车辆运输挂车的汽车整车物流企业，2017 年 12 月 31 日前完成所有不合规车辆运输挂车的退出任务。

四、严格监督落实。各地汽车整车物流企业要如实申报本企业不合规车辆运输车的相关信息，对填报虚假信息的企业，经查实，部将进行通报，并依法严肃处理，涉事车辆运输车不再执行过渡期运行政策。对已通过系统审核的不合规车辆运输挂车，各地道路运输管理机构要按照确定的退出计划，督促企业限期整改，确保不合规车辆运输挂车按期退出。对于整改期间的不合规车辆运输挂车，暂不进行道路运输证年度审验，各地交通运输部门不得以车辆超长、超宽、超高、非法改装、未经道路运输证年度审验等理由禁止其驶入高速公路或者进行处罚。

对于不在申报系统内的、在申报系统内但超过更新退出期限的、申报信息与实际信息不符的不合规车辆运输挂车，以及 2016 年 8 月 18 日后注册登记的、非法改装的车辆运输挂车，各地交通运输部门要会同公安交通管理部门强化执法检查，禁止其上路运行，并依法予以处罚。

五、加强组织领导

各地交通运输主管部门要认真组织开展在用不合规车辆运输车信息申报工作，督促本辖区内汽车整车物流企业通过申报系统，申报录入不合规车辆运输车信息。各省级道路运输管理机构要指定专人负责督促指导本省申报录入工作，并于 11 月 23 日前将负责人名单及联系方式报部。

六、联系人及联系方式

(一)交通运输部运输服务司:孟文戟,张晋姝

电话:(010)65293432,传真:(010)65292764。

(二)技术支持单位:

交通运输部通信信息中心:周兴旺

电话:(010)65299616,18210469956。

交通运输部办公厅

2016 年 11 月 21 日

附录 H

工业和信息化部办公厅　公安部办公厅　交通运输部办公厅　工商总局办公厅　质检总局办公厅关于开展货车非法改装专项整治行动的通知

（工信厅装函〔2017〕21 号）

各省、自治区、直辖市、新疆生产建设兵团工业和信息化主管部门，公安厅（局），交通运输厅（局、委），工商行政管理局，质量技术监督局（市场监督管理部门）：

为贯彻落实《国务院办公厅关于实施公路安全生命防护工程的意见》（国办发〔2014〕55 号）、2015 年国务院安委会全体会议精神以及《交通运输部 工业和信息化部　公安部　工商总局 质检总局关于进一步做好货车非法改装和超限超载治理工作的意见》（交公路发〔2016〕124 号），加大对货车非法改装行为的打击力度，着力从源头预防和遏制货车违法超限超载行为，工业和信息化部、公安部、交通运输部、工商总局、质检总局决定在全国范围内开展货车非法改装专项整治行动。现将有关事项通知如下：

一、总体目标

通过开展专项整治行动，健全货车非法改装联合监管工作机制，强化货车违法超限超载源头监管，严厉打击货车非法生产、改装、销售等违法违规行为，严肃处理违法违规企业，坚决杜绝非法改装货车出厂上路，同时加快完善相关管理制度，推动形成健康合法的货车生产、销售和道路运输新秩序，有效改善道路运输安全状况。

二、工作安排

专项行动自 2017 年 1 月开始至 2017 年 12 月结束，为期一年，分三个阶段组织实施。

（一）动员部署阶段（2017 年 1 月）。各地工业和信息化主管部门会同公安、交通运输、工商行政管理、质量技术监督等部门结合本地区实际，制定专项行动实施方案，做好前期准备和动员部署，细化治理任务和分工，健全完善协调联动机制，加强舆论宣传，为专项行动平稳顺利开展营造良好环境。

（二）重点整治阶段（2017 年 2 月至 2017 年 11 月）。各地有关部门要组织专门力量，按照确定的工作目标、要求和进度，全面开展专项检查和整治工作。对检查发现的问题，立即督促整改；对违法违规行为，坚决依法查处。

（三）总结完善阶段（2017 年 12 月）。各地有关部门要对照整治目标和工作要求，认真梳理专项整治情况，系统总结经验做法，研究提出相关建议，建立健全治理货车非法改装的长效机制。

三、主要任务

（一）开展货车生产和改装企业全面检查。各地工业和信息化主管部门要组织对辖区内的货车和专用车生产企业进行排查，发现《道路机动车辆生产企业及产品公告》（以下简称《公告》）内企业不能维持准入条件、不能维持正常经营或非法生产等行为的及时上报，由工业和信息化部对问题企业进行清理整顿。对于不能维持准入条件的企业，责令其限期整改。整改期间，暂停受理其新产品申报和合格证信息上传。对不能维持正常生产经营活动的企业，启动企业退出机制并实施特别公示。特别公示期间，暂停特别公示企业新产品申报。对在特别公示期内经考核符合准入条件的，取消特别公示，恢复受理其新产品申报；对特别公示期满后仍未申请准入条件考核或考核不合格的企业，暂停其《公告》，且不得办理更名、迁址等基本情况变更手续。

各地工业和信息化主管部门、质量技术监督等部门、工商行政管理、交通运输部门要加大对货车非法改装企业的打击力度。对货车生产和改装企业不执行国家安全技术标准或者不严格进行机动车成品质量检验、致使质量不合格机动车出厂销售的，以及未获得强制性产品认证出厂、销售、货证不符的，由工业和信息化主管部门暂停或者撤销所许可的《道路机动车辆企业及产品公告》；由质量技术监督部门依照《中华人民共和国产品质量法》和《中华人民共和国认证认可条例》的规定予以处罚，并依法严厉处理。对擅自生产、销售未经国家机动车产品主管部门许可生产的机动车型的，生产、销售拼装的机动车或生产、销售擅自改装的机动车的，由工商行政管理部门根据相关认定意见，有营业执照的，吊销营业执照，没有营业执照的，予以查封；对属于《公告》内企业的，由工业和信息化主管部门依法依规进行处罚。交通运输部门组织对辖区内机动车维修企业进行排查，发现非法经营、无证经营、超范围经营、违法拼装改装和承修报废车等违法行为的，按照《中华人民共和国道路运输条例》等有关规定予以查处。

（二）加大车辆产品一致性监管力度。各地工业和信息化主管部门要加强对所辖区域内货车产品一致性的监督检查，发现问题及时上报。工业和信息化部门要集中深入机动车生产企业、销售企业和销售市场等开展货车产品生产一致性监督检查。对实际生产产品与《公告》车型不符的，责令企业立即整改。整改期间，暂停受理其新车型申报和合格证信息上传；整改后仍不能符合要求的，依法撤销相关产品《公告》。加强对《公告》内企业合格证数据的监控，严厉打击倒卖机动车出厂合格证行为，一经查实，立即依法撤销相关产品《公告》，并暂停违法企业产品合格证信息上传，切断非法改装车辆合格证来源。认证认可监督管理部门加大对车辆认证产品一致性监管力度，对不符合强制性认证要求的，责令指定认证机构暂停、撤销强制性产品认证证书。

（三）加强车辆销售环节市场监管。工业和信息化、交通运输、工商行政管理、质量技术监督等部门要加强对市场销售机动车辆产品的抽检，重点排查和清理车辆运输车、罐式汽车和重型货车等车型。对与《公告》和强制性产品认证要求不符的车辆，由工业和信息化部门依法暂停或撤销有关车型《公告》，暂停相关企业新车型申报，情节严重的暂停所有产品合格证信息上传；由强制性产品指定认证机构依法撤销或暂停有关车型强制性产品认证证书，暂停强制性产品认证申请。

（四）严把登记注册和技术检验关。公安交管部门要严格依据相关法规和技术标准进行查验，对不符合国家安全技术标准的车辆、与《公告》车型不一致的，不予注册登记，并将相关产品及企业信息通报工业和信息化、质量技术监督部门。质检技术监督部门、公安交管部门要加强对货车安全技术检验工作的监管，督促安全技术检验机构严格落实检验项目和标准，对出具虚假检验结果以及未按国家标准实施检验的，依法追究相关单位和人员的责任。

（五）联合开展道路运输执法监管。结合同步开展的整治公路货车违法超限超载行为专项行动，各地交通运输、公安交管部门在公路超限检测站进行超限超载检查的同时，加强对车厢栏板、弹簧板、悬浮轴、可伸缩结构、外廓尺寸等货车改装情况的检查，对非法改装的货车，依法责令恢复原状并依法处罚。能够当场恢复的，当场监督整改到位；不能当场整改的，依法处罚后，录入公安交通管理综合应用平台，在办理申领检验合格标志业务时重点审核，同时通报道路运输管理机构，责令道路运输企业及时改正、依法处罚。各地公路超限检测站应配备相应的设备和工具，方便当场整改。对于车辆运输车，执行《关于印发〈车辆运输车治理工作方案〉的通知》（交办运〔2016〕107 号）要求。

四、工作要求

（一）加强组织领导。各地工业和信息化主管部门要会同公安、交通运输、工商行政管理、质量技术监督等部门组织成立专项整治机构，制定具体实施方案。有关部门要加强协作配合，强化监督检查，务求工作落实。工业和信息化部将会同有关部门对各地工作开展情况进行督导检查，确保专项行动取得实效。

（二）全面排查整治。各地有关部门要采取明查与暗访相结合、日常排查与突击行动相结合、联合检查与专门督导相结合等多种形式，深入货车生产企业、改装企业、维修企业、经销企业等，重点检查有无生产、销售非法改装汽车产品，以及在用车非法改装等问题。对违法违规行为要及时上报、依法严厉查处，大要案件实行挂牌督办。要强化对违规生产、销售和非法改装重点区域监管和问责，对车辆非法改装问题突出的省份，要对相关政府和部门进行通报、约谈和问责。

（三）强化宣传引导。各地有关部门要充分利用电视、广播、报刊、网络等媒体，通过新闻报道、专题报道、电视访谈等形式，多层面、全方位宣传专项行动工作情况。同时，要设立举报电话、电子邮箱、微博，发动社会监督，引导和鼓励公众对机动车违规生产销售、非法改装、违规登记检验等违法行为进行举报。要加强典型宣传引导，大力宣传诚实守信、规范经营的典型企业；及时曝光查处的违法案例，跟踪报道大案要案，及时公布违规生产、销售企业名单和非法改装的厂家。

（四）健全工作机制。各地有关部门要密切配合，建立健全信息共享、协作配合、联合执法机制，形成对车辆生产、改装、销售、登记、检验、使用、维修等环节的全过程监管。要建立道路动态检查机制，充分利用公路服务区、治超点、交警执法站点等对非法改装车辆进行例行检查。要建立交通事故责任倒查机制，对发生重特大交通事故的，要调查车辆安全状况，倒查生产、销售、检验等相关主管部门的监管责任，对肇事车辆存在非法改装问题的，严肃追究相关单位、企业和人员的法律责任。要建立信息汇总和报送机制，各省（区、市）有关部门要按照职责分工，每季度5日前做好整治工作情况信息汇总，分别报送工业和信息化部等部委，并于2018年1月底前形成整治工作总结报告，报送工业和信息化部等部委。

工业和信息化部办公厅
公安部办公厅
交通运输部办公厅
工商总局办公厅
质检总局办公厅
2017年1月13日

附录Ⅰ

交通运输部办公厅关于界定严重违法失信超限超载运输行为和相关责任主体有关事项的通知

（交办公路〔2017〕8号）

各省、自治区、直辖市、新疆生产建设兵团交通运输厅(局、委)：

为深入贯彻党的十八大和十八届三中、四中、五中、六中全会精神，落实《国务院关于建立并完善守信联合激励和失信联合惩戒制度加快推进社会诚信建设的指导意见》(国发〔2016〕33号)，依法依规运用信用约束手段治理公路违法超限超载现象，进一步提升公路超限超载治理成效，经交通运输部同意，决定对严重违法失信超限超载运输行为和相关责任主体予以界定。现将有关事项通知如下：

一、严格界定严重违法失信超限超载运输行为和相关责任主体

有下列情形之一的，应当列入严重违法超限超载运输失信当事人名单：

(一)货运车辆1年内违法超限运输超过3次的；

(二)货运车辆驾驶人1年内违法超限运输超过3次的；

(三)道路运输企业1年内违法超限运输的货运车辆超过本单位货运车辆总数10%，被道路运输管理机构责令停业整顿的；

(四)机动车维修经营者擅自改装机动车，情节严重，被吊销经营许可的；

(五)指使、强令车辆驾驶人超限运输货物，被道路运输管理机构处以2万元以上罚款，或者1年内被给予3次以上行政处罚的；

(六)隐瞒有关情况或者提供虚假材料申请超限运输行政许可，或者以欺骗、贿赂等不正当手段取得行政许可的；

(七)超限超载运输车辆驾驶人、源头单位、大件运输企业无正当理由拒绝有关部门监督检查或者提供虚假情况的；

（八）因堵塞交通、强行冲卡、暴力抗法、破坏相关设施设备，被公安机关依法给予行政处罚的；

（九）因违法超限超载造成重大责任事故且负同等责任以上的；

（十）暴力抗法致人死亡或伤害的。

上述各项中的“超过”“以上”包含本数。“1 年”从初次领取道路运输证、道路运输从业人员从业资格证、道路运输经营许可证之日算起，可跨自然年度。

二、切实加强严重失信行为信息统计汇总

（一）各省（区、市）交通运输主管部门要组织所属道路运输管理机构、公路管理机构，严格按照本通知要求界定严重失信情形，并将失信行为涉及的道路运输企业、货运源头单位、道路运输从业人员和货运车辆、失信行为种类、具体情形等相关信息及时录入信息系统，并于每年 1 月 5 日、4 月 5 日、7 月 5 日、10 月 5 日前汇总上一季度相关信息后报送至交通运输部公路局（010－65292751）。

（二）各省（区、市）交通运输主管部门要建立并完善严重违法失信行为信息收集报送工作制度，明确工作要求、落实工作责任。在信息录入、汇总和审核时，要确保信息的准确性。要明确专门部门、专门人员负责信息收集、汇总、审核和报送工作，要通过不断完善信息化手段，提高信息收集和报送效率。

（三）各省（区、市）交通运输主管部门要按照国家关于信用体系建设的相关要求，结合全国治理车辆超限超载工作的开展，在政府统一领导下，协调相关单位，进一步完善严重违法失信超限超载运输相关责任主体范围和工作机制，保障超限超载治理工作向纵深推进，并取得扎实成效。

三、认真做好信息公布与结果应用

经初步确认或发生变化拟予公布的严重违法失信超限超载运输当事人名单，在“信用交通”网站进行公示，公示期为 10 个工作日。公示期内对拟予公布的失信当事人名单无异议的，予以公布。有异议的，可向原作出行政处罚决定、负责超限运输行政许可、进行监督检查的机构进行申诉。申诉经核实后，不改变原认定结论的，予以公布；改变原认定结论，或者有关部门发现原公示信息不实的，不予公布。

有关部门应依法依规加强对失信当事人名单结果的应用，将其作为实施联合惩戒的重要依据。失信当事人名单自公布之日起满 2 年的,从"信用交通"网站公布栏中撤出,相关信息记录在后台予以保存。对于失信当事人名单中的货运车辆,在联合惩戒期间,不享受"绿色通道"免收车辆通行费的优惠政策。

交通运输部办公厅

2017 年 1 月 17 日

附录J

交通运输部办公厅 公安部办公厅 工业和信息化部办公厅关于做好车辆运输车第二阶段治理工作的通知

（交办运函〔2017〕546号）

各省、自治区、直辖市、新疆生产建设兵团交通运输厅(局、委)、公安厅(局)、工业和信息化主管部门:

按照交通运输部、公安部、工业和信息化部等五部委办公厅2016年联合印发的《车辆运输车治理工作方案》(交办运〔2016〕107号,以下简称《工作方案》)的部署,各地交通运输、公安、工信等部门联合行动,强化治理,各乘用车制造企业和汽车整车物流企业积极支持配合,顺利完成了第一阶段"双排车"变"单排车"的治理目标,整车物流市场环境明显改善,运输安全、效率显著提高。根据《工作方案》治理进度安排,第二阶段治理工作的重点是分期退出在用不合规车辆运输车,全面完成"单排车"变"标准车"的工作目标。为确保在用不合规车辆运输车按期退出,现就做好车辆运输车第二阶段治理有关工作通知如下:

一、工作目标

2018年6月30日前,全面完成所有不合规车辆运输车的更新改造。其中,2017年6月30日前完成总数的20%,9月30日前完成40%,12月31日前完成60%,2018年3月31日前完成80%。

2018年7月1日起,全面禁止不合规车辆运输车通行,符合《汽车、挂车及汽车列车外廓尺寸、轴荷及质量限值》(GB 1589—2016)要求的标准化车辆运输车比重达到100%,中置轴车辆运输列车等先进车型得到广泛应用。

通过综合治理,道路交通安全水平明显提升,运输效率明显提高,运价合理回归,重塑整车物流市场优胜劣汰、公平竞争的市场机制,行业进入规范、有序、健康发展的轨道。

二、重点任务

（一）督促落实退出计划，确保不合规车辆按时退出。

各地整车物流企业要进一步细化退出计划，在现有20%、60%退出计划的基础上，细化制定2017年9月30日前完成40%、2018年3月31日前完成80%的不合规车辆运输挂车的计划，并于5月2日前在“在用不合规车辆运输车信息申报录入系统”（以下简称申报系统）中填报，逾期不填报的，申报系统将自动分配退出计划。

各地道路运输管理机构要根据企业申报信息对本辖区车辆运输挂车信息及退出计划逐一进行核查，并及时将退出计划通报经营业户，抄送公安机关交通管理部门，核查过程中发现信息不准确的，于5月31日前反馈至交通运输部通信信息中心。公安机关交通管理部门要将需退出车辆的详细信息录入公安交通管理相关信息系统，在核发检验合格标志环节预警提示，不得直接核发检验合格标志，一律先转入嫌疑车辆调查程序核查。各地道路运输管理机构要在运政管理信息系统做好车辆退出时间备注，对于达到淘汰退出期限的不合规车辆运输挂车，要按照《公路安全保护条例》第六十六条，依法进行处罚。

（二）做好车辆更新购置，确保运力均衡稳定。

各整车物流企业要按照车辆运输车退出计划，根据运输合同，及早制定车辆更新购置计划，合理安排运输生产，优化运输组织模式，保障运力均衡稳定，确保乘用车及时运销。乘用车制造企业要按照整车物流企业制定的车辆更新计划，及时调整运输价格和运输合同，保障整车物流市场有序运行。

各地工业和信息化主管部门要加快推动车辆运输车制造企业形成规模产能，保障市场需求，并鼓励企业加强研发，开发具有低底盘、空气悬架、自动升降等先进装置的中置轴车辆运输车；要按照《关于开展货车非法改装专项整治行动的通知》（工信厅联装函〔2017〕21号）的要求，加强对所辖区域内车辆运输车产品生产一致性监督检查，对生产不合规车辆运输车的企业及时上报，依法严肃处理。

各地公安机关交通管理部门、道路运输管理机构要加强对车辆注册登记、市场准入的监管,依法受理合规车辆运输车注册登记、市场准入申请,强化对新增车辆运输车外廓尺寸的实车检测,凡不符合国家标准的,各地机动车安全技术检验机构不予通过检验,公安机关交通管理部门不予注册登记,道路运输管理机构不予配发《道路运输证》。

(三)强化源头管控,防止不合规车辆出场(厂)。

各地交通运输主管部门要会同工业和信息化主管部门、公安机关交通管理部门督促乘用车制造企业采取有效措施,防止未在申报系统申报的、与申报信息不符的、超出退出期限的、不符合载运标准的不合规车辆运输车出场(厂)上路;对于强迫、指使、暗示汽车整车物流企业违法超限运输的乘用车制造企业,依法追究其法律责任。

各地道路运输管理机构要加强对乘用车集中装车点、物流场站的监督检查,严禁未在申报系统申报的、与申报信息不符的、超出退出期限的、不符合载运标准的车辆运输车出场(厂);要根据本地乘用车制造企业厂区分布,有针对性地开展源头执法检查,及时发现、查处违规车辆。

(四)加强路面执法检查,严禁不合规车辆上路行驶。

各地公安机关交通管理部门、交通运输部门要充分发挥全国机动车缉查布控系统和全国道路货运车辆公共监管和服务平台的作用,针对车辆运输车行驶主要通道,加强路面联合执法,严查未在申报系统申报的、与申报信息不符的、超出退出期限的和不符合载运标准的不合规车辆运输车,依据各自职责依法进行处罚。公安机关交通管理部门按照《道路交通安全法》等法律法规,对非法改装的车辆一律责令恢复原状并依法处罚,对于拼装的车辆一律予以收缴,强制报废。交通运输部门按照《公路安全保护条例》和《道路运输条例》等法律法规,依法吊销车辆《道路运输证》、责令道路运输企业停业整顿。

2017 年 5 月 1 日起,重点查处不在申报系统中的不合规车辆运输车。要以 2017 年 7 月、10 月及 2018 年 1 月、4 月、7 月等五个时段为重点,严查超过退出期限的不合规车辆运输车。对装载 14 位及以上的车辆运输车,要重点进行检查。对于中置轴车辆运输车,装载高度暂参照载运集装箱的车辆执行。

对于在整改期内的不合规车辆运输挂车,整车物流企业要严格落实安全生产管理制度，加强对挂车出车前的安全检查，确保挂车转向、制动、轮胎、灯具等安全性能符合要求。各地公路管理机构、公安机关交通管理部门不得以车辆超长、超宽、超高、非法改装、未经道路运输证年度审验、未进行安全技术检验等理由禁止其驶入高速公路或者进行处罚。各地公安机关交通管理部门要严厉打击假牌套牌违法行为，严格依法进行处罚。发现企业所属车辆运输车存在假牌套牌违法行为的，将调整该企业不合规车辆运输车退出计划，缩短过渡期限。

（五）实施联合惩戒，增加违规失信成本。

各地交通运输管理部门要按照《交通运输部办公厅关于界定严重违法失信超限超载运输行为和相关责任主体有关事项的通知》（交办公路〔2017〕8 号）的要求，将不遵守过渡运行政策的严重违法失信超限超载的乘用车制造企业、整车物流企业、车辆运输车及其驾驶人等相关责任主体违法失信信息汇总报送至交通运输部。交通运输部定期汇总后提供给签署备忘录的各部门，由各相关部门按照《关于对严重违法失信超限超载运输车辆相关责任主体实施联合惩戒的合作备忘录》（发改财金〔2017〕274 号）约定内容，依法依规对失信当事人实施联合惩戒。

三、保障措施

（一）做好执法管控信息保障。

各地交通运输主管部门、公安机关交通管理部门、工业和信息化主管部门，以及乘用车制造企业可以通过申报系统、微信公众号及不合规车辆运输车治理 APP 查询不合规车辆运输车状态。中国交通通信信息中心要做好申报系统、微信公众号和不合规车辆运输车治理 APP 的系统维护工作，确保信息系统运行通畅。

（二）联合开展重点督查。

各省（区、市）交通运输主管部门、公安机关交通管理部门、工业和信息化主管部门要协调行动，共同推进治理工作，联合开展督导检查，对执法不严、滥用职权等现象予以通报查处。交通运输部将会同公安部、工业和信息化部不定期对治理工作任务比较重的重点省（区、市）、重点企业、重点路段开展联合督导检查，公布督查结果，通报各省治理工作情况。

（三）建立健全投诉举报机制。

各地交通运输主管部门、公安机关交通管理部门要借助报刊、广播、网络等多种媒体平台，广泛开展宣传引导，宣传车辆运输车治理政策，正确引导舆论，争取社会理解与支持。积极引导社会大众利用微信公众号，及时举报违规装载、超出淘汰退出期限、未在申报系统申报的车辆运输车和不规范执法等违法违规现象，形成社会共治的良好氛围，确保治理工作平稳有序推进。

交通运输部办公厅

公安部办公厅

工业和信息化部办公厅

2017 年 4 月 24 日

参 考 文 献

[1] 柳长立. 崛起中的巨变[N]. 人民日报,2013-06-17(013).

[2] 中国汽车业 60 年[N]. 当代汽车报,2009-10-07(004).

[3] 苗圩. 中国汽车工业发展的历史性转折[J]. 中国涂料,1995(02). 24-29.

[4] 师建华. 中国汽车工业发展回顾与分析[J]. 时代汽车,2008(09):112-117.

[5] 邬世锋. 我国车辆运输车发展呼唤新标准[J]. 专用汽车,2006(03):9-11.

[6] 倪元. 欧美车辆运输车结构及技术特点[J]. 专用汽车,2009(06):34-42.

[7] 连淑惠. 魔术般的车辆运输车[J]. 商用汽车,2007(04):98-100.

[8] 颜静. 商品车运输车——政策制定需以市场需求为向导[J]. 物流技术与应用(货运车辆),2011(01):36-37.